CHOREOGRAPHIE – MEDIEN – GENDER

MARIE-LUISE ANGERER,
YVONNE HARDT,
ANNA-CAROLIN WEBER (HG.)

# CHOREOGRAPHIE – MEDIEN – GENDER

diaphanes

Diese Publikation wurde ermöglicht durch die freundliche Unterstützung

des Zentrums für Zeitgenössischen Tanz und der Gleichstellungskommission der Hochschule für Musik und Tanz Köln.

der Kunsthochschule für Medien Köln

1. Auflage

ISBN 978-3-03734-417-0
© diaphanes, Zürich 2013
www.diaphanes.net

Alle Rechte vorbehalten
Layout und Druckvorstufe: 2edit, Zürich
Druck: Pustet, Regensburg

# INHALT

»Choreographie – Medien – Gender: Eine Einleitung«
von Yvonne Hardt und Anna-Carolin Weber                                    9

## I. Gendering Tanz- und Medienwissenschaft
## Wissensordnungen, Diskurse und Begriffe

»Zur Medialität von Choreographie, Körper und Bewegung
Eine sozial- und kulturtheoretische Skizze«
von Gabriele Klein                                                          29

»Tanz, Wissenschaft und Gender
Revisionen und künstlerische Positionen seit den 1990er Jahren«
von Gabriele Brandstetter                                                   43

»Die Frage nach dem Medium der Choreographie«
von Kati Röttger                                                            57

»Bewegte Körper
Von der Repräsentationskritik zur (neuen) Materialität der Körper«
von Marie-Luise Angerer                                                     79

## II. Gendering Tanz und visuelle Medien
## Sondierung einer parallelen Entwicklung

»Gender-Konstellationen im Wechselspiel von Tanz und Medien
Beispiele aus dem Frühen Film, dem Experimentalfilm,
der Performance und dem Videotanz«
von Claudia Rosiny                                                          99

»Performing (I) Live«
von Maaike Bleeker                                                         111

»Performing Authenticity and the Gendered Labor of Dance«
von Susan Leigh Foster                                                     125

## III. Doing, Dancing and Performing Gender
## Zum Wissen der Praxis und des Körpers

»Un/Doing Gender
Markierungen und Dekonstruktionen der Inszenierung von Geschlecht in zeitgenössischen Tanzperformances«
von Susanne Foellmer   139

»Geschlechtsneutralität
Vom Verschwinden von Geschlecht in Tanz-Performances in Kontexten digitaler Medien«
von Martina Leeker   157

»Zurück zur Bewegung: Diesmal intensiv...«
von Stefan Hölscher   173

## IV. Dispositive und ihre Verschiebungen
## Gender als mediale Choreographie

»Welcome to the Jungle of Gender«
von Anna-Carolin Weber   185

»Gelebter Ou-Topos
Leiblichkeit, Macht und Utopie in der Performance«
von Pamela Geldmacher   203

»Blickstrategien im zeitgenössischen Tanz
Eine plurale ›Logik der Praxis‹«
von Katarina Kleinschmidt   215

V. Verzeichnis der Autorinnen und Autoren   229

VI. Abbildungsverzeichnis   237

## DANKSAGUNG

Als Herausgeberinnen möchten wir uns an dieser Stelle ganz herzlich bei all jenen bedanken, die die vorliegende Publikation möglich gemacht haben!

Dieser Band wäre ohne die vorangegangene Choreographie-Tagung »Choreographie – Medien – Gender«, die in Kooperation der Hochschule für Musik und Tanz Köln und der Kunsthochschule für Medien Köln vom 1.-3. Juli 2011 am Zentrum für Zeitgenössischen Tanz ausgerichtet wurde, nicht möglich gewesen. Wir danken allen Vortragenden für die anregende Diskussion, auf deren Grundlage wir diesen Band konzipieren und erweitern konnten.

Zudem möchten wir uns bei der Leiterin des Zentrums für Zeitgenössischen Tanz der Hochschule für Musik und Tanz Köln, Vera Sander, für die organisatorische und finanzielle Unterstützung der Tagung sowie der Publikation bedanken. Auch der Kunsthochschule für Medien gebührt nachdrücklicher Dank für die großzügige finanzielle Unterstützung von Tagung und Publikation. Dieser Sammelband wäre zudem nicht ohne die großzügige finanzielle Förderung durch den Gleichstellungsetat der Hochschule für Musik und Tanz Köln möglich gewesen. Unser Dank gilt hier besonders der Gleichstellungskommission (Leitung Prof. Anette von Eichel) für die Unterstützung.

Ganz herzlich bedanken wir uns zudem für die unermüdliche Mitarbeit von Kendra Nellessen und Susanne Schneider im Formatierungs- und Korrekturprozess sowie für die Unterstützung von Lisa Bosbach und Heidrun Hertell im Lektoratsprozess.

Und nicht zuletzt geht unser herzlicher Dank an die Autorinnen und Autoren, die mit ihren Beiträgen diesen Band erst möglich gemacht haben.

Marie-Luise Angerer, Yvonne Hardt und Anna-Carolin Weber
Köln, im April 2013

YVONNE HARDT UND ANNA-CAROLIN WEBER¹

## CHOREOGRAPHIE – MEDIEN – GENDER
EINE EINLEITUNG

Choreographie, Medien und Gender stehen in einem engen Wechselverhältnis. Tanzwissenschaftliche Studien haben von jeher die Frage nach der Relation von Tanz zu Medien thematisiert: ob dies nun in Bezug auf die Dokumentation einer flüchtigen Kunst (in Notationen oder später in Videoaufzeichnungen) geschah² oder durch die Analyse des impliziten oder expliziten Verhältnisses von Tanz und der jeweils zeitgenössischen Entwicklung neuer Medien. So ist beispielsweise die parallele Entwicklung des Frühen Films und des Modernen Tanzes³ ebenso in Bezug auf die medialen und ästhetischen Korrespondenzen hin untersucht worden wie neuerdings die Entstehung interaktiver digitaler (Spiel-)räume mit ihrer Tendenz, alle Beteiligten in Bewegung zu setzen und neue Handlungsräume zu öffnen.⁴

Gleichzeitig ist Tanz als ein exemplarisches Feld für Genderperspektiven etabliert worden, von der Diskussion und Dekonstruktion von Vorstellungen einer vermeintlich weiblichen Tanzkunst⁵ hin zu Fragen nach der performativen Konstruktion von Gender auf der Bühne und in Bewegung.⁶

---

1 Wir bedanken uns herzlich für anregende Diskussionen und konstruktive Kritik im Entstehungsprozess dieser Einleitung bei Marie-Luise Angerer, Katarina Kleinschmidt, Ulrike Nestler, Martin Stern und Gabriele Wittmann.
2 Vgl. Claudia Jeschke: *Tanzschriften, ihre Geschichte und Methode: Die illustrierte Darstellung eines Phänomens von den Anfängen bis zur Gegenwart*, Bad Reichenhall 1983; Gabriele Brandstetter (Hg.): *ReMembering the Body. Körper-Bilder in Bewegung*, Ostfildern-Ruit 2000; Judy Mitoma und Elizabeth Zimmer (Hg.): *Envisioning Dance on Film and Video*, New York, London 2002.
3 Vgl. Gabriele Brandstetter und Brygida Maria Ochaim: *Loïe Fuller. Tanz, Licht-Spiel, Art Nouveau*, Freiburg i. Br. 1989; Ann Cooper Albright: *Traces of Light. Absence and Presence in the Work of Loïe Fuller*, Middletown 2007; Susanne Foellmer: »›Andere Räume‹ – Diffusionen zwischen Körper und Kamera«, in: Joachim Paech und Jens Schröter (Hg.): *Intermedialität Analog/Digital. Theorien – Methoden – Analysen*, München 2008, S. 471–480.
4 Vgl. Johannes Birringer (Hg.): *Media and Performance along the Border*, Baltimore, London 1998; Sita Popat: *Invisible Connections. Dance, Choreography and Internet Communities*, London 2009; Kerstin Evert: *DanceLab. Zeitgenössischer Tanz und neue Technologien*, Würzburg 2003.
5 Vgl. Gabriele Klein: *FrauenKörperTanz. Eine Zivilisationsgeschichte des Tanzes*, München 1992.
6 Vgl. Janine Schulze: *Dancing Bodies Dancing Gender. Tanz im 20. Jahrhundert aus der Perspektive der Gender-Theorie*, Dortmund 1999; Sally Banes: *Dancing Women: Female Bodies on Stage*, London u.a. 1998.

Aus einer medientheoretischen Sicht sind die Zusammenhänge von technischer Apparatur, Wahrnehmung, Geschlecht und Macht vor allem in Bezug auf das Kino analysiert worden.[7] Die gendertheoretischen Positionen der feministischen Filmwissenschaft haben die Perspektive für die Relation von Körper, Blick und Medien in Bezug auf Subjekt-Objekt-Konstitutionen geschärft; oder mit Konzepten wie der Metapher der Cyborgs[8] die Performativität von Körperlichkeit und Gender um eine weitere Dimension im virtuellen Raum erweitert.

Allerdings ist bis auf wenige Ausnahmen eine kritische Analyse der Konstellation von Tanz und Medien im Hinblick auf Genderfragen bislang nicht unternommen worden. Und das, obwohl sich genderspezifische Konstellationen nicht nur in Bezug auf ästhetische und medieninnovative Dimensionen, sondern auch im Hinblick auf Wissenstheoreme, Sozialisierung und den praktischen Umgang mit Medien konstatieren lassen. Die unterschiedlichen Vorlieben für bzw. Zugangsmöglichkeiten zu Medien zeigen sich deutlich in tänzerischen Produktions- und Ausbildungskontexten.[9] Oft sind es immer noch Männer, die Frauen im wahrsten Sinne des Wortes ins Licht rücken oder den medialen bzw. technischen Einsatz gestalten und steuern. Es ist daher keinesfalls so, dass die Integration von Medien im Bereich des Tanzes zu einer ›Neutralisierung‹ von Gender-Konfigurationen führt wie dies in ›post-gender‹ Ansätzen proklamiert wird.[10]

Ziel dieses Bandes ist es daher, neuere Forschungsstände aus den Bereichen Choreographie, Medien und Gender zusammen zu bringen und die Interferenzen dieser komplexen Verschränkung unter dem Aspekt der Medialität herauszuarbeiten. Der Band schlägt dabei übergreifend vor, Gender als medial und performativ vollzogene Aktionen im Kontext choreographischer Prozesse zu betrachten. Auf diese Weise möchten wir uns auch gegenüber dem schleichenden *Backlash* positionieren, der Fragen von

---

7   Vgl. Laura Mulvey: »Visual Pleasure and Narrative Cinema«, in: Bill Nichols (Hg.): *Movies and Methods*, Berkeley u.a. 1985 wie auch Teresa de Lauretis: *Alice doesn't: Feminsm, Semiotics, Cinema*, Basingstoke u.a. 1984 sowie weiterführend Marie-Luise Angerer: *Body Options. Körper. Spuren.Medien.Bilder*, 2. Aufl., Wien 2000.
8   Vgl. Donna Haraway: »Ein Manifest für Cyborgs. Feminismus im Streit mit den Technowissenschaften«, in: Carmen Hammer und Immanuel Stieß (Hg.): *Donna Haraway. Die Neuerfindung der Natur. Primaten, Cyborgs und Frauen*, Frankfurt a.M. 1995, S. 33–72.
9   Vgl. dazu Anna-Carolin Weber: »Tanz und Medialität. Anmerkungen zum Vermittlungsverständnis einer intermedialen Tanzpraxis«, in: Claudia Behrens u.a. (Hg.): *Tanzerfahrung und Welterkenntnis. Jahrbuch Tanzforschung*, Bd. 22, Leipzig 2012, S. 108–117.
10  Vgl. Sabeth Buchmann u.a. (Hg.): »Vorwort«, in: *Feminism! Texte zur Kunst*, Nr. 84, (2011), S. 4–29, http://www.textezurkunst.de/84/vorwort-33/ (aufgerufen: 15.03.2013).

Gender und Macht zunehmend als ausgehandelt und nicht mehr thematisierungsbedürftig ansieht.[11]

## ZUR PERSPEKTIVE DES BEWEGUNGSGEFÜGES
## VON CHOREOGRAPHIE – MEDIEN – GENDER

Eine Perspektive, die Choreographie, Medien und Gender als ein relationales ›Bewegungsgefüge‹ begreift, ermöglicht Analysen, die die strukturellen Zusammenhänge fokussieren und aufzeigen, wie Verschiebungen in einem der drei Bereiche zu Veränderungen im gesamten Gefüge führen können. Es soll dabei nicht vorrangig um die spezifisch sichtbaren Repräsentationen von Gender in medialen Artefakten wie Bühnenstücken, Performances, Installationen etc. gehen, sondern mittels medientheoretischer Ansätze sollen Gender-Konfigurationen auf mediale und performative Aspekte hin befragt werden. Damit soll der Blick auch auf Handlungsräume gerichtet werden, die sich durch das jeweils spezifische Verhältnis von Medien und Gender im choreographischen Raum eröffnen. Welche Machtverhältnisse werden über mediale und performative Konstellationen und Transformationen im Tanz konstituiert? Inwiefern ist in dieser Konstellation der Köper ein Medium und welche eigenständige Handlungsmacht kann er etablieren? Welche Strategien der Produktion von Gender-Konfigurationen und ihrer (gleichzeitigen) Subversion lassen sich anhand konkreter Beispiele aufzeigen? Inwiefern werden durch neue Medien andere Wahrnehmungs- und Handlungsräume geschaffen und was bedeutet im Zusammenhang einer Produktionsästhetik *doing* bzw. *dancing gender*?

Diese Fragen und die damit angedeuteten Verbindungsstränge zwischen Choreographie, Medien und Gender können in einem einzigen Band nicht umfassend aufgearbeitet werden. Dennoch möchten wir in Ansätzen einen Überblick geben, der sowohl auf einer wissenschaftstheoretischen Ebene als auch in der Analyse konkreter Praktiken diese Verschränkung in Ordnungs- und Bewegungsgefügen sichtbar macht. Mittels einer theoretischen Rahmung, die sich übergeordnet den Themen Wissensordnung, (Inter-)Medialität, Materialität, dispositiven Anordnungen und Theorien des Affekts annimmt, zeigt die Publikation anhand konkreter Fallanalysen sowie eines

---

[11] Jenseits von Einführungs- und Überblicksbänden wie Christina von Braun und Inge Stephan (Hg.): *Gender@Wissen. Ein Handbuch der Gender-Theorien*, 2. Aufl., Köln u.a. 2009 und Margreth Lünenborg und Tanja Maier (Hg.): *Gender Media Studies. Eine Einführung*, Konstanz, München 2013 thematisiert keine der neueren Publikationen zu Medien und Performance im deutschsprachigen Raum Gender als analytische Kategorie.

praxeologischen Zugangs die Relevanz dieses Themenkomplexes für Theorie und Praxis auf. Zentraler Ansatzpunkt bildet dabei die Auseinandersetzung mit zeitgenössischer Tanz- und Performancekunst und die hierbei entwickelten theoretischen Positionen, die durch einzelne historische Sondierungen und genealogischen Positionierungen ergänzt werden. Die Fokussierung auf zeitgenössische Tanz- und Performancekunst bietet sich nicht nur aufgrund der notwendigen Einschränkung dieses großen Feldes an, sondern auch mit Blick auf die Entwicklung der Medien und ihrer zunehmenden Omnipräsenz in künstlerischen wie sozialen Zusammenhängen.

## GENDERING TANZ- UND MEDIENWISSENSCHAFT: WISSENSORDNUNGEN, DISKURSE UND BEGRIFFE

*Wissensordnungen*
Wir vertreten die Ansicht, dass insbesondere die interdisziplinär ausgerichteten Forschungsfelder der kultur- und medienwissenschaftlich geleiteten Tanz- und Theaterwissenschaft, der Performance-Studies, Kunstwissenschaft und Interart-Studies die Relationen von Choreographie, Medien und Gender als einen grundlegenden Teil der Produktionsästhetik und Wissensordnung der performativen Künste diskutieren sollten. Angesichts jüngster Publikationen, die Gender als zentrale Analysekategorie vernachlässigen,[12] entsteht der Eindruck, dass die Integration (audiovisueller) Medien in Theater, Tanz und Performance als ›gender-neutral‹ bzw. ›geschlechterungebunden‹ wahrgenommen wird. Dieser Umstand verwundert – zum einen, da u.a. die kulturwissenschaftlich orientierte Medienwissenschaft als Impulsgeber für die akademische Verbreitung der Gender Studies operiert hat – zum anderen, da mit der Frage nach der Medialität von Körpern Körperdiskurse aufgerufen werden, die dezidiert auf ihre Gender-Codierungen hin analysiert worden sind. Das Ausbleiben dieser doch längst fälligen Querverbindung lässt sich daher selbst als ein Teil des Wirkens von medialen Wissensproduktionen und ihrer genderbasierten Figuration deuten.

Christina von Braun ist u.a. mit Marie-Luise Angerer, Kathrin Peters und Hedwig Wagner exemplarisch für eine Reihe von Forscherinnen zu nennen, die Verschrän-

---

12 Als Beispiel sei hier der Sammelband von Henri Schoenmakers u.a. (Hg.): *Theater und Medien. Grundlagen – Analysen – Perspektiven. Eine Bestandsaufnahme*, Bielefeld 2008 genannt, der einen Anspruch auf einen Überblick zum Thema Medialität und Theater zu geben erhebt und der in keinem der insgesamt 54 Beiträge Gender im Titel oder als zentralen Aspekt der Analyse benennt. Ein weiteres Beispiel ist Nadja Elia-Borer u.a. (Hg.): *Blickregime und Dispositive audiovisueller Medien*, Bd. 13, Bielefeld 2011.

kungen von Medien und Gender untersuchen und darüber den Zusammenhang der Geschichte von Wissensordnungen und medialen Vernetzungs- und Speichersystemen aufdecken: Medieninnovation, Wissensordnung und symbolische Geschlechterordnung sind dabei aufs Engste miteinander verknüpft.[13] Es wird deutlich, dass Gender als Analyseperspektive die virulente Verweigerung der Dekonstruktion von Wissensordnungen sichtbar macht:

»Eben dieser Zusammenhang wird jedoch in der Wissenschaftsgeschichte ausgeblendet, so als gelte es die ›Ursprünge‹ oder die Triebkraft der Wissensordnung zu verbergen. Die symbolische Geschlechterordnung offenbart die historische Wirkungsmacht der Medien über die Wissensordnung, hat doch jede mediale Neuerung im Abendland auch eine Veränderung der symbolischen Geschlechterordnung zur Folge gehabt«.[14]

*Diskurse*
Der Trend, Gender-Aspekte und das analytische Potential gender-medientheoretischer Positionen nicht mehr zu behandeln, ist nicht nur ein Phänomen der Tanz- oder Theaterwissenschaft. Wie Kathrin Peters anmerkt, hat es auch in der Medienwissenschaft derartige Verschiebungen gegeben. So erscheinen in Einführungsbänden primär die Ansätze von Walter Benjamin, Marshall McLuhan, Vilém Flusser und Friedrich Kittler als paradigmatische Entwicklungslinien der Medientheorie. Hingegen sind Konzeptionen wie u.a. die von Laura Mulvey, Teresa de Lauretis oder Linda Williams, die ab den 1970er Jahren Referenzpunkte film- und medientheoretischer Diskussionen waren, nie Teil eines als zentral angesehenen medienwissenschaftlichen Diskurses geworden.[15] Teilweise kann dies sicherlich mit einer Kritik an den psychoanalytisch basierten Ansätzen der Autorinnen erklärt werden,[16] allerdings sind die Ansätze von McLuhan und Benjamin nicht weniger historisch markiert.

Es scheint also aus mehrfacher Sicht angebracht, einen Sammelband an dieser Schnittstelle zu konzipieren, die Medien und Gender in choreographischen Prozessen als einen Beitrag zur Befragung von Wissensordnungen und symbolischen Hierarchien in den Künsten thematisiert.

---

13 Vgl. hierzu Angerer: *Body Options*, a.a.O.; dies. (Hg.): *The Body of Gender. Körper. Geschlechter. Identitäten*, Wien 1995; Kathrin Peters: »Media Studies«, in: *Gender@Wissen*, a.a.O., S. 350–369; Hedwig Wagner: »GenderMedia Studies – Ein Manifest.«, in: dies. (Hg.): *GenderMedia Studies. Zum Denken einer neuen Disziplin*, Weimar 2008, S. 23–34.
14 Braun: *Gender@Wissen*, a.a.O., S. 31.
15 Peters: »Media Studies«, in: *Gender@Wissen*, a.a.O., S. 351.
16 Vgl. Marie-Luise Angerer: *Vom Begehren nach dem Affekt*, Zürich, Berlin 2007, S. 20.

Vor diesem Hintergrund gilt es sowohl, die medial konstituierten Wissens- und Machtgefüge innerhalb des Feldes des Tanzes zu thematisieren, als auch die Wissenstheoreme, wie sie von der Tanz- und Medienwissenschaft diesbezüglich aufgestellt werden. Von besonderem Interesse ist für uns dabei – neben den wechselseitigen Veränderungen und Beeinflussungen – die Frage, inwiefern sich über die Genderperspektive die Funktion von Choreographie als Speicher und Produzent eines körperlichen Wissens in Bezug auf soziale und gesellschaftliche Strukturen thematisieren lässt.[17] Eine medientheoretisch beeinflusste Perspektivierung sich wandelnder Choreographie-Verständnisse kann dazu dienen, diesen ›gegenderten‹ Strukturen von Wissen(schaft) nachzuspüren und die medial provozierten Hierarchien aufzuzeigen. Dies unternimmt Gabriele Brandstetter in ihrem Beitrag »Tanz, Wissenschaft und Gender. Revisionen und künstlerische Positionen seit den 1990er Jahren« indem sie von der Videoperformance *sharp/sharf* ausgehend die zentralen Diskussionen der Gender Studies aus der Perspektive der Tanzwissenschaft nachzeichnet. Dabei wird deutlich, dass, »Basistheoreme und liebgewordene Tokens (westlicher) Gender-Forschung« im Kontext der Globalisierung zu revidieren sind.[18] Begriffe und Wissenstheoreme sollen daher in dieser Publikation auf ihre ›gegenderten‹ Grundannahmen hin befragt werden[19] und in Bezug auf die Verwebung von Ökonomie und Wissen beleuchtet werden, um mit Kati Röttger danach zu fragen,

»inwieweit der emphatisch geführte posthumanistische Diskurs im Zuge einer zunehmenden neoliberalen Logik der Biopolitik einer ökonomisch durchdrungenen Leistungssteigerung zur Zeit nicht ebenso zu einer Naturalisierung einer angeb-

---

17 So lassen sich beispielsweise Fragen nach der Verschriftlichung von Tanz und der Entwicklung von Notationen mit einem Bestreben der Aufwertung von Tanz zusammen denken, die Tanz in einem von Machtdiskursen und vor allem entlang Gender-Hierarchien strukturiertem Feld zeigen. Das wiederholte Bestreben, Tanz gesellschaftlich aufzuwerten, geht einher mit dem Versuch einer systematischen Aufzeichnung (Beauchamp-Feuillet, Laban) und Analyse sowie mit der Loslösung von einer körperlichen Bedingtheit choreographischer Praxis. Damit werden jene Wertungskategorien des Wissens re-instituiert, die den Körper als instabil und als wenig verlässliches Speichermedium begreifen, ganz zu schweigen von der Assoziation der Irrationalität, die dieser klassischerweise aufgerufen hat.
18 Vgl. den Beitrag von Gabriele Brandstetter in diesem Band.
19 Über diesen Band hinaus wäre es zudem spannend, die Kategorie des Flüchtigen, die die Tanzwissenschaft seit langem als zentrale Begrifflichkeit und Ontologie etabliert hat, auf ihren ›gegenderten‹ Gründungstopos im Kontext der frühen Tanzkritik und Tanzphilosophie zurückzuführen. Für eine kritische Einschätzung dieses Rückgriffs auf die alte Liturgie der »patriarchalen Dualität« wie sie u.a. in den viel zitierten Schriften von Stéphane Mallarmé und Paul Valéry zu finden ist, siehe Leonore Welzin und Gabriele Wittmann: »Nichts Neues nach Nietzsche? Ein Kommentar zum Marbacher Symposion«, in: *Tanzdrama*, H. 38 (3/1997), S. 36f.

lichen post-gender Realität führt wie die der *Weiblichkeit des Tanzes* an der Schwelle zum 20. Jahrhundert«.[20]

Vor diesem Hintergrund geht es um dreierlei Perspektiven: Medientheoretische Ansätze für die Analyse von Tanz(wissenschaft) und Choreographie nutzbar zu machen, Auseinandersetzungen mit Tanz und Medien im Hinblick auf die Reflexion von Medienbegriffen im Kontext zu problematisierender Wissensordnungen zu fassen und diese immer in Relation zu Gender zu befragen.

*Begriffe*
Die vorliegende Publikation versucht dabei nicht, *einen* Medienbegriff oder medientheoretischen Zugang zu favorisieren, sondern sie möchte vielmehr unterschiedliche medientheoretische Ansätze als Ausgangspunkt zur Analyse des komplexen Gefüges heranziehen. Wir sind uns dabei durchaus des kritischen Moments dieser Vielfalt bewusst. Doch wie Rainer Leschke im Hinblick auf die Problematik der Definition und Konstruktion *eines* Medienbegriffs aufmerksam gemacht hat, lassen sich Medientheorien aufgrund zum Teil erheblicher »Differenzen der jeweiligen theoretischen Modellierungen« nicht einfach durch »Begriffsexplikationen« strukturieren.[21] Da Medienbegriff und theoretisches Konzept in Relation zueinander funktionieren, werde man auch bei der Frage nach einem möglichst allgemein angelegten Medienbegriff auf »eine disparate Vielheit unterschiedlichster Begriffe [...] zurückgeworfen«[22]. Diese Begriffsvielfalt spiegelt sich auch in der Debatte um die Medialität des Körpers und um das Verhältnis von Medium und Körper.

Mit dem Begriff ›Medium‹, der etymologisch das bezeichnet, was in der ›Mitte‹ ist, rücken zumeist Themen der Kommunikation in den Mittelpunkt. Vor diesem Hintergrund lässt sich fragen, inwiefern Tanz und Medien ähnliche Merkmale hinsichtlich ihrer Fähigkeit zum Produzieren, Speichern und Übermitteln von Informationen sowie hinsichtlich ihres Verhältnisses zu Technik(en) kennzeichnen. Transmediale Artefakte, die mit einer Kombination von körperlicher, leibhaftiger Performance und dem Einsatz unterschiedlichster Medientechnologien arbeiten, setzen einen Medien- und Körperbegriff voraus, der weder die *Medialisierung* des menschlichen Körpers noch den Verlust des Auratischen gegenüber der Reproduktion befürchten lässt. Auffällig erscheint, dass einschlägige tanzwissenschaftliche Studien bevorzugt mit einem

---

[20] Vgl. Kati Röttgers Beitrag in diesem Band, S. 65.
[21] Vgl. Rainer Leschke: *Einführung in die Medientheorie*, München 2007, S. 12–17.
[22] Ebd., S. 19.

anthropomorphen Medien- und Technikbegriff argumentieren.[23] Ein solcher Medienbegriff – wie er durch die Theorie McLuhans[24] etabliert wurde – erlaubt es, Medien und Technik(en) als Erweiterung des menschlichen Körpers zu denken. Beobachten lässt sich demnach die Verschiebung von einem einstmalig als antagonistisch verstanden Verhältnis von Tanz und Medien, wie es Gabriele Klein mit dem Verweis auf eine »unheimliche Allianz«[25] noch ausmachen konnte, hin zu einem Medienverständnis, welches das Verbindende anstatt das Trennende von menschlichem Körper und technologischen Medien fokussiert.[26]

Dabei provozieren sich bewegende Körper im Tanz besondere Fragestellungen für die Medientheorie: Inwiefern ist der tanzende Körper ein Medium? Wie lässt sich die Medialität des Tanzes[27] denken? Wie lässt sich das Verhältnis von Technik und Körper sowie deren mediale Erweiterung in Performances verstehen, wenn man die Kategorie Gender mit einbezieht? Dies sind Fragen, denen Gabriele Klein und Kati Röttger in diesem Band dezidiert nachgehen und dabei auch die in der Theater- und Medienwissenschaft geführte Debatte tangieren, in der über den ›Status‹ des Körpers *als* Medium gestritten wird.[28] Klein und Röttger argumentieren im Anschluss an ein

---

[23] Vgl. hierzu z.B. Evert: *DanceLab*, a.a.O., oder auch Verena Anker: *Digital Dance. The effects of interaction between New Technologies and Dance Performance*, Saarbrücken 2008.

[24] Vgl. Marshall McLuhan: *Understanding Media. The Extension of Man*, London 1964.

[25] Vgl. Gabriele Klein: »Tanz & Medien: Un/Heimliche Allianzen. Eine Einleitung«, in: dies. (Hg.): *Tanz Bild Medien*, Münster u.a. 2003, S. 7–17.

[26] Zur Problematik einer anthropomorphen Sicht auf Technik vgl. Martina Leeker: »Ertanzte Technikgeschichte(n). Beobachtungen zur zeitgenössischen Begegnung von Tanz und elektronisch-digitaler Technologie«, in: Gabriele Klein und Christa Zipprich (Hg.): *Tanz Theorie Text*, Münster 2002, S. 533–551 und vor allem Sybille Krämer: »Das Medium als Spur und als Apparat«, in: dies. (Hg.): *Medien Computer Realität*, Frankfurt a.M. 1998, S. 73–94.

[27] Vgl. Klein: »Medienphilosophie des Tanzes«, in: Mike Sandbothe und Ludwig Nagl (Hg.): *Systematische Medienphilosophie*, Berlin 2005, S. 181–198.

[28] In Bezug auf die theater- und medienwissenschaftliche Debatte um die Frage, ob der Körper als Medium verstanden werden kann, können hier exemplarisch die unterschiedlichen Positionen von Erika Fischer-Lichte, Sybille Krämer und Kati Röttger benannt werden: Vor dem Hintergrund zeitgenössischer Theater- und Performancekunst erscheint es Fischer-Lichte problematisch, den Körper als Medium zu bezeichnen. Denn der Körper wäre ihr zu Folge nur ein Medium, wenn er als neutraler Träger einer Botschaft auftritt. Da er allerdings einen Überschuss an sinnlicher Dimension mit sich bringt, kann der Körper für Fischer-Lichte nicht als Medium im Theater betrachtet werden. Krämer hingegen definiert das Medium über dessen aktive Übertragungs- und Prägefunktion – eine medientheoretische Zugangsweise –, die den Körper als Medium zu denken erlaubt. Kati Röttger kommt in der Debatte zu dem (Vermittlungs-)Schluss, dass »Körper medialisieren und Medien verkörpern«, indem sie versucht, den Performativitätsbegriff, den Fischer-Lichte an die Verkörperung anbindet, auch für mediale Verfahren fruchtbar zu machen. Im Anschluss an Röttgers Überlegungen kann der Begriff der Performativität, der in der Definition von Fischer-Lichte vornehmlich körperliche Handlungen bezeichnet, die wirklichkeits-

Medienverständnis, wie es Sybille Krämer vertritt, und erweitern die Debatte um die Perspektive von Gender. In ihrem Beitrag »Zur Medialität von Choreographie, Körper und Bewegung. Eine sozial- und kulturtheoretische Skizze« thematisiert Klein mittels einer medientheoretischen Lesart von Choreographie, Körper und Bewegung die Paradoxie der Un/Sichtbarkeit von Gender, die in den Ordnungen, Mustern, Formen und Praktiken von Choreographie und Tanz angelegt ist. Röttger geht in ihrem Text »Die Frage nach dem Medium der Choreographie« eben dieser Frage unter der Voraussetzung nach, dass die Geschichte des Modernen Tanzes von einem engen diskursiven Netz durchzogen ist, in dem Technologie, Körper und Gender direkt aufeinander bezogen sind. Auf diese Weise wird ein Medienbegriff entwickelt, in dem sich Körpertechniken und instrumentelle Techniken überschneiden und dem zufolge weder die Körper von Tanzenden noch die im Kontext einer Aufführung verwendeten Verbreitungsmedien als neutrale Träger von Botschaften angesehen werden können – vielmehr codiert jedes Medium Zeichen in spezifischer Form und abhängig von der eigenen Funktionsweise. Bei Röttger zeigt sich, dass ›das Medium‹ der Choreographie im Medialen des Tanzes immer auch als eingespannt in Dispositive, als Produkt von Kulturtechniken, Disziplinarmaßnahmen und (staatlichen) Apparaten zu betrachten ist.

Medientheorien konzeptualisieren unterschiedliche Körperkonzepte, indem sie den Körper in Relation zu dem jeweilig zentralen (audiovisuellen) Medium denken: So sind z.B. filmtheoretische Modelle – wie die Apparatustheorie und Screen Theory – davon ausgegangen, dass die mediale Apparatur eine spezifische Formation und Identifikation des Subjekts vor-schreibt und das ZuschauerInnen-Subjekt als ein imaginäres Subjekt konstituiert wird. Dagegen haben die Cultural Studies für das Fernsehen ein eher mobiles, fragmentiertes Subjekt-Konzept vorgeschlagen, dessen Identität sich immer je nach Genre und Kontext des TV-Konsums aktualisiert. Dabei steht nicht mehr so sehr die Frage von Identität im Vordergrund, sondern die Frage nach der Produktion von Gender-Positionen, wie es Ien Ang und Joke Hermes unter dem Titel »gender and/in media consumption« prägnant erfasst haben.[29] In ihrem Beitrag für den vorliegenden Band »Bewegte Körper. Von der Repräsentationskritik zur (neuen) Materialität der

---

konstituierend und selbstreferentiell sind, auch auf medientechnologische Verfahren übertragen werden. Vgl. Erika Fischer-Lichte: »Was verkörpert der Körper des Schauspielers?«, in: Sybille Krämer (Hg.): *Performativität und Medialität*, München 2004, hier S. 141; Kati Röttger: »Intermedialität als Bedingung von Theater. Methodische Überlegungen«, in: *Theater und Medien*, a.a.O., S.117–124, hier S. 119.

29 Vgl. Angerer: *Body Options*, a.a.O., S. 20–24; Ien Ang und Joke Hermes: »Gender and/in Media Consumption«, in: James Curran und Michael Gurevitch (Hg.): *Mass Media and Society*, London, u.a. 1991, S. 307–328.

Körper« zeichnet Marie-Luise Angerer die Darstellung einer Genealogie des *affective turns* nach, um die aktuelle Faszination für den bewegten Körper, der in einem Atemzug auch immer als widerständiger begriffen wird, zu analysieren. Als charakteristische Verschiebung lässt sich hierbei die (Fort-)Bewegung von der Signifikation zur Responsivität (von Material, Medien und Körper gleichermaßen) benennen.

Mit einer derartigen medientheoretischen Perspektive, die die Materialität mehr als die Repräsentation von Bewegung fokussiert, lässt sich das jeweils zeitgenössische Choreographieverständnis befragen und macht dessen inhärente Relation zu Medien offensichtlich.

## GENDERING CHOREOGRAPHIE UND (AUDIO-)VISUELLE MEDIEN: SONDIERUNGEN EINER PARALLELEN ENTWICKLUNG

Das sich gegenseitig bedingende Verhältnis von Choreographie und Medien ist bereits im Begriff ›Choreographie‹ und seiner sich historisch wandelnden Bedeutung angelegt: Ursprünglich die Tanznotation – und damit die Verschriftlichung dieser flüchtigen Kunst – bezeichnend, verweist Choreographie immer auf die mediale Transformation von Bewegungen in Dokumentations-, Ordnungs- und Regelsystemen, die es zugleich (mit) hervorbringt. Choreographie ist hierbei zugleich als Speichermedium wie auch als ein dynamisches Gefüge in seiner jeweiligen Ausformung zu verstehen. Auch die in choreographischen Prozessen genutzten Speicher- und Regelsysteme entstehen im Wechselverhältnis mit medialen Entwicklungen und ihrer praktischen Verwendung in Tanz- und Performancekontexten.[30] Das sich wandelnde Verständnis von Choreographie lässt sich dabei im Sinne einer Mediengeschichte begreifen und *vice versa*. Dies bedeutet, die Relation von medientechnologischer Entwicklung und ästhetischen, sozialen sowie politischen Wandlungsprozessen in Tanz und Choreographie nicht einseitig im Sinne eines sich lediglich bedingenden Verhältnisses und der Dominanz von technischen und medialen Entwicklungen zu denken, die als wahrnehmungsstrukturierend und prägend angesehen werden. Vielmehr kann dieses Verhältnis als eine Homologie zwischen diesen Feldern verstanden werden und betrifft sowohl die

---

30 Für eine ausführlichere Diskussion zu Choreographie als dynamisches Gefüge siehe Yvonne Hardt und Martin Stern: »Choreographie und Institution. Eine Einleitung«, in: dies. (Hg.): *Choreographie und Institution. Zeitgenössischer Tanz zwischen Ästhetik, Produktion und Vermittlung*, Bielefeld 2011, S. 7–34, hier S. 14ff.

intermediale künstlerische Produktion als auch die Wissensordnungen.[31] Nicht alleine die Erfindung neuer medialer Techniken provoziert künstlerische Innovationen, sondern diese müssen vielmehr in ihren Verfahrensweisen den inhärenten ästhetischen und produktionsbedingten Verfahren des künstlerischen Felds nahestehen.[32] Ohne dieses Passungsverhältnis wären der Einfluss und die Anwendung von Medien nicht zu denken. So hebt Jonathan Crary in seiner einflussreichen Studie *Techniken des Betrachters* in Anlehnung an Gilles Deleuze hervor, dass nicht alleine die technischen Erfindungen die Gesellschaft von außen verändern, sondern technische Innovationen in einem größeren Gefüge zu begreifen sind, in dem gesellschaftliche Kräfte und institutionelle Anforderungen mit technischen Entwicklungen zusammentreffen.[33] Dieser Gedankengang lässt sich auch für Tanz im Verhältnis von Medien, Blickregimen und Gender-Konstellationen produktiv verwenden wie Felicia McCarren am Beispiel der künstlerischen Kooperation von Neuen Tanz und Frühem Film aufzeigt:

»The difference between the two imitators – ›Loïe Fuller‹ dancing for Lumière and Anabella dancing for Edison – could be described as a difference of focus. Like many of the stage dancers of the nineteenth century, Anabella dances for someone – in this case her cameraman – as if he were her patron. She dances for her immediate audience. ›Loïe‹ dances for an eye that the camera only points towards but that film will eventually make possible: the global market for technobodies, the public created across the century. Fuller herself, conceiving her dance to the camera, is aware that this eye is greater than the dancer, audience, or cameraman: it is historic; it is enormous; it extends in space and time.«[34]

---

31  Zur Homologie von Habitus und Feld siehe Pierre Bourdieu: *Meditationen: Zur Kritik der scholastischen Vernunft*, Frankfurt a.M. 2001, S. 188f.
32  Wie Yvonne Hardt beispielsweise in ihrer Untersuchung zur Kooperation von LaborGras und Frieder Weiss verdeutlicht, zeigt sich, dass die in der Produktion wahrnehmbaren Überlagerung von unterschiedlichen Zeitlichkeiten zugleich medial produziert und zugleich immanent an die Fähigkeiten des Tänzers gebunden sind. Durch ein einverleibtes wie auch aktiv vorangetriebenes Erinnern setzt sich der Tänzer, die Tänzerin zugleich in Beziehung zu vorherigen Bewegungen in der Improvisation und den interaktiven Projektionen. Vgl. Yvonne Hardt: »Tanz, Körperlichkeit und computergestützte Echtzeitmanipulation – eine Analyse am Beispiel von der Tanzperformance ›I, Myself and Me Again‹ von LaborGras«, in: *Intermedialität Analog/Digital. Theorien – Methoden – Analysen*, a.a.O., S. 495–506, hier S. 502, 504.
33  Vgl. Jonathan Crary: *Techniken des Betrachters. Sehen und Moderne im 19. Jahrhundert*, (aus dem Amerik. von Anne Vonderstein), Dresden u.a. 1996, S. 19.
34  Felicia McCarren: *Dancing Machines: Choreographies of the Age of Mechanical Reproduction*, Standford 2003, S. 62f.

Die Integration neuer Medien in Tanzperformances ermöglicht etwas umzusetzen, was das künstlerische Tanzfeld jeweils bereits bearbeitet (z.B. Illusion von Schwerelosigkeit, plurale und zeitlich verschobene Wahrnehmungsräume zu schaffen). Dieses seit langem existierende Wechselverhältnis von choreographischer Produktion und visuellen Medien zeichnet Claudia Rosiny exemplarisch in ihrem Beitrag »Gender-Konstellationen im Wechselspiel von Tanz und Medien« nach. Anhand von vier historischen Beispielen aus Film, Performance und Videotanz wird dabei deutlich, wie Gender-Konstellationen, die im intermedialen Wechselspiel von Choreographie und Medien – zwischen Körper und Kamera – entstehen, jeweils in ihren kulturellen und zeitlichen Kontext eingebettet sind.

Auch Maaike Bleekers Beitrag »Performing *(I) Live*« nimmt die Verschiebung von medialen Wahrnehmungs- und Produktionsstrukturen über einen historischen Vergleich in den Blick. Ausgehend von Daniel AlmgrenRecéns 2009 entstandenem Remake des bekannten Tanzstücks *Live* (1979) von Hans van Manen analysiert sie, wie AlmgrenRecén in *I Live* die Beziehung zwischen Bewegung und Medieneinsatz im Original reflektiert, indem er die Aufmerksamkeit darauf lenkt, wie die Choreographie von *Live* sich nicht nur durch die Bewegungen des tanzenden Körpers auf der Bühne, sondern vor allem durch die mediengenerierte Bewegung der Kamera konstituiert. In diesem choreographischen Gefüge entdeckt Bleeker eine frühzeitige Strategie dessen, was André Lepecki in Bezug auf zeitgenössische Tanzkunst als »exhausting dance«[35] beschrieben hat – die Möglichkeit, die Grenzen des tänzerischen Feldes zu befragen und zu erweitern. Dass Produktionen, die wegweisend für die Entwicklung des Zusammenspiels von Medien und Tanz sind, nicht zwangsläufig ebenso innovativ in ihrer Konfiguration von Genderhierarchien sind, wird auch durch das Remake deutlich. AlmgrenRecén ersetzt in seinem Remake den Kameramann durch eine Kamerafrau und lässt anstelle der Tänzerin einen Tänzer vor ihr tanzen. So werden die impliziten Fragen nach Gender auch in der ursprünglichen Inszenierung transparent und zeigen, wie Performances selbst eine Reflexion von Gender in Medienverfahren leisten können. Einmal mehr wird deutlich, dass Fragen der Blicklenkung, der Handlungsmacht der Medien und der Ausführenden ›gegendert‹ zu denken sind.

Die Fokussierung auf die Intermedialität von Tanz und Film ermöglicht nicht nur das Aufzeigen der Realisierung eines utopischen Potentials des Tanzes, sondern re-figu-

---

[35] André Lepecki: Einführung, in: ders. (Hg.): *Option Tanz. Performance und die Politik der Bewegung*. Berlin 2008, S. 8–24, hier S. 17. In der Originalausgabe als ders.: *Exhausting Dance. Performance and the Politics of Movement*, New York u.a. 2006 erschienen.

riert jeweils auch ein Verständnis tänzerischer Technik. Denn Studien zeigen, dass ein Gelingen der Konstellationen von Performern und Technik ein spezifisch körperliches und/oder tänzerisch-künstlerisches Können notwendig macht.[36] Mit Rückgriff auf das Technik-Verständnis von Marcel Mauss können dabei die Differenz zwischen körperlichen Verfahren und medialen, technischen Operationen umgangen werden,[37] die beispielsweise Sherril Dodds in ihrer Analyse von Tanz im Film unter dem Begriff »video dance body« impliziert.[38] Vielmehr lässt sich ein mediales mit einem praktisch nachvollziehbaren Technikverständnis verbinden, indem technologische Verfahren analoger und digitaler Medien ebenso wie die technischen Verfahren zur Aneignung, Hervorbringung und performativen Praxis einer Tanz- und/oder Darstellungsästhetik in den Blickpunkt rücken.

Choreographie lässt sich in dieser intermedialen Konstellation als doppelt ›mediatisierte‹ Form von Tanz bezeichnen, da jedem Tanz eine spezifische Technik inhärent ist. Somit ist jede Form von choreographiertem Tanz bereits technisiert und medialisiert, wenn sie über die Bewegungen des Körpers sichtbar wird.[39] Gleichzeitig ermöglicht die Integration von Medien auch eine Choreographie ohne leibliche Verkörperung und fördert dadurch eine Erweiterung des Choreographie-Begriffs.[40]

Diese medientheoretisch-tanzwissenschaftlichen Perspektiven verschieben die theoretische Diskussion der Tanzwissenschaft von einer ästhetischen, sich oft auf die Interferenzen von Schrift und Tanz bzw. Bild und Tanz fokussierende,[41] hin zu einer produktions-, methoden-, verfahrens- und prozessfokussierten Herangehensweise, die sich auf Handlungen und auf das praktische Körperwissen konzentriert. Sie lenken den Blick auf die Medialität von Choreographie als einem dynamischen Gefüge, das sich *aus* und *mit* Genderkonfigurationen und (audio-)visuelle Medien immer wieder

---

36 Vgl. Hardt: »Tanz, Körperlichkeit und computergestützte Echtzeitmanipulation«, in: *Intermedialität Analog/Digital. Theorien – Methoden – Analysen*, a.a.O., S. 502.
37 In Analogie zu einem technischen Instrument versteht Mauss den menschlichen Körper als eine Entität, die Verfahrensweisen im Hinblick auf bestimmte Ziele erlernen, anwenden und kulturell tradieren kann und somit medial operiert. Vgl. Marcel Mauss: »Die Techniken des Körpers«, in: ders.: *Soziologie und Anthropologie*, Bd. 2, Frankfurt a.M. 1989, S. 199–206.
38 Sherril Dodds: *Dance on Screen. Genres and Media from Hollywood to Experimental Art*, New York 2001, S. 80.
39 Vgl. Klein: »Medienphilosophie des Tanzes«, in: *Systematische Medienphilosophie*, a.a.O., S. 183ff.
40 Vgl. in diesem Zusammenhang auch die Diskussion um choreographierte Objekte bei Jérôme Bel sowie Lepeckis Kritik der politischen Ontologie von Bewegung und Choreographie in: ders.: *Option Tanz*, a.a.O., S. 8–34 und S. 70–97.
41 Vgl. Gabriele Brandstetter: *Bild-Sprung. TanzTheaterBewegung im Wechsel der Medien*, Berlin 2005; Isa Wortelkamp: »Tanz der Figuren – Zur Darstellung von Bewegung in den Bildern von Hans von Marees«, in: *Theater und Medien*, a.a.O., S. 99–108.

neu konstituiert. Anstelle einer Perspektivierung von Körperbildern liegt der Schwerpunkt daher auf Aktions- und Handlungsräumen, die ein *doing gender* pointieren.

## DOING, DANCING AND PERFORMING GENDER:
## ZUM WISSEN DER PRAXIS UND DES KÖRPERS

Im Anschluss an Judith Butlers Gender-Konstitution ist *gender* als ein performatives *doing* – und damit als ein praktischer Vollzug – zu verstehen. Darüber hinaus plädiert der vorliegende Band für Perspektiven, die den körperlichen Vollzug auch jenseits sprachlich determinierter Vorstrukturierung begreifen und in Verbindung mit einem *affective* und *material turn* betrachten. Dabei mag es zunächst durchaus disparat erscheinen, methodische Überlegungen in Bezug auf strukturelle und apparative Anordnungen im Machtgefüge medialer Dispositive mit den analytischen Kategorien des *affective turns* zu kombinieren. Letztere fokussieren die Widerständigkeiten choreographischer und körperlicher Praktiken, während Erstere die Eingliederung choreographischer Praktiken in Ordnungsstrukturen betonen. Diese Verschränkung erweist sich jedoch als durchaus ergänzend, da über sie deutlich wird, dass beide Zugänge eine Perspektive auf Aktionsräume und die Konzeptionalisierung von Gender als einem *doing* und *undoing* ermöglichen.

Mit Bezug auf die Theorie Judith Butlers untersucht Susanne Foellmer dies in »Un/Doing Gender. Markierungen und Dekonstruktionen der Inszenierung von Geschlecht in zeitgenössischen Tanzperformances«. Dabei spielen neben Um- und Überkodierungen geschlechtlicher Zuschreibungen auch die Fragen nach der Markierung des (Publikums-)Blicks eine Rolle. Die von Foellmer untersuchten zeitgenössischen Stücke zeigen ein Pendeln zwischen ungewollten wie gewollten geschlechtlichen Markierungen: Sie bedienen gängige Vorstellungen im Rahmen heteronormativer Strukturen oder unterwandern diese gezielt und fokussieren dabei eine Aufführung von Differenz als *Inbetweenness* in der Verunsicherung geschlechtlich begrenzter Zuschreibungen.

Eine auffällige Unterwanderung von geschlechtlich spezifizierten Körpern rückt auch Martina Leeker in ihrem Beitrag »Geschlechtsneutralität. Vom Verschwinden von Geschlecht in Tanz-Performances in Kontexten digitaler Medien« in den Fokus. In ihrer Analyse von Arbeiten von Yvonne Rainer, Wayne McGregor und Klaus Obermaier entlarvt Leeker das mit der Integration digitaler Medien in Tanzperformances verbundene Konstrukt der ›Gender-Neutralität‹ als eine »Selbst-Entmachtung«, die durch offensichtlichen Verzicht auf tradierte Rollenzuschreibungen binäre Geschlechtsdifferenzierungen als scheinbare »Selbstermächtigung« erscheinen lassen. Leeker zeigt auf, wie im System intermedial konzipierter Tanzperformances über die Konstruktion von Agentenschaft für Tanzende, entfesselte Dinge/Objekte und (digitale) Medien eine Perspektivverschiebung der Performativität des *doing gender* vollzogen wird: Während Handlungsmacht (*agency*) illusionär erzeugt wird, wird jedoch gleichzeitig der tanzende Körper in einem technikaffirmativen Prozess und unter kybernetischer Kontrolle entpersonalisiert, (selbst-)kontrolliert und diszipliniert. Dies provoziert Fragen danach, wie sich in Performances Akteure, Aktanten und Handlungsmacht definieren lassen.

Inwiefern ist die Handlungsmacht von (tanzenden) Körpern immer auch mit dem ›Primat‹ der Bewegung (in Lepeckis Kritik als ontologisches Moment dargelegt[42]) verbunden? In Stefan Hölschers Beitrag »Zurück zur Bewegung: Diesmal intensiv...« wird deutlich, dass sich die 1990er Jahre nicht nur durch eine teilweise Suspension bewegter Körper auf den zeitgenössischen Bühnen kennzeichnen, sondern ebenfalls eng mit der verspäteten Rezeption des *linguistic* und *performative turn* im Tanzfeld verbunden sind. Mittels einer retrospektiven Betrachtung des Zeitgenössischen Tanzes und der Hochphase des sogenannten Konzepttanzes konstatiert Hölscher – unter Einbezug der Affekt-Theorie Brian Massumis – eine Rückwendung »zum Problem der Bewegung« unter den Vorzeichen einer affektiven Wende.

## DISPOSITIVE UND IHRE VERSCHIEBUNGEN: GENDER ALS MEDIALE CHOREOGRAPHIE

Der Ansatz, Gender und Medien in Form von Handlungsräumen zu thematisieren, lenkt auch in der methodischen Vorgehensweise den Blick auf Fragen nach dispositiven Anordnungen und der Medialität von Genderfigurationen. Eine Perspektive, die Hedwig Wagner mit ihrem »GenderMedia Studies Manifest« verfolgt, das sich dadurch auszeichnet, dass Interferenzen zwischen den wissenschaftlichen Perspektiven von Gender Studies und Medienwissenschaften nutzbar gemacht werden, indem Gender jenseits einer Repräsentationsebene auf die mediale Funktionsweise hin befragt wird.[43]

Anna-Carolin Weber zeigt in ihrem Beitrag für diesen Band »Welcome to the Jungle of Gender« am Beispiel materialbezogener choreographischer Installationen von Andros Zins-Browne und Mette Ingvartsen auf, wie Veränderungen im Dispositiv auch

---

42 Vgl. Lepecki: *Option Tanz*, a.a.O., S. 8–34.
43 Vgl. Wagner: »GenderMedia Studies«, in: *GenderMedia Studies*, a.a.O., hier S. 24.

zu Veränderungen von Form und Inhalt des (Bühnen-)Tanzes bzw. des Medieneinsatzes führen können. Mittels einer Dispositivanalyse werden dabei die räumlich-mediale Anordnung (die mediale Topik des Dispositivs), die apparative Dimension, die technische Disposition innerhalb des Dispositivs, aber auch die kulturelle und soziale Disposition der Zuschauer in den Blick genommen.[44] Dabei ermöglicht die Perspektive des Dispositivs auch eine Lesart, wie sie von Angerer vorgeschlagen wird: Das Auftauchen neuer Medientechnologien ist nicht als »Schicksal« zu begreifen, sondern in einem »Kontext historisch-kultureller Formationen, die spezifische mediale Entwicklungen bedingen, ermöglichen und notwendig machen« zu betrachten.[45]

Dies wird auch im Text von Pamela Geldmacher deutlich, der unter dem Titel »Gelebter Ou-Topos. Leiblichkeit, Macht und Utopie in der Performance« untersucht, wie die interaktiven Situationen mit den Zuschauern nicht nur die traditionellen Dispositive des Theaters und Tanz medial bedingt verschieben, sondern damit einhergehend auch die Frage nach der medialen Funktionsweise anstelle einer Repräsentationskritik in den Vordergrund rückt. Dies ist auch das zentrale Anliegen von Geldmachers Text, der mit einem Fokus auf Utopie/Dystopie, aufzeigt, dass sich Utopie niemals jenseits gesellschaftlicher Strukturen eröffnet. Immer geht es der Autorin um die Frage, wodurch neue Handlungsräume entstehen, in die sich Hierarchien dennoch immer wieder einschreiben.

Die Reflexion und Integration solcher Ansätze verschieben die theoretische Diskussion der Tanzwissenschaft hin zu einem Fokus auf (körper-)praktisches Wissen, welches in einem praxeologischen Verfahren implizites körperliches Wissen, mediale Verfahren mit theoretischen Positionen verbunden denken lässt.[46] Exemplarisch demonstriert dies der Beitrag »Blickstrategien im zeitgenössischen Tanz. Eine plurale ›Logik der Praxis‹« von Katarina Kleinschmidt. Aus der Perspektive der Praxis heraus stellt sie die Frage, wie der Blick in Relation zu Körper und Geschlecht im Kontext zeitgenössischer tänzerischer und choreographischer Praxis zu verorten ist.

---

44 Vgl. hierzu vor allem Joachim Paech: *Überlegungen zum Dispositiv als Theorie medialer Topik.* Medienwissenschaft, Nr. 4, (1997), S. 400–420 sowie Michel Foucault: »Das Dispositiv der Sexualität«, in: ders. (Hg.): *Sexualität und Wahrheit. Erster Band. Der Wille zum Wissen*, (übersetzt von Ulrich Raulf und Walter Seitter), Frankfurt a.M. 1979, S. 95–138 und ders.: *Dits et écrits: Schriften.* Bd. 3, 1976–1979, Frankfurt a.M. 2003, S. 392–395.
45 Vgl. Angerer: *Body Options.*, a.a.O., S. 19.
46 Vgl. Yvonne Hardt: »Pushing Boarders of Thinking and Moving – Reflections on Theoretical Framing«, in: dies. und Katarina Kleinschmidt (Hg.): *Crossover 55/2 – Internationally Mixed: Reflections, Tasks, (F)Acts*, Köln 2012, S. 26–35 sowie Yvonne Hardt: »A Relational Perspective on Dance and Theory – Implications for the Teaching of Dance Studies«, in: Gabriele Brandstetter und Gabriele Klein (Hg.): *Dance [and] Theory*, Bielefeld 2013, S. 265–270.

Dabei stellt sie der Konzeption eines »male gaze« die Pluralität von Blickstrategien als Ergebnis von Medien-Analogien gegenüber. Kleinschmidt folgt dabei der Frage, wie über Medienpraktiken des Zapping, Focusing und Zooming »Logiken der Praxis« (Bourdieu) entstehen, die sich nicht entlang von gegenderten Dichotomien wie aktiv/passiv oder Wissen/Nicht-Wissen fassen lassen. Ihr zufolge entstehen durch die performative Nutzung verschiedener Blickpraktiken für Tänzer/innen Handlungsräume, die Dichotomien und Hierarchien umzudenken ermöglichen. Dabei soll jedoch nicht suggeriert werden, dass dadurch hierarchiefreie Handlungsräume entstehen.

Medientechnische Entwicklungen, die es zunehmend ermöglichen, Praktiken des Privaten in der Selbstinszenierung durch Medien teilweise und zeitweise zu einer öffentlichen Persona und für die Arbeit in Netzzusammenhängen zu nutzen, verfolgt Susan Leigh Foster mit Blick auf das eher klassisch anmutende Format der Fernsehshow in »Performing Authenticity and the Gendered Labor of Dance«. Foster untersucht, wie Tanz, als eine einstmalig private Vergnügung und als künstlerisches Produkt, über mediale Inszenierung in Fernsehshows wie So You Think You Can Dance in den Bereich der ›Arbeit‹ im Sinne eines flexiblen post-fordistischen Arbeitskonzepts übertragen wird. Damit verändert sich nicht nur das Verständnis von Tanz und Choreographie, sondern Fragen von Identität und Gender werden dabei mit einem Machtdiskurs verschränkt, der hinter der Fassade einer Individualität und vermeintlicher Authentizität Leistungssteigerung und Kommodität provoziert.

Mit diesen Fragen von Ökonomie und Arbeitsfeld lässt sich der Bogen wieder zum Feld der Wissensordnungen, wie zu Beginn beschrieben, schließen. Sicherlich ist mit der Auswahl der hier vorgestellten Perspektiven die Komplexität der zeitgenössischen Tanz- und Performanceszene nicht umfassend repräsentiert. Aber sie macht deutlich, dass im relationalen Bewegungsgefüge von Choreographie, Medien und Gender, Widerständigkeiten und Affirmation, Ästhetik und Produktion im Hinblick auf ihre medialen und ›gegenderten‹ Konstellationen auf engste quergelesen werden sollten.

I.

# GENDERING TANZ- UND MEDIENWISSENSCHAFT
## WISSENSORDNUNGEN, DISKURSE UND BEGRIFFE

## GABRIELE KLEIN

## ZUR MEDIALITÄT VON CHOREOGRAPHIE, KÖRPER UND BEWEGUNG
### EINE SOZIAL- UND KULTURTHEORETISCHE SKIZZE

> Tanz ist ... »nichts anderes [...] als die Austragung und
> Darbietung des medialen Charakters der Körperbewegungen«.[1]

Körper, Bewegung und Tanz sind in besonderer Weise auf Gender verwiesen. Denn nirgends materialisiert sich Gender, verstanden als Strukturkategorie des Sozialen und Muster des Kulturellen, so sehr wie am Körper und nirgends ist Gender so radikal befragbar wie in körperlichen Praktiken. Diese Ambivalenz zeigt sich auch in der Geschichte des Tanzes: Ebenso wie die Geschichte des Tanzes die Konventionalisierung von heteronormativen Geschlechterordnungen dokumentiert, zeigt sie auch immer – in radikaler und subtiler Weise – das Ringen um das Unterlaufen von Genderkonventionen und eine kritische Praxis im Umgang mit genderspezifischen Zuschreibungen.

Gender ist im Tanz nicht nur als Thema von choreographischen Werken oder als struktureller Bestandteil von tänzerischen und choreographischen Arbeitsprozessen oder von heteronormativ organisierten (Paar-)Figurationen präsent. Die subtile Macht von Gender – als Konvention und Subversion, als Hegemonie und Marginalisierung, als Norm und Abweichung, als Repräsentation und Performanz, als Gelingen und Scheitern – zeigt sich im Tanz vor allem auch auf abstrakter Ebene: in der tänzerischen Form, in den Bewegungsmustern, in der choreographischen Ordnung, in den Raumfigurationen, den Bewegungstechniken, den Antriebsaktionen und in den Mustern von Führen und Folgen, von Actio und Reactio. Gerade auf diesen abstrakten Ebenen hat sich die Paradoxie von Un/Sichtbarkeit von Gender eingeschrieben, um umso subtiler wirksam zu sein.

Genderkonzepte materialisieren sich (vor allem) in körperlichen Praktiken. Der Körper, die körperliche Bewegung und die (Interaktions-)Ordnungen der Bewegung sind demnach als Medien zu verstehen, über die sich Genderkonzepte durchsetzen und sozial und kulturell wirksam werden. Insofern kann eine medientheoretische Perspektive auf Körper, Bewegung und Choreographie einen Beitrag dazu leisten, zu

---

1 Giorgio Agamben: »Noten zur Geste«, in: ders.: *Mittel ohne Zweck: Noten zur Politik*, Freiburg 2001, S. 53–62, hier S. 60.

verdeutlichen, wie Genderkonzepte in und durch Körperpraktiken übersetzt werden und dabei Mechanismen von In- und Exklusion ausgesetzt sind.

Der vorliegende Text skizziert eine medientheoretische Lesart von Choreographie, Körper und Bewegung, in die eine genderkritische Position einfließt. Diese thematisiert vor allem die Paradoxie der Un/Sichtbarkeit von Gender, die in den Ordnungen, Mustern, Formen und Praktiken von Choreographie, Körper und Bewegung angelegt ist.

## BEWEGEN UND AUFZEICHNEN: DIE MEDIALITÄT DER CHOREOGRAPHIE

Im 20. Jahrhundert hat sich ein Verständnis von Choreographie etabliert, das diese topographisch deutet und sie als die Ordnung von Körpern in Raum und Zeit versteht. Es ist eine Sichtweise, die historisch mit der durch die Zentralperspektive veränderten Medialität der Wahrnehmung eng verbunden ist. Das topographische Verständnis ließ zwei Sichtweisen auf Choreographie in den Hintergrund treten, die in der (westlichen) Tanz-Geschichte bis dahin das Verständnis von Choreographie bestimmten: zum einen die *Praxis* des Tanzens und mit ihr die Bewegungs*erfahrung*, die über viele Jahrhunderte die primäre Perspektive auf die Bewegungsordnung darstellte und die sozialen Muster der Wahrnehmung prägte. Zum anderen die *Schrift*, insofern als mit dem *(Auf-)Zeichnen* von Bewegung und Tanz seit dem 16. Jahrhundert Bewegung als Choreo-Graphie, als Raum-Schrift wahrgenommen werden konnte. Anders gesagt: Neben die tanzpraktische Perspektive des Tanzenden auf die Ordnung der Bewegung, die bis ins Mittelalter typisch war und die Bewegungsnotation, die sich in der frühen Neuzeit durchsetzte, trat mit der Moderne die *panoptische* Perspektive auf den Raum und damit auf die Bewegungsfiguren. Die topographische Lesart von Choreographie ist von daher historisch eng verknüpft mit Verfahren der Aufzeichnung von Bewegung.

Der Begriff Choreographie bezieht sich entsprechend zugleich auf Bewegen und Schreiben. Er setzt sich zusammen aus dem griechischen *chorós*: Reigenplatz, Tanzplatz, meint also einen gerahmten Aufführungsort, an dem ›Tanz‹ stattfindet, sowie dem griechischen *graphós* oder *graphein*: Schreiben, Ritzen. Choreographie ist demnach als *Raum*schrift zu verstehen und dies in einer doppelten Bedeutung: zum einen als ein Schreiben der Körper in den Raum. Zum anderen meint Choreographie als Raum*schrift* die Kunst des Dokumentierens der Ordnung der Körper im Raum, die sich entsprechend der jeweils historisch aktuellen Techniken der Aufzeichnung von Bewegung über Schrift, Bild, Photographie, Film oder digitale Verfahren vollzieht. Durch die enge Beziehung zwischen Aufzeichnen und Bewegen, Schrift/Bild und Bewegung ist Choreographie immer intermedial.²

Die doppelte Bestimmtheit von Choreographie als Bewegen und Aufzeichnen provoziert in den jeweiligen historischen, sozialen und kulturellen Kontexten unterschiedliche Beziehungen von Aufzeichnen einerseits, Erfinden und Gestalten von Körperbewegungen andererseits. Entsprechend kann der zeitgenössische Diskurs über Choreographie auf eine Geschichte zurückblicken, die über mehr als vierhundert Jahre durch eine Interdependenz von Bewegung und Aufzeichnung geprägt war. Diese Geschichte lässt sich grob mit der Renaissance, dem Barock und der Moderne in drei historische Phasen einteilen. Erst um 1900 wird die Dominanz der Schrift als Aufzeichnungsmedium der Bewegung durch das Bewegungsbild und Bildmedien als Archive der Bewegung erweitert und weitgehend abgelöst.

So beruht die Überlieferung von Tänzen bis weit ins Hochmittelalter vor allem auf einer Praxis körperlicher Weitergabe. Aufzeichnungen existieren nicht als Raumschriften, sondern nur in Form ikonographischer Quellen, wie Fresken, Gemälden, Zeichnungen, Buchillustrationen, Reliefs, Statuen, Skulpturen oder Figurinen. In diesen Ikonographien tauchen entsprechend auch geschlechtlich symbolisierte Körper auf.

Seit dem Aufleben des höfischen Tanzes im 14. Jahrhundert sind die ersten Versuche nachgewiesen, Tanz aufzuzeichnen. Derartige Tanznotationen werden von den Tanzmeistern im 15. Jahrhundert weiter entwickelt. Es sind Männer, die Tänze erfinden und Choreographien und Aufzeichnungssysteme entwickeln. Zugleich ändert sich langfristig und nachhaltig der Status des Geschlechts in der Aufzeichnung: Gender wird ›unsichtbar‹. 1588 erscheint in Frankreich die von dem Kanoniker Thoinot Arbeau (1519–1595) herausgegebene Schrift *Orchésographie et traité en forme de dialogue, par lequel toutes personnes peuvent facilement apprendre et pratiquer l'honnête exercice des danses.*³ Die Schrift ist paradigmatisch für die Geschichte der Tanzschreibung in der Neuzeit, insofern sie ein an musikalische Notation angelehntes Zeichensystem erfindet. Zur Erläuterung der Tänze schreibt Arbeau die fünfzeiligen Notenlinien von oben nach unten anstatt wie im Notensystem üblich, von links nach rechts. Neben den Noten sind die einzelnen Tanzschritte aufgeführt, die wiederum durch Klammern zu bestimmten Sequenzen wie *Simple*, *Double*, *Grue* zusammengefasst werden. Dabei verwendet Arbeau für die Notierung von Tanzschritten und -figuren Zeichnungen und

---

2　Gabriele Klein: »Zeitgenössische Choreographie«, in: dies., Gitta Barthel und Esther Wagner (Hg.): *Choreografischer Baukasten. Textband*, Bielefeld 2011, S. 14–78.
3　Thoinot Arbeau: *Orchésographie*, Reprint der Ausgabe 1588, Olms/Hildesheim 1989.

Wortkürzel, die einer Konventionalisierung der Schritte und Figuren den Weg bereiten und zugleich auf die genderspezifische Zuordnung der Tanzkörper verzichten.

Die Trennung des Tanzes von der Musik sowie die Raumordnung der Choreographie in den Tänzen des Barock reflektiert die das 18. Jahrhundert einleitende Tanzschrift, die Notation von Raoul-Auger Feuillet (1653–1710) und Pierre Beauchamp (1631–1705).[4] Die *Chorégraphie ou l'art de décrire la danse, par caractères, figures et signes démonstratifs*, 1700 erschienen, fasst das tänzerische Wissen des Barock zusammen. Anders aber als Arbeaus Schrift konzentriert sie sich auf eine formale Dokumentation der Schrittanalyse, indem sie ausschließlich Bodenwege und Figuren dokumentiert. Die Aufzeichnungspraxis der Feuillet-Beauchamp-Notation korrespondiert nicht nur mit den Kartierungs- und Zeichenpraktiken der neuen exakten Wissenschaften. Sie konzentriert sich auch auf das Ornament, das die Bewegungsordnung der tanzenden Körper in den Raum schreibt.

Jean-Georges Noverre (1727–1810) schließlich verwirft in den *Briefen über die Tanzkunst*, 1760 erschienen und von Lessing ins Deutsche übersetzt, das Verhältnis von Schreiben und Bewegen, das bis dahin den Begriff der Choreographie auszeichnete. Er verurteilt die Tanzschrift mit dem Argument, dass sie entziffert werden müsse, und das spontane ›Blattlesen‹ wie bei Texten und Musiknoten hier nicht möglich sei. Auch ohne Schrift, als kollektive Gedächtnisleistung, könnten sich berühmte Choreographien verbreiten und im Repertoire halten. Anders als noch zur Zeit der Feuillet-Beauchamp-Notation verliert damit die Notation für die Tradierung der Choreographie an Bedeutung.

Zu Beginn des 20. Jahrhunderts zeigen sich die mit der Moderne einhergehenden Tendenzen zur Individualisierung, Fragmentierung und Pluralisierung auch im Tanz – und hier im künstlerischen Tanz wie in den neuen populären Tänzen. Es sind die *Ballets Russes* und hier vor allem Nijinsky, der mit seiner famosen Bewegungssprache die tradierten Bewegungen des Balletts revolutioniert und die Rolle des männlichen Tänzers neu erfindet und dem männlichen Tänzer einen neuen Subjektstatus (nicht nur) auf der Bühne zukommen lässt. Zugleich sind es die Ausdruckstänzerinnen, die jenseits der Balletttradition den Tanz als Ausdruck weiblicher Subjekthaftigkeit in Szene setzen und die Zukunft des Tanzes mit einem Konzept von Weiblichkeit und der Zukunft der Frau/Tänzerin eng verknüpfen.[5] Aber auch die neuen Modetänze

---

4   Claudia Jeschke: »Körperkonzepte des Barock. Inszenierungen des Körpers durch den Körper«, in: Sibylle Dahms und Stefanie Schroedter (Hg.): *Tanz und Bewegung in der barocken Oper*, Innsbruck 1996, S. 85–106.
5   Gabriele Klein: *FrauenKörperTanz. Eine Zivilisationsgeschichte des Tanzes*, Berlin 1992, S. 202ff.

wie Tango, Charleston, Jimmy, Rumba etc., die allesamt aus außereuropäischen und/ oder schwarzen Kulturen stammen, revolutionieren mit ihrer Polyzentrik und Polyrhythmik und ihren Figurationsordnungen (Paartanz als improvisatorisches Spiel) das Körper-, Raum- und Zeitkonzept europäischer Tänze sowie tradierte Geschlechterfigurationen (Mann führt, Frau folgt) und die geschlechterdifferenzierten Subjektpositionen (geschlechtsspezifische Tanzschritte und -figuren).[6]

Mit der neuen Individualisierung und Subjektivierung von tänzerischen Bewegungen, der Fragmentierung von Bewegungen und der Pluralisierung der Körperzentren und Körperachsen wird es auch zunehmend problematisch, Bewegungen und Bewegungsordnungen aufzuzeichnen und entsprechende Notationssysteme zu entwickeln. Denn je vielgestaltiger und individueller die Bewegungen, je ausgefeilter und variabler die rhythmischen Formen und je multizentrischer die Körperkonzepte der Tänze werden, desto schwieriger wird es, ein praktikables System der Aufzeichnung zu finden. Erst Rudolf von Laban entwickelt Anfang des 20. Jahrhunderts mit der von ihm entwickelten Tanzschrift, der *Labanotation*,[7] ein Schreibsystem, das es ermöglicht, quantitativ und qualitativ Körperbewegungen aufzuschreiben, die jenseits einer standardisierten Form oder tänzerischen Grammatik ausgeführt werden. Mit der Labanotation ist nicht nur ein Aufzeichnungssystem für den ›Freien Tanz‹ geschaffen, das sich von der tradierten festgeschriebenen Bewegungsgrammatik abgrenzt. Anders als die neuen ›Wilden Tänze‹ beruht es auf einem organischen Körperkonzept und favorisiert bestimmte, an das Naturkonzept des frühen 20. Jahrhunderts angelehnte rhythmische Bewegungsfiguren wie beispielsweise Schwung oder Welle.[8] Mit ihr ist auch ein empirisches Verfahren für die sich etablierende Arbeitswissenschaft erfunden, um die *Taylorisierung* von Arbeit in fordistischen Arbeitsprozessen aufzuzeichnen und darüber zu optimieren. Labans Modell entspricht dem Raumkonzept der Zeit: dem ›Containerraum‹. Die Bewegung wird vom Raum aus gedacht, ontologisch definiert und in der Zusammenführung der drei Grundelemente der Bewegung (Raum, Zeit und Kraft) in acht Antriebsaktionen unterteilt. Auch die Labanotation abstrahiert von Gender-Kategorien; die Paradoxie der Sichtbarkeit und Unsichtbarkeit von Gender schlägt sich beispielsweise in den Begriffen der Antriebsaktionen nieder: drücken, stoßen, wringen, peitschen, gleiten, tupfen, schweben und flattern.

---

6  Ebd., S. 165ff.
7  Rudolf von Laban: *Kinetografie – Labanotation. Einführung in die Grundbegriffe der Bewegungs- und Tanzschrift*, Wilhelmshaven 1995, Ann Hutchinson Guest: *Labanotation – the system of analyzing and recording movement*, New York 2004.
8  Klein: *FrauenKörperTanz*, a.a.O., S. 133ff.

Laban erfindet die Bewegungsschrift zu einer Zeit, in der das technische Bild in Photographie und Film als Medium der Darstellung und Hervorbringung von Bewegung bereits eingeführt ist. Obwohl im Anschluss an die Labanotation andere Verfahren der Bewegungs- und Tanznotation, wie die Choreologie (*Benesh Movement Notation*), die Eshkol-Wachman Movement Notation, das *DanceWriting* von Valerie Sutton, die *Kestenberg-Methode* oder das *IVB* von Claudia Jeschke und Cary Rick entwickelt werden, und Tänzer und Choreographen bis heute individuelle Schreibsysteme für ihre choreographischen Skizzen nutzen, ist die Labanotation das letzte bedeutende Schriftsystem vor einem großen historischen Einschnitt in die Geschichte von Bewegen und Aufzeichnen: die Entdeckung des Bewegungsbildes, das – in analogen und später in digitalen Medien – das entscheidende Medium der Aufzeichnung wird. Es markiert den Übergang vom semiotischen Medium (der Schrift) zum technologischen Medium des Bildes.

Die Geschichte des Bewegungsbildes reicht von dem *Phenakistiskop* (oder Wunderrad, Wundertrommel oder Lebensrad) von 1832, über Étienne-Jules Mareys Chronophotographie, Eadweard Muybridges Serienphotographie, die analoge Filmtechnik, über *motion capturing* bis hin zu virtuosen digitalen Aufzeichnungssystemen, wie sie William Forsythe mit *Improvisation Technologies* 1999 begann und mit *Synchronous Objects* (2009) und *Motion Bank* (2010–2013) fortsetzt.

Das in den historischen Phasen jeweils als zeitgenössisch angesehene Verständnis von Choreographie steht demnach in einem unlösbaren Zusammenhang von Körper- und Aufzeichnungsmedien: einerseits die tänzerischen Praktiken, die Körper- und Genderkonzepte der jeweiligen Tänze, die jeweiligen Tanzästhetiken und -techniken und Raum- und Zeitkonzepte der Tänze, andererseits die technischen und technologischen Möglichkeiten und Grenzen der jeweiligen Aufzeichnungsverfahren.

Choreographie ästhetisiert aus dieser Perspektive das jeweils historische Verständnis von Bewegungsordnung, indem sie die tanzenden Körper zueinander in Raum und Zeit in spezifischer Weise anordnet. In die Ästhetik der Choreographie fließen auch die jeweiligen politischen Konzepte von gesellschaftlicher Ordnung ein (zum Beispiel die zentralistische Raumordnung des höfischen Balletts, die dezentrale Raumorganisation der Choreographien der Moderne, die jeweilige Zeitwahrnehmung, -erfahrung und -darstellung der Tänze). Choreographieren bedeutet zum einen Räume ›aufzuladen‹, indem sich die Choreographien in die Räume einschreiben (als Bewegungsflow z.B. in öffentlichen Gebäuden, als hierarchische Machtordnung z.B. bei Militärparaden, als materialisierte Form z.B. Zuschauerreihen in Theatern oder Stadien). Zum anderen werden in den Bewegungspraktiken sozial distinktive Räume erst hervorgebracht, mit spezifischen Gender-Konventionen besetzt und sexualisiert.

Diese Produktion des Raumes (Lefebvre) lässt sich an der Geschichte der Tanzräume nachweisen. So bringen die jeweils historischen Figurationsordnungen zum Beispiel die Tanz-Räume der höfischen Gesellschaft (der Ballsaal), der bürgerlichen Kultur (der Tanzsaal), der Jugend (Disco, Club), der Populärkultur (Milonga, Salsateca), der avantgardistischen Kunst (Tanzstudio, Tanzlabor, Tanzwerkstatt) oder eventisierten Stadt (Tango flash mobs, Schlagermoves, Techno-Parades im öffentlichen Raum) erst hervor. Es sind Räume, deren Ordnungen, wie die Bewegungsfigurationen selbst, entsprechend der jeweiligen klassenspezifischen Verortung genderspezifisch differenziert sind.

Choreographie ist als ästhetisches Muster gesellschaftlicher Ordnungen im sozialen Raum allgegenwärtig: zum einen in der Materialität des Raumes, das heißt zum Beispiel in der Art und Weise der Gestaltung von Gärten und Parkanlagen, der Stadtplanung, der Verkehrsinfrastruktur, in der Architektur, in der Kultivierung von Natur, der gebauten Umwelt also, die den ›Bewegungsflow‹ bestimmt. Andererseits zeigt sie sich in der Performanz der Akteure, so z.B. in den *cultural performances*,[9] d.h. bei höfischen Festen, bei Massenveranstaltungen wie Militärparaden, Parteitagen, Popkonzerten oder Fußballspielen. Während sich also Bewegungsordnungen in die Materialität des Raumes einschreiben, so bringen Bewegungspraktiken sozial distinktive Räume erst hervor.

Als ästhetisches Muster gesellschaftlicher und politischer Ordnungen reflektiert Choreographie mit ästhetischen Mitteln immer auch Strukturkategorien des Sozialen wie Geschlecht, Klasse, Alter, Ethnie: Choreographie führt das Soziale auf, stellt es in der Aufführung her, aktualisiert Konventionen oder unterläuft sie. Von daher ist einerseits Choreographie immer sozial, da sie die Bewegungs(inter)aktionen von Körpern in Szene setzt und Körper sich immer als habitualisierte, das heißt auch als ›gegenderte Körper‹ bewegen. Auf der anderen Seite haben aber, wie eingangs gezeigt wurde, insbesondere die Aufzeichnungssysteme vom Sozialen und Geschlechtlichen des Körpers abstrahiert, Bewegung als physiologisches und motorisches Ereignis vorgestellt und Choreographie als abstrakte Form eingeführt.

Diese Abstraktion ging und geht immer auch mit einem Unsichtbarmachen der Geschlechterdifferenz und damit mit einer impliziten Setzung von Männlichkeit als (Körper-)Norm einher. Genderspezifische Machtverhältnisse zeigen sich in der Choreographie nicht nur darin, wie Männer- und Frauenkörper auf der Bühne in Szene gesetzt werden (z.B. Männer- und Frauenkörper im Ballett, im Tanztheater oder im sogenannten Konzepttanz). Sie zeigen sich auch in den abstrakten Prinzipien von Führen und

---

**9** Milton Singer (Hg.): *Traditional India. Structure and Change*, Philadelphia 1959.

Folgen (z.B. heteronormative Ordnung von Führen und Folgen im Walzer, Heteronormativität als Spiel im Tango, Queer-Tanzen), in dem Verhältnis von Spannung und Entspannung (z.B. in den verschiedenen Körperpraktiken, in Paarfigurationen), in Dynamik und Kraft (z.B. in von Männern dominierten Tanzstilen im HipHop), in Zeitwahrnehmung, Raumorganisation, Bewegungsfiguren und Antriebsaktionen und in den genderspezifischen Zuschreibungen der Tanzkörper (z.B. in gesellschaftlichen Stereotypen, die männliche Tänzer als schwul und Tänzerinnen als asexuell bezeichnen).

Auch die jeweils historisch aktuellen Subjektkonzepte finden in der Choreographie ihren Niederschlag. Sie zeigen sich beispielsweise in dem Status des einzelnen Tänzers in der Choreographie, in dem Verhältnis von Einzelnem und Gruppe, in der Art, in der Tänzer in der Choreographie in Erscheinung treten (in einer Rolle, als Charakter, Figur, authentisches Subjekt oder Objekt) und schließlich in der Organisation und Gestaltung des choreographischen Prozesses und in den Formen der Teilhabe aller. Es wäre im Einzelnen empirisch zu untersuchen, wie sich Gendering als Muster von Subjektivierung in einzelnen Produktionen und Werken vollzieht.

## SPEICHERN UND ERINNERN: DIE MEDIALITÄT DES KÖRPERS

Der Körper ist ein Medium der Wahrnehmung, Handlung und Darstellung. Er bestimmt, wie Phänomenologen, beispielsweise Merleau-Ponty oder Schmitz, deutlich gemacht haben, in basaler Weise den Zugang des Menschen zur Welt. Dies ist allerdings nicht im Kant'schen Sinne zu verstehen, dass eine amorphe Sinneswahrnehmung erst im Nachhinein durch Anschauung und Vernunft geordnet und gedeutet werden müsse. Vielmehr belegt die Geschichte der Körperwahrnehmung, der Körperdeutungen und Körperdiskurse, dass die individuelle körperliche Wahrnehmung historisch kontextualisiert, kulturell kodiert, medial transformiert und sprachlich normiert ist – und damit auch immer geschlechtlich markiert ist. Sowohl die Wahrnehmung des eigenen Körpers beim Tanzen wie auch die Wahrnehmung des Tanzes durch den Zuschauer sind demnach immer schon durch kulturelle Codes und soziale Muster – auch des Gendering – der Wahrnehmung gerahmt.

Der Körper ist aber nicht nur als ein natürliches, primäres Medium anzusehen, wie dies mitunter Medientheorien dem Körper und den Sinnen unterstellt haben. Als Darstellungsmedium ist der Körper, so die These dieses Beitrages, vielmehr doppeldeutig: Er ist zugleich ein natürliches und ein technisches Medium, wobei die Natürlichkeit des Körpers nicht als vorgängig anzusehen ist und entsprechend nicht der These gefolgt wird, dass der natürliche Körper technisiert werde. Vielmehr verfolgt dieser Text die Annahme, dass der Körper gerade dann als natürlich wahrgenommen wird, wenn und weil er Kultur-, Bewegungs- und Tanztechniken perfekt erlernt und habitualisiert hat und sie entsprechend ausführen kann, wobei die Wahrnehmung der ›natürlichen Bewegung‹ nicht nur historisch ist, sondern auch klassen- und geschlechtsspezifisch differenziert ist.

Bewegungsfiguren, Posen und Gesten sind dem Körper nicht qua Natur gegeben. Er hat sie als Technik gelernt und abgespeichert – und gerade diese Fähigkeiten des Lernens und Erinnerns sind dem Körper eigen. Hat der Körper Formen und Techniken einmal erlernt und abgespeichert, kann er sie, um es mit Pierre Bourdieu zu sagen, über den »sens pratique« abrufen. Als ›Speichermedium‹ von Bewegung und tänzerischen Formen ist der Körper, neben den Schrift- und Bildmedien, ein ›lebendiges Archiv‹ und Garant dafür, dass Bewegungen, Gesten und Tänze tradiert werden und ihr Fortleben gesichert werden kann. Dies belegt die Praxis der Wiederaufnahmen, bei der vor allem das Körpergedächtnis der Tänzer und Tänzerinnen von zentraler Bedeutung für die Re-Konstruktion der Choreographie ist.[10]

Die Doppeldeutigkeit des Körpers, natürliches und technisches Medium zu sein, macht es plausibel, die Medialität des Körpers nicht ontologisch, sondern sozial- und kulturtheoretisch herzuleiten. Denn selbst als Medium individueller Wahrnehmung ist der Körper immer sozial und kulturell, indem er erst als sozial produzierter und kulturell kodierter Körper zu dem Medium wird, das Tanz zu einer »vermittelnden Figur«,[11] einer »Schaltstelle« oder einem »Dazwischen«,[12] zu einem Sichtbarwerden des Mittels als solchem[13] werden lässt. Insofern ist eine Medientheorie der Bewegung immer auch verwiesen auf die jeweils historisch aktuellen Körper- und Geschlechterkonzepte und auf die sozialen und kulturellen Rahmungen von Körper- und Genderperformanzen.[14]

---

10 Vgl. Stefan Brinkmann: *Bewegung erinnern: Gedächtnisformen im Tanz*, Bielefeld 2013.
11 Sybille Krämer: »Erfüllen Medien eine Konstitutionsleistung? Thesen über die Rolle medientheoretischer Erwägungen beim Philosophieren«, in: Stefan Münker u.a. (Hg.): *Medienphilosophie. Beiträge zur Klärung eines Begriffs*, Frankfurt a.M. 2003, S. 78–90.
12 Alexander Roesler: »Medienphilosophie und Zeichentheorie«, in: ebd., S. 34–52.
13 Agamben: »Noten zur Geste«, in: *Mittel ohne Zweck*, a.a.O., S. 53–62.
14 Es wäre aber verkürzt, nur den humanen Körper als Medium von Wahrnehmung und Darstellung von Bewegung anzusehen. Gerade der sich seit den 1990er Jahren etablierende digitale Tanz zeigt, dass auch virtuelle Körper Wahrnehmungs- und Darstellungsmedien sein können. Hier dienen digitale Körper als erweiterter Horizont für die Entwicklung tänzerischer Formen wie etwa das Programm *Life Forms* von Merce Cunningham.

Der Körper ist nicht nur das Wahrnehmungs- und Darstellungsmedium von Bewegung, sondern auch das Ausdrucksmedium des Menschen und dies, erinnernd an Plessners Theorem der »Ex-Zentrischen Positionalität«,[15] in seiner Doppelung als Körper-Sein und Körper-Haben, als Agens und Instrument. Denn das Subjekt gestaltet die Bewegung mit seinem Körper, aber in der Bewegung ist das Subjekt auch Körper. »Wenn ich gegen etwas machtlos bin, so ist es gegen meinen Tanz. Die Tänzerin in mir ist stärker als der Mensch und sie beherrscht mich vollkommen«, sagte einst die Ausdruckstänzerin Mary Wigman.[16] Aus dieser Doppelfunktion heraus ›spricht‹ der Körper von einer bestimmten historischen und kulturellen Position aus, er artikuliert die (geschlechtliche) Subjektivität des Tanzenden. Über die tänzerische Form stellt sich zugleich das Verhältnis des Tanzenden zur historischen Grammatik des Tanzes her. Von daher geben Tänze über weit mehr Auskunft als über den einzelnen Tanz selbst. Tänze stellen spezifische Lesarten des Verhältnisses von Körper und Kultur, von Individuum und Gemeinschaft, von Geschlechterverhältnissen, von körperlichem Rhythmus und kulturellem Raum bereit.

Tanz verweist unmittelbar auf den Körper, das heißt sowohl auf das jeweilige Körperkonzept wie auf den Körper als Darstellungsmedium des Tanzes. Die Bindung des Tanzes an den Körper macht den Tanz – auch aus gendertheoretischer Sicht – zugleich zu einem konservierenden und subversiven Medium. Technik- und medienkritischen Debatten zufolge liegt eine besondere Aufgabe und Fähigkeit des Tanzes darin, dem zivilisationsgeschichtlich verdrängten, über Disziplinierungstechniken geformten und nunmehr virtuell sich transformierenden humanen Körper wieder zur Sprache zu verhelfen.[17] Hierin läge sein subversives und utopisches Potential. Tanz erscheint aus dieser Perspektive als vielversprechende Alternative zur zunehmenden Technisierung der Welt, als das Medium der Selbstfindung. Er gilt als der materiell greifbare Ort, an dem das Subjekt sich seines Selbst vergewissern kann. So lautet eine Lesart, die ihren Ausgangspunkt im Ausdruckstanz fand und bis heute in der (tanz-)ästhetischen Bildung weitergeführt wird.[18] Auf der anderen Seite ist aber gerade der historisch verdrängte und zivilisatorisch geformte Körper das Darstellungsmedium des Tanzes, der

---

15 Helmuth Plessner: »Der Mensch als Lebewesen«, in: ders. (Hg.): *Mit anderen Augen: Aspekte einer philosophischen Anthropologie*, Stuttgart 1982.
16 Mary Wigman: »Meisterin und Meisterschülerin. Warum tanzt die Jugend?«, in: *Die schöne Frau*, Jg. 3, (1927/1928), Nr. 1, S. 10.
17 Vgl. Klein: *FrauenKörperTanz*, a.a.O.
18 Vgl. Gabriele Klein: »Dancing Politics: Worldmaking in Dance and Choreography«, in: dies. und Sandra Noeth (Hg.): *Emerging Bodies. The Performance of Worldmaking in Dance and Choreography*, Bielefeld 2011, S. 17–29.

dadurch, aufgrund seiner habituellen Disposition, kaum subversives oder utopisches Potential entwickeln kann. Tanz, so lässt sich aus dieser Sicht vielmehr schlussfolgern, ist das Medium, über das Sozialdisziplin, kulturelle Konvention und Genderdifferenzen quasi tänzelnd wahrgenommen, erlernt und ausgeübt werden. Tanz ist also immer ambivalent: Er kann als Konventionen konservierendes *und* transformierendes Medium wirksam sein. Entscheidend für seine Wirkung sind der sozialhistorische Kontext, die gesellschaftliche Rahmung, die Form, in der Tanz in Erscheinung tritt sowie die sozialen Muster subjektiver Wahrnehmung des Tanzes. Während beispielsweise Goethe in *Die Leiden des jungen Werther* den Walzer noch als einen revolutionären Tanz kennzeichnen kann, da er für die damalige Zeit unvorstellbar erotisch, schnell und als Bewegungserfahrung von Mann und Frau berauschend war,[19] wandelt sich der Walzer in der Moderne zu einem konventionalisierten Standardtanz. Aber: ›Walzen‹ kann auch ein Trancetanz oder ›queer‹ sein, beispielsweise dann, wenn das konventionalisierende und disziplinierende, geschlechtsspezifische Muster von Führen und Folgen, wie es in heteronormativ strukturierten Paartänzen angelegt ist, aufgegeben wird.

Nicht nur aus körpertheoretischer und körpersoziologischer Sicht,[20] sondern auch aus der Perspektive des Tanzes macht es wenig Sinn, Körper essentiell, singulär oder statisch zu begreifen. Tanz, so die These dieses Beitrages, erfordert vielmehr einen Begriff von Körper, der diesen als soziales, kulturelles und damit auch immer genderspezifisches Konstrukt *und* als Praxis, als Konzept *und* als Verkörperung und das heißt: in seinen repräsentativen *und* performativen Dimensionen erfasst.[21] So führt beispielsweise das Tanztheater nicht nur Geschlechterverhältnisse als Machtverhältnisse vor und stellt sie aus, wie dies vielfach behauptet wurde, sondern bringt diese auch als Körperverhältnisse erst hervor und macht über diesen performativen Akt auf die körperlichen Dimensionen der genderspezifischen Machtverhältnisse aufmerksam. Diese thematisiert auch der sogenannte Konzepttanz, der sich mit der Kritik an Repräsentation auseinandersetzt und das Verhältnis von Performanz und

---

19 »Tanzen muß man sie sehen! Siehst Du, sie ist so mit ganzem Herzen und mit ganzer Seele dabei, ihr ganzer Körper eine Harmonie, so sorglos, so unbefangen, als wenn das eigentlich alles wäre, als wenn sie sonst nichts dächte. [...] Nie ists mir so leicht vom Fleck gegangen. Ich war kein Mensch mehr. Das liebenswürdigste Geschöpf in meinen Armen zu haben und mit ihr herumzufliegen [...]«. Johann Wolfgang von Goethe: *Die Leiden des jungen Werther*, Frankfurt a.M. 1973, S. 33ff.
20 Vgl. Markus Schroer (Hg.): *Soziologie des Körpers*, Frankfurt a.M. 2005, Robert Gugutzer (Hg.): *Body turn: Perspektiven der Soziologie des Körpers und des Sports*, Bielefeld 2006.
21 Vgl. Gabriele Klein: »Das Theater des Körpers. Zur Performanz des Körperlichen«, in: *Soziologie des Körpers*, S. 73–91.

Repräsentation von Gender thematisiert: Wenn beispielsweise genderspezifische Zuschreibungspraxen auf Körper als Wahrnehmungsmuster vorgeführt werden, wie in dem Stück *Jérôme Bel* von Jérôme Bel, wo eine unbekleidete Performerin mit einem roten Lippenstift sehr langsam den Namen »Christian Dior« auf ihr Bein schreibt. Erst durch diesen performativen Akt des ›Einschreibens‹ des bekannten Modelabels wird ihr Bein als Frauenbein sexualisiert und ihr Körper als geschlechtlicher Körper beschrieben. Gender, so zeigt diese Szene, ist nicht nur eine Zuschreibungspraxis, die sich am Körper materialisiert und durch den Körper repräsentiert wird. Es ist auch eine Wahrnehmungskategorie, die sich im Zusammenwirken von performativer Praxis und repräsentativer Ordnung bildet.

Tanz veranschaulicht zudem, dass Körper in Figurationen, das heißt – dem Figurationsbegriff von Norbert Elias folgend – als dynamisch und interagierend und damit relational zu Raum und Zeit betrachtet werden sollten: Das Verhältnis von Körper, Raum und Zeit lässt sich als ein dynamisches Spannungsgefüge beschreiben. Dynamik meint in der Raum- und Bewegungslehre Rudolf von Labans das Verhältnis von Zeit und Kraft.[22] Demnach thematisiert Tanz Spannungswechsel und Energiedifferenzen. Er konkretisiert sich in der Art und Weise, wie der geschlechtlich konnotierte Körper das komplexe Geflecht von subjektivem Zeitempfinden und objektiven Zeitstrukturen, von räumlichem Erleben und dem Einsatz von physischer Kraft in dynamische Formen umsetzt.

## INHALT ALS FORM: DIE MEDIALITÄT DER BEWEGUNG

Körperliche Bewegung meint immer zweierlei: Ordnung, das heißt soziale Normen und kulturelle Konventionen von Bewegung (zum Beispiel, wie man isst, sitzt, steht oder geht) auf der einen Seite und die Performanz, das heißt die Ausführung der Bewegung, das praktische Tun auf der anderen Seite. Anders ausgedrückt: Eine sozial- und kulturwissenschaftliche Perspektive auf Bewegung, die hier vertreten wird, verknüpft zwei Ebenen miteinander. Sie lassen sich, dem Wissenschaftsdiskurs entsprechend, als Makro- und Mikroebene, Struktur und Handlung, Sprache und Sprechen, Grammatik und performative Praxis bezeichnen. Als Ordnung ist Bewegung selbst schon intermedial, da sie nur über andere Medien wie Notationsschriften, Bilder oder den Körper

---

[22] Vgl. Rudolf von Laban: *Choreutik – Grundlagen einer Raumharmonielehre des Tanzes*, Wilhelmshaven 1991.

wahrgenommen und erinnert werden kann. Und dieses Wahrnehmen und Erinnern erfolgt zumeist über den körperlichen Nachvollzug der Bewegung.

Das Bewegen als Praxis ist flüchtig. Im Unterschied zum Buchdruck, den neuen Medien, der Sprache, der Schrift, zum Bild oder auch zum Körper ist Bewegung kein Speichermedium. Bewegung, verstanden als Praxis des Bewegens, existiert nur im Augenblick, im Akt der Ausführung oder auch der Aufführung. Sie beruht auf einem Ensemble von Praktiken, die der Körper gelernt und gespeichert hat. Paradoxerweise aber ist gerade die verkörperte Form der Bewegung, die Praxis der Ausführung, die Performanz, wirklichkeitskonstituierend. Bewegung ist ein Medium kinästhetischer Wahrnehmung und Interaktion. Das lateinische Wort Medium meint Mitte, Mittelpunkt, ist also zunächst ein topologischer Begriff, der die Bedingung der Möglichkeit von Vermittlung bezeichnet. Aber Medium meint auch Mittel, das heißt Werkzeug, Instrument, mit dem und durch das etwas vermittelt wird. Dieser kommunikative und informative Aspekt des Begriffs Medium ist relevant für Bewegung: Bewegung ist – wie Sprache, Schrift oder Musik – ein Medium der Mitteilung.

Medien vermitteln und bringen zugleich Bedeutung hervor, sie übertragen etwas, was – wie Form, Sinn, Bedeutung oder Inhalt – sich selbst nicht vermitteln kann. Insofern sind sie nie allein Vermittelnde, sondern immer auch Produzenten von Bedeutung, Inhalt oder Sinn. Gesten und Bewegungen vermitteln sich über den Prozess der Verkörperung. Zugleich wird Sinn in der Verkörperung neu hervorgebracht und in der Bewegung materialisiert. Mit der Bewegung verändert sich Bedeutung ständig: Bewegung ist immer anders, da erst die Darbietung, der performative Akt der Verkörperung, die Bewegung in Erscheinung treten lässt.

Wir nehmen Bewegung als Form und nicht als Medium wahr, das heißt, unser Blick richtet sich darauf, was Bewegung vermittelt und wie dies geschieht. In der Form der Bewegung meinen wir Sinn oder Bedeutung, ›Inhalt‹ oder ›Aussage‹ zu erkennen. Da körperliche Bewegung als Form und nicht als Medium wahrgenommen wird, ist die Erkenntnis der Medialität der Bewegung auf andere Medien angewiesen. Die Philosophin Sybille Krämer vertritt die These, dass Intermedialität eine epistemische Bedingung von Medienerkenntnis ist.[23] Diese Annahme gilt besonders für Bewegung: Erst wenn körperliche Bewegung in ein anderes Medium übertragen wird, als Notation verschriftlicht oder in Film, Video, Photographie oder digital verbildlicht wird, kann sie als Medium, das heißt als »historisches Apriori«[24] der Organisation von rhythmischen Formen, körperlichen Gesten und Bewegungsfiguren sichtbar werden.

---

**23** Vgl. Krämer: »Erfüllen Medien eine Konstitutionsleistung?«, a.a.O., S. 78–90.
**24** Norbert Bolz: *Theorie der neuen Medien*, München 1990, S. 112.

Über die Form wird Bedeutung erzeugt und der ›Inhalt‹ der Bewegung wahrnehmbar. Dies heißt auch, dass Bewegung ausgeführt werden muss, wobei sie hier eines Transmitters, des Körpers, bedarf. Denn Bewegung materialisiert sich nur in Zusammenhang mit Akteuren, die die Bewegung mit ihren Körpern ausführen, oder mit Aktanten wie Dingen, Objekten oder Materialien, deren Körper wiederum die Form der Bewegung bestimmen (wie beispielsweise in einen Stuhl bereits die Form des Sitzens oder in die Verkehrsinfrastruktur der Bewegungsflow eingeschrieben ist).

Bewegung als Sinnvermittler und Sinngenerator existiert von daher auch nicht an sich, sondern immer nur in einen interaktiven Prozess verwickelt – wobei die Interaktionspartner, die nicht nur Subjekte, sondern eben auch Dinge sein können, gleichzeitig anwesend sein müssen. Diese für die körperliche Bewegung charakteristische Ko-Präsenz der ›Kommunikatoren‹ wird erst durch einen intermedialen Transfer aufgegeben, also dann, wenn die körperliche Bewegung in einem anderen Medium, in Film, Video oder digitalisiert in Erscheinung tritt. Aber selbst in der intermedialen Übertragung kann Bewegung sich nur über Verkörperung zeigen – auch wenn sie eine Verkörperung im und als Bild ist. Die Praxis und die Ordnung der Bewegung konstituieren sich aus dieser Sicht immer schon als mediale Form, indem ihre Entstehung an natürliche Medien (Körper), semiotische Medien (Schrift) und technologische Medien (analoge und digitale Bildtechnik) gekoppelt ist.

Ihre spezifische Medialität ist nicht nur historisch different, sondern auch mit verschiedenen Mustern geschlechtsspezifischer Zuschreibungen und geschlechterdifferenter Wahrnehmungen verbunden. Die Mediengeschichte von Choreographie, Körper und Bewegung ist, darauf wollte dieser Beitrag aufmerksam machen, vor allem durch ein prekäres Verhältnis von Sichtbarkeit und Unsichtbarkeit von Gender geprägt, das als Machtverhältnis umso subtiler wirkt und damit umso wirksamer und beständiger ist, je mehr Gender ausgeblendet wird und Choreographie, Körper und Bewegung als (vermeintlich) abstrakte Größen verhandelt werden.

# GABRIELE BRANDSTETTER

## TANZ, WISSENSCHAFT UND GENDER
### REVISIONEN UND KÜNSTLERISCHE POSITIONEN SEIT DEN 1990ER JAHREN

*Ein Gruppenporträt*: So lautet der Untertitel des Stücks *7 Schwestern*[1] (frei nach Tschechow) der Performer-Gruppe She She Pop. Tschechows Stück wird für sie zur Basis eines ›Selbstverständigungstextes‹ – ein Begriff, der in den 1970er-80er Jahren geprägt wurde –, in dem es darum geht, die Situation der »Töchter (und Söhne) der Frauenbewegung«[2] in den (Kamera-)Blick zu nehmen.

»Sie sind jetzt in einem gewissen Alter, in einer gewissen Situation. Sie sind emanzipiert und gut ausgebildet. Der Arbeitsmarkt hat sie aufgenommen, herausgefordert und ihnen auch schon ihre Grenzen aufgezeigt. Jetzt bekommen sie Kinder: eine Flucht ins Private, ein Weiblichkeitswahn, ein narzisstischer Selbstverwirklichungstrip? Diese Frauen hatten niemals Interesse für die historische Dimension ihres Daseins und ihrer Freiheit. Sie hatten auch niemals Mitleid mit ihrer Müttergeneration, den Subjekten der zweiten Welle des Feminismus. Jetzt hat niemand Mitleid mit ihnen. Die Bewegung hat sich verloren, Emanzipation ist zur privaten Erfolgsstory verkommen. Was haben diese Frauen erreicht, wer sind sie? Wohin wollen sie? Und geht das jetzt noch?«[3]

In ihrem Stück *7 Schwestern* bearbeiten She She Pop diese Fragen offen, ironisch und – selbstverständlich – mit den Mitteln der Verdoppelung und Multiplikation von Identitäten und Räumen durch den Einsatz unterschiedlicher Medien. Auch der Text – Tschechows Drama und der von den PerformerInnen gesprochene, improvisierte Dialog – wird zum Medium. Gearbeitet wird mit Video-Bild-Sequenzen (sowohl vorproduzierte als auch live übertragene Szenen), die die Räume – im Rahmen der Theaterbühne – verschachteln und den ›privaten‹ Raum, die ›Hinterzimmer‹ des Theaters, veröffentlichen und vergrößert projizieren. Doch nicht nur die Räume vervielfachen sich, so dass die Differenz von Privatem und Öffentlichem sich verschiebt und

---

1  She She Pop: *7 Schwestern*, UA 10.12.2010, HAU 1 Berlin. Mit: Sebastian Bark, Johanna Freiburg, Lisa Lucassen, Ilia Papatheodorou und Berit Stumpf. Eine Koproduktion von She She Pop mit dem HAU Berlin, Kampnagel Hamburg und dem FFT Düsseldorf.
2  Vgl. die Homepage www.sheshepop.de/produktionen/7-schwestern/ (aufgerufen am 20.11.2012).
3  Ebd.

verwischt; auch die klassischen Rollen-Identitäten multiplizieren und überkreuzen sich: Tschechows *Drei Schwestern* sind im Stück-Titel als *sieben* Schwestern angekündigt – womit nach dem Muster von Märchen-Motiven (etwa die sieben Schwäne im Grimm'schen Märchen) ein Generationen-Spiel eingebracht wird. Die Töchter der Frauenbewegung haben nun selbst Kinder. Und sie fragen zugleich ganz konkret nach ihrer Situation auf dem Arbeitsmarkt.

*7 Schwestern*: Die Gruppe She She Pop besteht aus sieben PerformerInnen. Der Titel spielt zudem ironisch mit den Theorien und Performanzen der Gender und Queer Theory: Denn in dem Stück spielen nicht *drei* und auch nicht *sieben* Schwestern. Auf der Bühne sind *vier* PerformerInnen, drei Frauen und ein Mann: Sebastian Bark, der als Mitglied von She She Pop in unterschiedlicher Weise Transvestismen, die Thematisierung schwuler Biographie etc. in die Stücke einbringt.

Wo stehen wir?, fragen die PerformerInnen. Sie nehmen Tschechows Stück, das resignierte Warten der drei Schwestern, zum Anlass für ein Gruppenporträt: »40 Jahre Nichtstun!«[4] – Und sie fragen sich, in welcher Weise sich dennoch der Wartesaal dieser ihrer Geschichte als Form der *Arbeit* in der sogenannten ›postfordistischen‹ Gesellschaft verstehen läßt. Wo ist der Raum, der gesellschaftliche Ort für die Verhandlung dieser Fragen? Die Antwort ist klar: das Theater, das Theater! Und es mutet wie eine Bestätigung der Selbst-Diagnose und Selbst-Prognose aus *7 Schwestern* an, dass She She Pop nunmehr einen ersten Gipfel der Avanciertheit seit dem Start in der Off-Performance-Szene Mitte der 1990er Jahre mit der Einladung zum Berliner Theatertreffen 2011 erreicht hat, für das bekanntlich die zehn ›bemerkenswertesten‹ Produktionen des deutschsprachigen Theaters eingeladen werden.[5]

Ein Gruppenporträt – im Tanz und in der Tanzwissenschaft – würde ähnliche Verteilungen von weiblichen und männlichen Akteuren sichtbar machen. Eine Studie der Stiftung TANZ zum Thema »»Making Changes«. Zur Lage von Tänzern«, die das Transition Zentrum Tanz in Deutschland[6] erstellte, sowie Untersuchungen des Fonds

---

4 Ebd.
5 She She Pop war hierbei jedoch nicht mit *7 Schwestern* vertreten, sondern mit *Testament*, einem Stück frei nach Shakespeares *King Lear*. Das heißt, nicht das Thema ›Schwestern‹, sondern das mit und in *Lear* dramatisierte Vater-Tochter-Verhältnis war hier in den Fokus gerückt. She She Pop: *Testament. Verspätete Vorbereitungen zum Generationswechsel nach Lear*, UA 25.02.2010, HAU 2 Berlin. Eine Koproduktion von She She Pop mit dem HAU, Kampnagel Hamburg und dem FFT Düsseldorf.
6 Vgl. William J. Baumol, Joan Jeffri und David Throsby: *Making Changes. Facilitating the Transition of Dancers to Post-Performance Careers*, New York 2004; Cornelia Dümcke: *Transition Zentrum Tanz in Deutschland. Projektstudie zur Modellentwicklung*, Berlin 2008, S. 20; dies.: »Transition Zentrum Tanz. Gründungsinitiative zur Umsetzung einer Empfehlung der Enquête-Kommission

Darstellende Künste und auch der Bundesagentur für Arbeit ergeben folgende aktuelle Statistik: Von den ca. 940 Befragten im ›freien‹ und im ›festen‹ Tanzbereich sind ca. 55% weiblichen Geschlechts.[7] Betrachtet man *nur* die freie Szene, so verschiebt sich das Verhältnis noch weiter. Laut Statistik, die mir das ITI zugänglich machte, sind aktuell (2010) in Deutschland unter den ChoreographInnen und Mitgliedern von Compagnien des ›Freien Tanzes‹ 240 Frauen und 190 Männer verzeichnet.[8] Was erzählen solche Zahlen? Gleichstellungsbeauftragte sehen hier vielleicht eine Erfolgsquote, ähnlich wie in den akademischen Positionen der Tanz*wissenschaft*. Hier zeigt sich der Prozentanteil von Frauen und Männern sogar noch sehr viel weiter zugunsten der Frauen, oder eher zu*un*gunsten des Männeranteils verschoben. Für die Situation im Feld der Wissenschaft habe ich jetzt keine Statistiken zu Händen. Aber ein ›Gruppenporträt‹ der Beteiligten an dieser Tagung (im Spiegel des Programms) dürfte durchaus repräsentativ sein: ein Mann, vierzehn Frauen. Tanz als weibliche Kunstform? Tanzwissenschaft als frauendominierte Disziplin? Eine Analyse dieser Situation wäre sicherlich ein dringendes Anliegen für eine tanz-*soziologische* Untersuchung.[9] Dies ist nicht mein Fachgebiet – deshalb nehme ich die genannten Befunde nur als Ausgangspunkt, um Fragen zu stellen, die für eine tanzwissenschaftliche und ästhetische Betrachtung des Themas Tanz – Gender – Medien relevant sein könnten. Eine Frage, die in der Performance *7 Schwestern* von She She Pop schon angeschnitten wurde und die sich angesichts solcher Statistiken stellt, ist jene nach dem sozialen Status, nach ›Arbeits‹-Identitäten von TänzerInnen, PerformerInnen in einer ›postfordistischen‹ (westlichen) Gesellschaft: Was heißt es, dass einerseits zahlreiche Initiativen, Programme, Fördermaßnahmen für Frauen (sowohl im künstlerischen als auch im universitären Bereich) den Eindruck entstehen lassen, das Ziel der ›Gleichstellung‹ sei längst erreicht? Und dass andererseits die Karriere in einem kreativen Beruf, wo Freiheit der Produktion und Selbstausbeutung oft nahe beieinanderliegen,

---

›Kultur in Deutschland‹«, in: *Politik und Kultur (puk). Zeitung des deutschen Kulturrates*, Nr. 6 (2008); Fonds Darstellende Künste (Hg.): *Freies Theater in Deutschland. Förderstrukturen und Perspektiven*, Essen 2007.
7   Vgl. ebd., S. 19. Ein zusätzlich interessanter Faktor ist dabei die hohe Internationalität (beider Geschlechter) in der festen und freien Tanzszene in Deutschland: Ca. 75% der Tänzer in Staats- und Stadttheatern und ca. 55% der Tänzer in freien Kompanien sind *nicht* deutscher Herkunft.
8   Laut Auskunft Michael Freundt (stellv. Direktor ITI Deutschland).
9   Im tanzpädagogischen Bereich in Deutschland vgl. Martina Peter-Bolaender: *tanz: vision und wirklichkeit. Choreographinnen im zeitgenössischen Tanz*, Kassel 2004; dies. und Sybille Gienger (Hg): *Frauen Körper Kunst*, Bd. 3, Kassel 2001.

eine Domäne von Frauen ist?[10] Werden mit der Forderung nach flexiblen Identitäten, nach wechselnden Selbst-Entwürfen und Selbstmanagement in Arbeitsprozessen und unterschiedlichsten Institutionen alte Rollenmuster neu belebt? Zeigen sich hier in neuem Gewand die Probleme, die in der feministischen Diskussion der ›zweiten Generation‹ (der ›Mütter‹ von She She Pop) der 1970er/80er Jahre mit den Konzepten von Maskerade (Joan Riviere), »vested interests« (Marjorie Garber), »gender trouble« und Performativität (Judith Butler) markiert wurden? Diese theoretischen Ansätze und jene der französischen Feministinnen waren in den 1980er und 1990er Jahren auch für meine tanz- und performancewissenschaftlichen Arbeiten wichtig. TanzwissenschaftlerInnen in den USA waren in kritischen Studien zu Gender-Fragen im *Tanz* führend.[11] Im Fokus meiner Interessen standen dabei zunächst Untersuchungen zur Darstellung, zu Konzepten und Praktiken des Körpers im Tanz.[12] Um einen Titel von Rebecca Schneider zu zitieren: »the explicit body in performance«.[13] Tanz-Performances arbeiten mit Fragen der Geschlechter-Codierung stets auf (mindestens) zwei Ebenen, da TänzerInnen historische, soziale und kulturspezifische Körperkonzepte als Material ›verkörpert‹ zeigen, sie zugleich in Bewegung reflektieren sowie in choreographischen und theatralen Settings inszenieren. Themen aus dieser Problemkonstellation wurden in den 1990er Jahren zunehmend in akademischen Texten bearbeitet. Die erste Dissertation, die ich begleitete, noch aus dem Kontext der Gender-Debatten am Gießener Institut für Angewandte Theaterwissenschaft, aus dem auch die Gruppe She She Pop hervorging, trägt den Titel *Dancing Bodies Dancing Gender*.[14]

---

[10] Vgl. dazu das Programm der Akademie der Künste Berlin: *Strategies for Women Working within the Performing Arts*, sowie *Feminismus – heute ein Un-wort?*, Berlin 2011, S. 26 (Veranstaltungen am 16. und 18.5.2011); vgl. auch Hilal Sezgin: »Post-Feminismus? Vielleicht später mal«, in: *Theater heute* (2011), Nr. 3, S. 16–21.

[11] Stellvertretend seien hier genannt: Luce Irigaray: *Das Geschlecht, das nicht eins ist*, Berlin 1979; dies.: *Speculum. Spiegel des anderen Geschlechts*, Frankfurt a.M. 1980; Hélène Cixous: *Die unendliche Zirkulation des Begehrens*, Berlin 1977; dies.: *Weiblichkeit in der Schrift*, Berlin 1980; Joan Riviere: »Weiblichkeit als Maskerade (1929)«, in: Liliane Weissberg (Hg.): *Weiblichkeit als Maskerade*, Frankfurt a.M. 1994, S. 34–47; Judith Butler: *Gender Trouble*, London u.a. 1990; dies.: *Bodies that Matter*, London, New York 1993; Marjorie Garber: *Vested Interests. Cross-Dressing and Cultural Anxiety*, London u.a. 1991.

[12] Vgl. z.B. Gabriele Brandstetter: »Körper-Maske – Sprach-Maske. Inszenierung von Weiblichkeit in Werken von Arthur Schnitzler, Rebecca Horn und Maguy Marin«, in: Elfi Bettinger und Julia Funk (Hg.): *Maskeraden. Geschlechterdifferenz in der literarischen Inszenierung*, Berlin 1995, S. 338–364.

[13] Vgl. Rebecca Schneider: *The Explicit Body in Performance*, London, New York 1997.

[14] Janine Schulze: *Dancing Bodies Dancing Gender. Tanz im 20. Jahrhundert aus der Perspektive der Gender-Theorie*, Dortmund 1999.

Welches Potential an Subversion und Dekonstruktion zeigt sich in Tanz-Performances? Und welche Lektüren beleuchten dieses Potential aus Gender-Perspektive? Und – immer noch mit Fokus auf den geschlechtlich markierten Körper – wie sprechen wir mit Blick auf spezifische Tanz-Performances, ihre historischen, ästhetischen, kulturellen Kontexte von ›Körper‹ – in einem Diskurs, der aus einer sich kreuzenden Vielfalt von Rhetoriken und Praktiken besteht? *Body Options* und *The Body of Gender*,[15] so lauten Titel von Büchern, die Marie-Luise Angerer zu Körper und Gender in Kunst und Medien Mitte der 1990er Jahre publizierte, und die großen Einfluss in Kunst- und Kulturwissenschaften hatten. Eine Reihe von Studien orientierte sich an einer psychoanalytisch argumentierenden, am französischen Feminismus orientierten Perspektive. Hier waren die Fragen hingegen weniger an einer Theorie des Performativen als vielmehr an einer Theoretisierung des Blicks und der Repräsentation von Geschlecht orientiert. »Ceci n'est pas une femme«[16]: So reformuliert z.B. Christina von Braun das bekannte Diktum von Jacques Lacan, ›La femme n'existe pas‹, indem sie das Thema ›Maskerade‹ auf den durch Medien imprägnierten Blick auf den weiblichen Körper wendet. Die Blickspaltung, durch die ›Frau‹ konstituiert ist, trägt nicht nur zur ›Sichtbarmachung des unsichtbaren Geschlechts‹ bei, sondern sie überlagert Geschlechtermuster zugleich durch hybride – mediale – Konzepte. Weiblichkeit ist so immer schon durch multiple mediale Apparate modelliert. Photographie, Film und Video, und schließlich die digitalen Bild-(Manipulations-)Medien und ihre Internet-Plattformen transformieren, konstituieren, modellieren die Repräsentationen und Wahrnehmungsmodi von Sex und Gender. Werden Medien, wie She She Pop sie als Transformatoren der Wahrnehmung einer privat-öffentlichen Transitorik einsetzen, zu den Konstituenten eines ›sine qua non‹ der Körper-Geschlechter Repräsentation? Ein Beispiel mag diese Fragen der Definitionsmacht eines mediengesteuerten Blicks illustrieren: Zur Frage von Weiblichkeit und medialer Repräsentation zeige ich einen Ausschnitt aus einer Videoperformance der Schweizer Künstlerin Katja Schenker.

Die Bewegung im Video-Bild beginnt mit einem sanften Streichen einer Hand durch das Laubwerk eines Waldes. Die Zweige von Büschen und Bäumen werden zerteilt – Gesten, Bewegung, Hand und Blätter sind zunächst undeutlich. Unscharf. Bis plötzlich eine blitzende Klinge das Licht reflektiert und die Geräusche von scharfen Hieben durch das Blätter-Dickicht zu vernehmen sind. Etwas verzögert erscheint, in

---

15 Vgl. Marie-Luise Angerer (Hg): *The Body of Gender. Körper, Geschlechter, Identitäten*, Wien 1995; dies.: *Body Options. Körper.Spuren.Medien.Bilder*, Wien 2000.
16 Vgl. Christina von Braun: *Ceci n'est pas une femme. Blick und Berührung*, (1994), http://www.nachdemfilm.de/content/ceci-nest-pas-une-femme (aufgerufen am 20.11.2012).

Abb.1: Katja Schenker: *sharp/scharf* (1999)
Abb.2: Katja Schenker: *sharp/scharf* (1999)

Rückansicht gefilmt, der bis zur Taille nackte Rücken einer Frau: Nacken, dunkles Haar, Kurzhaarschnitt – eine eher androgyne Figur. Wir sehen sie in allen Bewegungen nur von hinten. Mit kräftigen Schlägen des Messers bahnt sie sich einen Weg durch den Laubwald. Die Bewegungen, der gesamte Akt signalisiert eine Art Rodung – d.h. das Eindringen/Durchdringen in eine verschlossene (unzugängliche, dicht verwachsene) Natur mit den Gewalt-Schlägen einer Machete. Urbar-Machen der (un-)berührten Natur – eine männlich konnotierte Ur-Szene. Im Video widerspricht dem freilich sowohl die Bewegung der Protagonistin als auch die Bildgebung: Das *Gehen* der weiblichen Figur in Rückansicht und die Schläge mit der Klinge sind zwar kraftvoll, haben jedoch auch eine rhythmische, manchmal leicht verzögerte Schwingung, die dem Akt etwas Leichtes, Traumhaftes verleiht – in aller ›Konkretheit‹ der Einzelbewegung. Dies wird unterstützt durch den Bild-*Ausschnitt* des Videos: Die Kamera ist nah am nackten Körper, die Verletzlichkeit von Haut und hellgrünem Blattwerk ist neben- und ineinander geblendet, und so widerspricht das *Bild* in gewisser Weise der gewaltsamen *Handlung*. Das helle Sonnenlicht, die Öffnung der Blätterkronen, die zwischendurch den blauen Himmel freigeben, rahmen den nackten Oberkörper. Verletzlichkeit und Gewalt verschränken sich in diesem (Halb-)Akt. Der Bildausschnitt ist zudem so gewählt, dass – mit einer Handkamera – die Bewegung nicht nur jene der Gehenden ist, sondern auch jene der Kamera, die ›mitgeht‹: rhythmisch, schwankend, in das Blatt-Dickicht über den Körper spähend, ihn rahmend, eindringend. Zuletzt verschwindet die Gehende aus dem Bild, die Kamera fängt einige zu Boden segelnde Blätter ein, eine sanfte Bewegung, in der sich Blätter, Farben *unscharf* gezeichnet, verlieren.

Katja Schenkers Videoperformance gibt eine Bewegungs-Darstellung und einen visuellen Kommentar zu Fragen der medialen Repräsentation von Körper, Bewegung und Weiblichkeit. Dabei spielt sie mit Weiblichkeitsmythen und mit Topoi des Gender-Diskurses. Schon der Titel – der Begriff ›scharf‹ – wird von seiner buchstäblichen Bedeutung – die Klinge des Messers – in das semantische Feld von Sexualität verschoben, in jenem Moment, als der nackte Körper ins Bild tritt. Die Metapher ›scharf‹, im sozialen sexistischen Kontext, ist nicht etwa ›veraltet‹ – wie dies die Titelüberschrift einer Berliner Tageszeitung anlässlich der Frauen-Fußball-Weltmeisterschaft 2011 wieder zeigte: »schnell, schön und scharf«. Anlässlich der Werbekampagnen, für die sich fünf Nachwuchsfußballerinnen im Namen des Frauenfußballs nackt (für Erotikmagazine und den Internet-Auftritt) präsentierten, treten alte Debatten wieder auf den Plan – Diskussionen, die übrigens in ähnlicher Weise die Feuilletons beschäftigten, als eine Tänzerin des Wiener Opernballetts für Nacktfotos posierte und deshalb (beinahe) aus der Kompanie ausgeschlossen werden sollte. Fragen der Kommerzialisierung des weiblichen Körpers (›sex sells‹), von Rollenkonflikten (sportliche Höchstleistung und ›dennoch‹ schön, anmutig, weiblich) und der gender-basierten Macht-Ökonomie in Institutionen des Sports, der Kultur, des Marktes – dies sind seit der ersten und zweiten Generation des Feminismus von Simone de Beauvoir, Alice Schwarzer, Judith Butler bis heute immer wieder auftauchende Grundthemen in der Geschlechterordnung des kapitalistischen, postfordistischen Westens. Es sind Fragen, die *andere* Perspektiven benötigen, wenn unterschiedliche Kulturen aufeinandertreffen – doch dazu später. Wichtig scheint mir, dass Katja Schenkers Video – mit Titel und nackter Frauen-Rückenansicht – diesen (unabschließbaren) historischen und aktuellen Diskurs ›anschneidet‹, im wörtlichen und im übertragenen Sinn des Begriffs.

*sharp/scharf* ist ein Verweis auf ein Begehren: Titel und Körper spielen mit dem *Versprechen*, das nicht eingelöst wird. Das voyeuristische Begehren wird vielmehr zurückgespiegelt auf den Betrachter/die Betrachterin. Denn nicht der ›Inhalt‹ des Videos, die nackte Frau, sondern das Medium der Darstellung definiert die Blickmacht. *sharp/scharf* ist die Einstellung der Kamera, die dem Geschehen (dem weiblichen Akt in Bewegung) auf die Haut rückt; die in der schwankenden Verfolgung des Gehens durch den Blätterwald den (Blick-)Zugriff herstellt; die ihn zugleich rahmt und auf Distanz hält und zuletzt, im Tanz der Blätter, im Verschwinden der Frau ›unscharfe‹ Bilder produziert. Die Rahmung, das unhintergehbare mediale Dispositiv, die Konstitution des bewegten Körpers und seiner Wahrnehmung durch das Medium. Diese Matrix der Körperdarstellung *und* der Blick-Codierungen wird in Katja Schenkers Video reflektiert. *sharp/scharf* – in dreifacher Überschichtung des Begriffes – als Einschreibung mit der Klinge, gewaltsam, in die Natur; als Metapher der Sexualisierung und als Terminus (scharf/unscharf) für die technisch-visuelle (Re-) Präsentation des Körpers durch das Medium. Diese komplexen Fragen mit der geschlechtsspezifischen Komponente medialer Repräsentation sind seit langem u.a. in der Filmwissenschaft eingehend analysiert worden.[17]

Durch die reflexive Struktur dieser Video-Arbeit öffnen sich Verweise auf weitere Topoi, die zu den theoretisch kontrovers diskutierten Fragen von ›Sex‹ und ›Gender‹ in den Künsten und Medien zählen: So etwa ruft die Bewegung des nackten Frauenkörpers im Blätterwald die Assoziation eines alten Weiblichkeits-Mythos' auf, der Frau mit Natur gleichsetzt. Die Regale füllende theoretische und historische Literatur zu dieser Frage, die Verknüpfung mit der philosophischen Debatte zu ›Leib und/oder Körper‹ (und ihre kontroverse Erörterung in der Gender-Theorie u.a. bei Thomas Laqueur, Judith Butler, Barbara Duden) ist auch und gerade für die Tanzwissenschaft von hoher Relevanz.[18] In Katja Schenkers Video ist diese Anspielung auf die ›Frau-Natur‹-Diskurse zentral und unterminiert sie zugleich, denn die üblicherweise konnotierte passive, empfangende (mit Fruchtbarkeit assoziierte) Natur-Seite des Weiblichen wird durch die *Agency in* der Natur konterkariert: Gewaltsames Eindringen/Vorangehen, Transformieren, die Geste der Naturbeherrschung (Foucault) kreuzt gleichsam mit der Verletzlichkeit des ausgesetzten Körpers die Klinge.

Man könnte die Videoperformance auch als eine Referenz auf Teresa de Lauretis' grundlegende theoretische Studie zum Verhältnis von Identität, Geschlechterdifferenz und medialer Repräsentation von Weiblichkeit lesen.[19] De Lauretis stellt nämlich ihrer Analyse eine Urszene voran, die die Fiktionalität und die konstruktiven Praktiken in der Produktion einer sozialen Realität des ›Anderen‹, Weiblichen ins Bild setzt.

---

**17** In der Tanzwissenschaft in Hinblick auf Gender-Konzepte und Körpertechniken: Teresa de Lauretis: *Technologies of Gender. Essays on Theory, Film and Fiction*, Bloomington 1987; Laura Mulvey: »Visual Pleasure and Narrative Cinema (1975)«, in: Weissberg (Hg.): *Weiblichkeit als Maskerade*, a.a.O., S. 48–65; Kaja Silverman: *The Threshold of the Visible World*, New York u.a. 1996; Mary Ann Doane: »Film und Maskerade. Zur Theorie eines weiblichen Zuschauers (1988)«, in: Weissberg (Hg.): *Weiblichkeit als Maskerade*, a.a.O., S. 66–89; Linda Williams: *Hard Core. Macht, Lust und die Traditionen des pornographischen Films*, Basel 1995; Elisabeth Bronfen: »Weiblichkeit und Repräsentation – aus der Perspektive von Ästhetik, Semiotik und Psychoanalyse«, in: Hadumod Bußmann und Renate Hof (Hg.): *Genus. Zur Geschlechterdifferenz in den Kulturwissenschaften*, Stuttgart 1995, S. 408–445; Susan Leigh Foster: »Throwing Like a Girl? Gender in a Transnational World«, in: Jo Butterworth und Liesbeth Wildschut (Hg.): *Contemporary Choreography*, London 2009, S. 52–64.
**18** Historische Beispiele und ihre feministischen Lektüren sind, exemplarisch, etwa: Isadora Duncans ›Natur‹-Konzept oder die Lebensreform- und Körperkultur-Bewegung um 1900, z.B. die Kolonie auf dem Monte Verità.
**19** Vgl. Teresa de Lauretis: *Alice Doesn't: Feminism, Semiotics, Cinema*, Bloomington 1984.

Sie zitiert eine Geschichte aus Italo Calvinos *Die unsichtbaren Städte* (*Le Città invisibili*, 1972),[20] in der die Gründung der Stadt Zobeide erzählt wird:

»Männer verschiedener Nationen hatten einen gleichen Traum, sie sahen eine Frau nachts durch eine unbekannte Stadt laufen, sie sahen sie von hinten mit langem Haar, und sie war nackt. Sie verfolgten sie im Traum. Beim Hin und Her verlor sie ein jeder. Nach dem Traum begaben sie sich auf die Suche nach jener Stadt; sie fanden sie nicht, doch sie fanden einander; und sie beschlossen, eine Stadt wie im Traum zu bauen.«[21]

Doch da jeder einen anderen Weg in seiner (Traum-)Verfolgung der nackten Phantasiefrau genommen hatte, baute jeder die Straßen, Mauern, Räume in anderer Weise. De Lauretis liest diese Erzählung Calvinos als Parabel über die von Männern beherrschten semiotischen und konstruktiven Prozesse und als Bild für den (Nicht-)Ort der Frau. Das Imaginäre, das Traumbild ist die – nie (wieder-)gefundene – Figuration des Begehrens. Nur als Erinnerungs-Spur ist sie anwesend. Die Macht dieser ›Traum-Frau‹ – als Objekt des Begehrens – besteht gerade darin, dass sie als *empirische Frau* abwesend ist.[22] Hier markiert de Lauretis eine wesentliche Unterscheidung feministischer Theorie: die Differenz von ›Frau‹ (*das* Weibliche, im Singular) als Repräsentanz eines fiktionalen Konstrukts und von ›Frauen‹ (im Plural) als historische Subjekte.

Die Erzählung Calvinos – in der Lektüre von de Lauretis – bietet ein Narrativ für die paradoxe Situation, dass *die* Frau, als Objekt des Begehrens, als ›Traum‹ abwesend ist und ausgeschlossen bleibt aus den Prozessen und Produkten des männlichen Handelns – die Stadt, das kollektive Bauen von repräsentativen Strukturen –, wiewohl, oder *weil* sie der Auslöser dieser Signifikantenproduktion ist.

»Calvino's text is thus an accurate representation of the paradoxical status of women in Western discourse: while culture originates from woman and is founded on the dream of her captivity, women are all but absent from history and cultural process. [...] In the discursive space of the city [...] woman is both absent and captive: absent as the theoretical subject, captive as historical subject.«[23]

---

20 Italo Calvino: *Die unsichtbaren Städte*, München 1985, S. 53f.
21 Ebd., S. 53.
22 Vgl. die Lektüre von de Lauretis durch Bronfen, in: Bußmann und Hof (Hg.): *Genus*, a.a.O., S. 411.
23 De Lauretis: *Alice Doesn't: Feminism, Semiotics, Cinema*, a.a.O., S. 13f.

Die Position von de Lauretis steht hier gewissermaßen stellvertretend für feministische Positionen der 1980er/90er Jahre und wird beispielsweise von Elisabeth Bronfen in folgender Formulierung zusammengefasst: Die Frau als Repräsentation (z.B. von Werten wie Schönheit, Natur)

>»ist nackt, flüchtig und trügerisch, als Zeichen oder Bild sichtbar und gleichsam als historischer Körper der Referenz unsichtbar, als Abwesende und Erinnerte begehrens- und erstrebenswert. Die Frau ist Repräsentation schlechthin und gleichzeitig der Bereich, der sich vor und jenseits jeglicher Repräsentation befindet.«[24]

Katja Schenkers Videoperformance öffnet eine Ebene der Lesbarkeit auf diesen feministischen Diskurs hin, allerdings im historischen Abstand einer jüngeren Generation. Die Bewegung des Videos suggeriert eine Anspielung auf diese Theorie und überträgt das strikte Denken der Philosophie medial in die offenen Deutungsräume der Kunst.

*La femme n'existe pas*? Die Fragen dieser kritischen feministischen Analysen zum Ort der Frau und der Repräsentationslogik lassen sich auch auf ›Tanz‹ übertragen: ›nackt, schön, flüchtig‹ – sind dies nicht auch die Kunst-Stereotypen, die im Tanz-Diskurs immer wieder auftauchen? Und wäre nicht auch hier ein essentialistisches Bild von *Tanz* (im Singular) zu dekonstruieren, mit Blick auf konkrete historische Ästhetiken und Praktiken, Formen und Transformationen von Tanz-Bewegungen?

In welcher Weise entstehen *andere* Verknüpfungen *zwischen* Kunstformen – gewissermaßen ›intermedial‹ –, die einen *anderen* Blick auf Körper, Geschlecht und Bewegung produzieren? Katja Schenkers Video *sharp/scharf* ist in einer komprimierten und zugleich sehr unangestrengten Form eine Auseinandersetzung mit den künstlerischen Möglichkeiten einer medialen De- und Re-Naturalisierung von Körper, Bewegung und Geschlecht. Für das Verhältnis von Tanz – Medien – Gender (als stets neu zu explorierendes Kräftefeld) zeigt sich darin ein Statement, das Impulse für andere Rahmungen von Tanz, Choreographie und Medien zu setzen vermag – in andere Rahmungen von Tanz, Choreographie und Medien. Als ein Beispiel kann das Stück der Tänzerin und Choreographin Perrine Valli, die als eines der großen Talente der schweizerischen Tanzszene gilt, angeführt werden. Eine ihrer neuesten Arbeiten trägt den Titel *Je ne vois pas la femme cachée dans la forêt*.[25] Darin geht es ihr – so die Website – um

---

24 Bronfen: »Weiblichkeit und Repräsentation«, in: *Genus*, a.a.O., S. 412.
25 Perrine Valli: *Je ne vois pas la femme cachée dans la forêt* UA: 22.09.2010, Konzept und Choreographie: Perrine Valli, mit: Inari Salmivaara, Perrine Valli, Alexandre da Silva, Ton: Eric Linder, Licht und Regie: Laurent Schaer, Bühne und Kostüme: Marie Szersnovicz, Video: Akatre,

die »Befragung von geschlechtlicher und sexueller Identität«, jedoch nicht in einer »sozialen Analyse«, sondern in der Untersuchung auf »verschiedenen Ebenen der kulturellen Repräsentation: Aus Mythologie, Religion und der Ikonographie von Paarbeziehungen werden einschlägige Bilder des Verhältnisses Mann/Frau genommen und mit tänzerischen Mitteln verwandelt.«[26]

Zum Abschluss möchte ich fragen, ob nicht neue, andere Probleme und Perspektiven im Feld von Tanz, Medien und Gender in den Vordergrund drängen – die sowohl für TänzerInnen/ChoreographInnen als auch für TanzwissenschaftlerInnen Herausforderungen bereithalten.

So ist beispielsweise das Thema des künstlerischen Arbeitens als TänzerIn, ChoreographIn in einer ökonomischen und politischen Situation – wie es in dem genannten Stück von She She Pop verhandelt wird – auch und gerade im Feld von Tanz relevant (jenem Bereich der performing arts, in dem bekanntlich Tänzer/innen die geringste Bezahlung erhalten). Wenn beispielsweise Jochen Roller in *perform performing*[27] eine kritisch-ironische Auseinandersetzung mit den Fragen von Markt und Kunst, von Tanz, Selbstvermarktung, Selbstausbeutung an der Grenze der ›Prostitution‹ betreibt, so ist die Kategorie ›Gender‹ ein beständig reflektierter Bestandteil dieser Performance. Es geht nicht um Geschlechterrollen. Vielmehr wird aus einer Perspektive, die Konzepte der Queer Studies aufgreift, die Problematik von *Agency* und marktkonformer (Selbst-)Repräsentation von TänzerInnen beleuchtet.

In anderer Weise reagiert z.B. die Gruppe von ChoreographInnen/TänzerInnen, die das Konzept *danse (practicable)* entwickelt hat, auf die Fragen von Selbst-Curating, Produktion versus Prozess und Copyright/Autorschaft von Performances. Sie arbeiten als ein loses Kollektiv (Isabelle Schad, Alice Chauchat, Odile Seitz, Frédéric Gies und Frédéric de Carlo), wobei jedes Mitglied das Modell weiterentwickeln kann. So haben Odile Seitz und Frédéric Gies 2011 *danse (practicable)* mit Schulkindern erarbeitet und in Potsdam inszeniert.[28] Nicht das Produkt steht in erster Linie im Vordergrund,

---

Produktion: Association Sam-Hester in Koproduktion mit Mains d'Œuvres Paris, ADC Genève, SüdPol Luzern.

26 Vgl. www.perrinevalli.fr (aufgerufen am 20.11.2012).
27 Jochen Roller: *Perform Performing*, Trilogie, UA: Teil 1 und 2 (2003), Teil 3 (2004), Konzept/Choreographie/ Performance: Jochen Roller, Produktion: Jochen Roller und Ans Brockfeld in Koproduktion mit Kampnagel Hamburg, Podewil Berlin, IndustrieKultur Saar und FFT Düsseldorf.
28 Alice Chauchat und Frédéric Gies: *danse (practicable)*, UA 23.5.2011, Konzept und Partitur: Frédéric Gies (nach einem Vorschlag von Alice Chauchat), Choreographie/Tanz: Christina Amrhein, Leonore Hecht, Anat Homm, Paul Homm, Oskar Preißler, Constanze Rocksch, Lina Rothaug, Hannah Tröger, Justin Schummerohn, Künstlerische Leitung: Odile Seitz, Musik: Madonna, Produktion: fabrik Potsdam im Rahmen von Tanzplan Potsdam/Artists-in-Residence.

sondern das sich in vielerlei Prozesse verzweigende Modell einer ›anderen‹ Praxis des Tanzes. Dazu gehört das ›Schmuggel-Prinzip‹ – nämlich das Konzept, dass jede zu einem Festival oder zu einer Aufführung eingeladene Produktion, gleichsam als Kassiber, eine *nicht* eingeladene Arbeit eines anderen Künstlers/einer anderen Künstlerin aus dem Kollektiv ›einschmuggelt‹. Weitere Aspekte dieses kuratorischen Konzepts betreffen die Auseinandersetzung mit kollaborativen Praktiken und Fragen der Partizipation des Publikums: eine Choreographie des Kuratorischen.[29] Für eine gendertheoretische Perspektive ist es von Bedeutung, dass auch mit diesen Manövern in einer schwierigen ökonomischen Produktionssituation die gleichsam ›weibliche‹ Prekarisierung im Tanz als Triebkraft in den listig-kritischen Parasiten-Praktiken des Choreographierens impliziert ist.

Ein letztes Beispiel steht für andere drängende Fragen im interkulturellen Feld von Tanz. Was geschieht, wenn Tanzen im öffentlichen Raum verboten ist, wenn eine künstlerische Choreographie keine Bühne und keine (öffentliche) Institution findet – wie dies beispielsweise im Iran der Fall ist. Was bedeutet diese radikale Zensur für die Identität nicht nur Tanzbegeisterter, sondern auch aller innerhalb dieser politischen Körperdisziplinierung Lebenden? Die iranische, in Berlin lebende Tänzerin und Choreographin Modjgan Hashemian hat in ihren Stücken *Move in Patterns* (2009) und *Don't Move* (2011)[30] diese höchst komplizierten Probleme zum Thema ihrer Darstellung gemacht. In anderer, ungleich schärferer Weise ist hier ›Gender‹ und insbesondere die Stellung der Frau im Fokus – ja geradezu ein ›Reiz‹-Thema. Hashemian gelingt es, *direkte* Übertragungen westlicher Gender-Konzepte und frauenrechtlicher Postulate zu vermeiden. Und es ist der Einsatz von Medien, von Film-Projektionen innerhalb der Tanzperformance, wodurch eine Brechung der Differenzen zwischen den Tanzkulturen gelingt: im Spiel mit der Distanz der Räume, in der Verschiebung von öffentlichen und privaten Bewegungs-Szenarien und Körper-Rahmungen, beispielsweise in einer Szene in *Don't Move*, in der das Tanzverbot durch eine Skype-Tanzperformance gleichsam medial umgangen wird.

Für die Tanzwissenschaft eröffnen sich mit den genannten Beispielen Fragefelder, die den Fokus im Kanon der Disziplin anders ausrichten: Es gilt, die *Grenzen* von

---

29 Vgl. Gabriele Brandstetter: »Written on Water. Choreographies of the Curatorial«, in: Beatrice von Bismarck u.a. (Hg.): *Cultures of the Curatorial*, Berlin 2012, S. 119–132.
30 *Move in Patterns*, UA: 25.06.2009, Berlin, Choreographie und Tanz: Modjgan Hashemian, Produktion: Modjgan Hashemian in Koproduktion mit Kultursprünge; *Don't Move*, UA: 18.03.2011, Berlin, Choreographie: M. Hashemian, Dramaturgie: Susanne Vincenz, Video/Bühne/Kostüm: Isabel Robson, Heike Schuppelius, Produktion: E.-K. Tittmann, M. Hashemian und Susanne Vincenz in Koproduktion mit Kultursprünge.

Körper, Bewegung und Handlungsmächtigkeit im Feld von Tanz/Performance neu zu befragen. Das bedeutet auch, Basistheoreme und liebgewordene Tokens (westlicher) Gender-Forschung mit Blick auf Differenzen und Begegnungen von Tanzkulturen[31] in Prozessen der Globalisierung und der Migration zu revidieren. Darin mag sich eine Verstörung kundtun, die eine Kategorienkrise sowohl für die Tanzwissenschaft als auch für fixierte Positionen der Gender-Debatte bedeutet – ein Effekt, der in beiden Richtungen produktiv werden könnte. Auf diese Weise vermag die Bewegung, die aus den Herausforderungen neuer Choreographien an Tanz- und Gender-Forschung entsteht, auch (höchst notwendige) Impulse für wissenschaftstheoretische und kritische Veränderungen in Bezug auf (Wissens-)Institutionen setzen.[32]

---

31 Vgl. Gabriele Brandstetter: »Interweaving Dance Cultures«, 2011, http://www.textures-platform.com/?p=1348 (aufgerufen am 20.11.2012).
32 Vgl. Gabriele Brandstetter: »Staging Gender. Körperkonzepte in Kunst und Wissenschaft«, in: Franziska Frei Gerlach u.a. (Hg): *KörperKonzepte – Concepts du corps. Interdisziplinäre Studien zur Geschlechterforschung*, Münster 2003, S. 23–43.

## KATI RÖTTGER

## DIE FRAGE NACH DEM MEDIUM DER CHOREOGRAPHIE

### EINLEITUNG

Tanzgeschichte und Technikgeschichte sind eng miteinander verzahnt.[1] Im Folgenden werde ich erörtern, warum es sich in diesem Zusammenhang anbietet, die Frage nach dem *Medium* zu stellen, in dem Choreographie und in engerem Sinne die Choreographie des Tanzes stattfinden. Gegen Ende des Artikels wird diese Erörterung am Beispiel von zwei jüngeren *Szenarien* der Choreographie, die Produktion *Ver()ter* (2012) der brasilianischen Performance-Truppe Les Commediens Tropicales und zwei Produktionen der Choreographin Gisèle Vienne, *I Apologize* (2004) und *Kindertotenlieder* (2007), zur Anschauung gebracht. Vorausgesetzt wird dabei ein Medienbegriff, der nicht ausschließlich auf instrumentelle, technische Medien oder etwa die Bestimmung von Medienessenzen festgelegt ist, um Unterscheidungen zwischen einzelnen Medien treffen zu können.[2] Vielmehr wird im Folgenden zunächst von der allgemeinen Bedeutung des Wortes als Mittler, Mitte oder Dazwischen ausgegangen.[3] Dafür gibt es verschiedene Gründe. *Erstens* kann der Veränderlichkeit des Konzepts von Choreographie je in Abhängigkeit von unterschiedlichen historischen und kulturellen Bedingungen seiner Ausformungen und Erscheinungsweisen Rechnung getragen werden. Mit einem offenen Medienbegriff lässt sich das begriffsgeschichtlich vorgeprägte (westliche) Verständnis von Choreographie als Aufschreibesystem von Bewegung (und die damit

---

1  Vgl. zum Tanz als Körper- und Kulturtechnik Nicole Faust: *Körperwissen in Bewegung. Vom klassischen Ballett zum Ausdruckstanz*, Marburg 2006; Claudia Jeschke: »Anmerkungen zum performativen Wissen von Tanztechnik und Tanzschriften im 19. Jahrhundert«, in: Claudia Öhlschläger und Birgit Wiens (Hg.): *Körper-Gedächtnis-Schrift. Der Körper als Medium kultureller Erinnerung*, Berlin 1997, S. 178–195.
2  Vgl. zur Problemlage des technologischen Medien-Apriori in medientheoretischen Ansätzen Eva Horn: »Editor's Introduction: ›There Are No Media‹«, in: *Grey Room*, Nr. 29, (2008), S. 7–13, hier S. 7.
3  Vgl. u.a. Bernhard Waldenfels: *Phänomenologie der Aufmerksamkeit*, Frankfurt a.M. 2004, S. 113; Joseph Vogl: »Becoming-media: Galileo's Telescope«, in: *Grey Room*, Nr. 29, (2008), S. 14–25, hier S.15; Kati Röttger: »Intermedialität als Bedingung von Theater: methodische Überlegungen«, in: Henri Schoenmakers u.a. (Hg.): *Theater und Medien/Theatre and the Media. Grundlagen – Analysen – Perspektiven. Eine Bestandsaufnahme*, Bielefeld 2008, S. 117–124, hier S. 119.

einhergehende Anbindung an Notation und Verschriftlichung)[4] weiter fassen. Wie jüngere Diskussionen zeigen, drängen zeitgenössische Tanzpraktiken immer mehr dazu, den Begriff der Choreographie auch im Sinne von performativen Akten, energetischen Prozessen und sozialen Bewegungsformationen in ihrer (Inter-)Medialität zu konzipieren.[5] Diese Problematik zieht *zweitens* methodologische Konsequenzen nach sich. Denn wenn man die Mittlerfunktion des Mediums beim Wort nimmt, lässt sich ein medientheoretischer Ansatz weder auf Prozesse der (schriftgesteuerten) Informationsspeicherung, -übertragung und -verteilung reduzieren, noch auf eine progressive Geschichte innovativer Medien-Technologien beschränken. Vielmehr muss die Bewegung der prozesshaften Vermittlung oder Übertragung, die dem Begriff des Mediums einverleibt ist, in den Vordergrund gestellt werden. Damit kommt dem Medium eine Kultur stiftende Funktion zu. Medienwissenschaft rückt so in den Zustandsbereich von Kulturwissenschaft. Dass Medien im Akt der Übertragung dasjenige, was sie übertragen, zugleich mit bedingen und prägen und damit kulturelle Handlungen und Kommunikationen konstituieren, ist schon häufig und in unterschiedlichen Ansätzen dargelegt worden.[6] Sibylle Krämer zufolge findet der Akt der medialen Übertragung im Modus von Verkörperung statt. Indem Medien das, was sie übertragen, verkörpern, bringen sie Welten hervor und machen Wahrnehmung und somit auch Bezugnahme möglich. Mit anderen Worten: Medien übertragen und vermitteln unter den Bedingungen, die von Medien selbst hergestellt werden.[7] Unter dieser Voraussetzung ist es kein großer Schritt mehr, *drittens* den menschlichen Körper ins Spiel zu bringen. Der

---

4   Nicole Haitzinger und Karin Fenböck (Hg.): *Denkfiguren – Performatives zwischen Schreiben, Bewegen und Erfinden: Für Claudia Jeschke*, München 2010.
5   Vgl. die Sonderausgabe von *Corpus. Internet Magazine for Dance Choreography Performance* zum Thema *What is Choreography?* »One of corpus' great pleasures is the investigation and discursive illumination of dance as contemporary dynamics. The joy of discovery, of unveiling communication structures in and about dance, instigated the editors to get a closer view of the current status of a term which is (in)separably connected with dance: choreography. ›Corpus‹ wanted to know how and where artists, theoreticians, curators and critics place the term today. Therefore, more than 100 people from the communication field of performing art were asked to answer this question as concisely as possible: ›What does ›choreography‹ mean today?‹«, http://www.corpusweb.net/tongue-6.html, last update 5.8.2012, (aufgerufen am 14.03.2013).
6   Sybille Krämer: »Erfüllen Medien eine Konstitutionsleistung? Thesen über die Rolle medientheoretischer Erwägungen beim Philosophieren«, in: Stefan Münker u.a. (Hg.): *Medienphilosophie. Beiträge zur Klärung eines Begriffs*, Frankfurt a.M. 2003, S. 78–90, hier S. 85. Kati Röttger: »F@ust vers. 3.0: eine Theater- und Mediengeschichte«, in: Christopher Balme und Markus Moninger (Hg.): *Crossing Media*, München 2004, S. 33–54. und dies.: »Intermedialität als Bedingung von Theater: methodische Überlegungen«, in: *Theater und Medien/Theatre and the Media*, a.a.O., S. 118f.
7   Vogl: »Becoming-media: Galileo's Telescope«, in: *Grey Room*, a.a.O., S. 16.

Mensch gilt mithin in einer nicht ganz neuen Bestimmung als Medium der Medien.[8] Auf den Körper als Medium bezogen heißt das, der menschliche Körper kann als erste und zentrale Vermittlungsinstanz medialer Übertragungen gelten, da er Wahrnehmungsweisen, Darstellungsweisen, Erfahrungsweisen und Handlungsweisen bedingt. Dieser Aspekt ist für die Frage nach dem Medium der Choreographie vor allem dann von entscheidender Bedeutung, wenn man davon ausgeht, dass die Tanzgeschichte immer wieder den menschlichen Körper als zentrales Mittel und Material der tänzerischen Bewegung ins Zentrum gestellt hat. Das soll allerdings nicht bedeuten, einer Ontologie des Mediums das Wort zu reden, deren Essenz im menschlichen Körper liegt. Genauso wenig soll die gängige Rede von einem Körper, der von den Medien zum Verschwinden gebracht wird, wiederholt werden. Ganz im Gegenteil. Im Gegensatz zu immer noch vorherrschenden Ansätzen in der Tanzwissenschaft, Medien (im Sinne eines apparatezentrierten Technikbegriffs) und den natürlichen Tanzkörper[9] in einen scharfen Gegensatz zu stellen,[10] möchte ich die Frage nach dem Medium der Choreographie im Folgenden auf beide Seiten hin öffnen. Dabei gehe ich davon aus, dass Mensch und Medium über den Begriff der Technik gerade im Tanz aneinander gekoppelt sind. Damit folge ich bis zu einem gewissen Grad Stefan Riegers Ansatz einer kulturwissenschaftlich ausgerichteten Medienanthropologie, der aufzeigt, dass »die Grenzen zwischen den scheinbar fixen Positionen zwischen Mensch und Medium«[11] labil sind und der »die Gültigkeit des Differenzschemas *Mensch/Medium* selbst in Frage zu stellen vermag.«[12] Meine Frage nach dem Medium der Choreographie bewegt sich darüber hinaus auch auf dem Resonanzboden der »Frage nach der Technik«, wie sie einst von Martin Heidegger formuliert wurde. Dieser betont die *Oszillation*

---

8  Stefan Rieger: *Die Individualität der Medien. Eine Geschichte der Wissenschaften vom Menschen*, Frankfurt a.M. 2001, S. 17.
9  Diese These ist bekanntermaßen nicht zuletzt auf die weiblich konnotierte Aufbruchsbewegung des Modernen Ausdruckstanzes mit seiner Suche nach der natürlichen Bewegung zurückzuführen. Vgl. u.a. Janine Schulze: *Dancing Bodies Dancing Gender. Tanz im 20. Jahrhundert aus der Perspektive der Gender-Theorie*, Dortmund 1999.
10 Hier ist nicht der Ort, die historischen Gründe darzulegen. Allerdings wird diese Differenz nicht selten bis heute in der Tanzwissenschaft reproduziert, was unter anderem auf eine evolutionäre Geschichtsauffassung zurückzuführen ist, die die These des natürlichen Körpers zur Voraussetzung erhebt, um das Aufkommen neuer Technologien und ihre Adaption in der Tanzpraxis als historischen Bruch zu bewerten. Siehe z.B. jüngst zum digitalen Tanz: Zeynep Gündüz: *Digital Dance. (dis)Entangling Human and Technology*, Amsterdam 2012.
11 Rieger: *Die Individualität der Medien*, a.a.O., S. 30.
12 Ebd., S. 14.

zwischen Technik »als Mittel zum Zwecke« und Technik »als Tun des Menschen.«[13] In der daraus abgeleiteten Verschränkung von ›Entbergung‹ als Weise der Hervorbringung und ›Gestell‹ als Weise des hervorbringenden Herstellens in Kunst und moderner Technologie ebnet Heidegger einem Technikbegriff den Weg, der performativ gedacht ist, und dem das menschliche Handeln nicht notwendig vorausgeht.

Das so bestimmte begriffliche Dreieck Mensch-Medium-Technik soll im Folgenden dazu dienen, einen Medienbegriff der Choreographie zu entwickeln, der Körpertechnik und Kulturtechnik im Medialen des Tanzes rekonstruiert. Dazu gehört auch die Frage nach dem Geschlecht. Denn versteht man Kulturtechnik »als ein körperliches, habitualisiertes Können [...], das in alltäglichen, fluiden Praktiken wirksam wird«,[14] dann lässt sich auch Gender als eine Kulturtechnik beschreiben, die das Geschlecht erst hervorbringt, bzw. in performativen Akten konstituiert, wie am eindrücklichsten Judith Butler gezeigt hat.[15]

## ZUR MEDIALITÄT DES TANZES

Was der Tanz zu sehen gibt, ist die Bewegung der medialen Übertragung in der Bewegung selbst.[16] Aber ist der Tanz deshalb ein Medium? Und was wird übertragen? Energie in Bewegung? Bewegung in den Raum? Musik in den Körper? Körper in ein Bild? Choreographie in Tanz? Und was hat es beim Bühnentanz mit den Übertragungsprozessen zwischen Bühne und Publikum auf sich?[17]

---

13 Martin Heidegger: »Die Frage nach der Technik«, in: ders.: *Vorträge und Aufsätze*, Stuttgart 1954, S. 9–40, hier S. 10.
14 Sybille Krämer und Horst Bredekamp: »Einleitung«, in: dies. (Hg.): *Bild, Schrift, Zahl*, München 2003, S. 11–23, hier S. 18.
15 Judith Butler: *Bodies That Matter*, New York 1993.
16 Das wird besonders eindrücklich im Trance-Dreh-Tanz, der, als archaische Kulturtechnik, im Freien Tanz etwa einer Loïe Fuller durch die unaufhörliche Rotation des Körpers um seine eigene Achse zum beliebten Experimentierfeld einer sich selbst generierenden Bewegung des Körpers wurde, um den Körper als Transformator von Energie zu erkunden und »die verschiedenen darstellerischen Möglichkeiten körperlicher Ekstase und die kontrollierte Erkundung des Unkontrollierbaren in den Mittelpunkt« zu stellen. Vgl. Faust: *Körperwissen in Bewegung*, a.a.O., hier S. 214; auch Gabriele Brandstetter: *Tanz-Lektüren. Körperbilder und Raumfiguren der Avantgarde*, Frankfurt a.M. 1995, S. 270.
17 Ich gehe hier keinesfalls von der Idee des Feedback-Loop oder der Feedbackschleife aus, wie Fischer-Lichte sie in ihrem Buch *Ästhetik des Performativen* vorgeschlagen hat. Denn deren Herkunft aus der Welt der Kontrollsysteme (Computertechnik, Marktforschung) widerspricht meiner Ansicht nach dem Anliegen von Kunst, Wahrnehmungsglauben und Erwartungen im Modus

Hier stoßen wir auf ein Problem des Medienbegriffs, das schon vielfach reflektiert wurde: Medien geben zu sehen, zu hören und zu fühlen. Darin funktionieren sie am besten, wenn sie sich nicht zu erkennen geben. Sybille Krämer bringt dies in Anlehnung an Marshall McLuhan in dem Begriff der »aisthetischen Neutralität«[18] von Medien auf den Punkt, Joseph Vogl nennt die Tendenz der Medien, ihre konstitutive sensorische Funktion auszublenden »anästhetisch«.[19] So gesehen kommen Medien immer nur in einem *anderen* Medium zur Erscheinung. Dies ist der Grundgedanke der *Inter*medialität. Denn die Frage, wie ein Medium in dem, was es hervorbringt, zur Erscheinung kommt, ist immer auch eine Frage nach dem *Dazwischen*. Da es unter diesen Voraussetzungen problematisch ist, Medien zu bestimmen oder zu unterscheiden, wird in jüngerer Zeit nicht ohne Provokation der Gedanke nahegelegt: »Es gibt keine Medien«.[20] Geht man davon aus, dass Medien in einem anderen Medium *als* Medien erscheinen, dann hat das zur Folge, dass Medien nur in ihrer *Medialität* zu erfassen sind. Medialität schließt die Frage ein, wie und unter welchen Bedingungen ein Medium sich in seiner Medialität zeigt, bzw. *zum Medium wird.*[21] Insbesondere auf den Körper bezogen geht damit auch die Aufmerksamkeit für Latenzen und Brüche jenseits einer Idee von Natur und Materie einher, wie es Foucault thematisiert hat. Anstatt den Körper als stabile Instanz vorauszusetzen, kommt das *Werden des Körpers*, auch das des Tanzkörpers, in den Blick, und zwar als Produkt von Kulturtechniken, Disziplinarmaßnahmen, von (staatlichen) Apparaten und eingespannt in Dispositive. Ein wichtiger Anstoß, den Körper in dieser Weise als sozial konstituiert und performativ zu begreifen, kam nicht zuletzt bereits in den frühen 80er Jahren von der feministischen Kritik an naturalisierenden Theorien des weiblichen Körpers.[22] Auf einen medientheoretischen Ansatz übertragen, schließt diese Kritik wiederum die Reflexion darüber ein, in welcher Weise und unter welchen Bedingungen im Medium des Köpers der Effekt des Geschlechts hervorgebracht oder auch unterwandert wird. Die Medialität des Geschlechts kommt dann zum Vorschein, wenn deutlich wird, inwiefern und mit welchen Mitteln im Medium des Körpers Mann *oder* Frau *Werden* sich

---

dessen, was man mit Max Imdahl neues Sehen nennen kann, zu übersteigen oder zu durchbrechen. Vgl. Erika Fischer-Lichte: *Ästhetik des Performativen*, Frankfurt a.M. 2004.
18 Sybille Krämer: »Das Medium als Spur und Apparat«, in: dies.: *Medien, Computer, Realität*, Frankfurt a.M. 1998, S. 73–94, hier S. 74.
19 Vogl: »Becoming-media: Galileo's Telescope«, in: *Grey Room*, a.a.O., S. 16.
20 Vgl. Eva Horn: »Editor's Introduction: ›There Are No Media‹«, in: *Grey Room*, Nr. 29, (2008), S. 7–13.
21 Vogl: »Becoming-media: Galileo's Telescope«, in: *Grey Room*, a.a.O.
22 Siehe in Kati Röttger und Heike Paul (Hg.): *Differenzen in der Geschlechtdifferenz/Differences within Gender Studies. Aktuelle Perspektiven der Geschlechterforschung*, Berlin 1999.

vollzieht. Kaum eine andere Choreographin hat diesen Effekt des Geschlechts als kulturelle Technik der Zuschreibung, einschließlich seiner tragischen wie auch komischen Qualitäten, so eindringlich im Medium des Tanzes vorzuführen gewusst wie Pina Bausch. Ihre Tanzbühne, angefangen bei *Café Müller*, bis hin zu Filmen wie *Die Klage der Kaiserin*, nahm sich aus wie ein Laboratorium der Weiblichkeit. Mit einem breit gefächerten Repertoire der Spielarten dessen, was Frau-*Sein* erzeugt – Posen, Attribute, Kleidung, Bewegung – gelang es Bausch, den Widersprüchen, Irrtümern und (mit der Angst vor) auch dem Mut zur Un-Ordnung der Geschlechter im Medium der Tänzerkörper einen Platz einzuräumen, um zu zeigen, dass die scheinbar fixen Grenzen zwischen Mann-Sein und Frau-Sein labil sind. Der Körper erscheint in ihren Choreographien insofern in seiner Medialität, als die gängiger Weise angenommene Natürlichkeit der Geschlechter als etwas sichtbar wird, das durch tradierte körperliche Bewegungsmuster, Gesten, Rituale hervorgebracht ist. In *Café Müller* zum Beispiel wird eine mit geradezu archaischer Bedeutung aufgeladene Liebespose der Umarmung zwischen Mann und Frau, die jeweils in ein Fallenlassen des Tänzerinnenkörpers mündet, durch fortwährende Wiederholung und in sich steigernder Geschwindigkeit semantisch vom Mythos der Liebessehnsucht entkoppelt. Gleichzeitig offenbart sich dadurch die potentielle Gewalt, die in der Übertragung dieses Mythos im Medium eines kodifizierten Bildes auf den Körper liegt.

## TANZ UND TECHNOLOGIE

Dehnt man die spezifische Verschränkung von Diskursen, Praktiken und Institutionen, wie sie von Foucault auf den Körper bezogen dargestellt wurde, auf die Relation zwischen Mensch, Medium und Technik aus, kommen zwei weitere Aspekte ins Spiel, die direkt aneinander gekoppelt sind und die Geschichte des Tanzes mitbestimmen: Es handelt sich, in Stefan Riegers Worten, um das

> »[…] unauslösliche Verhältnis […] einer rhetorischen Figurierung, [in der] die Positionen – Anthropomorphismus der Medien; Technomorphismus des Menschen – nicht eindeutig zuweisbar sind; weil Medien in unterschiedlichen historischen und apparativen Formationen die Matrix abgaben, in die Redeweisen über den Menschen überhaupt erst eingetragen werden konnten; weil sie im Trend einer ökonomischen Durchdringung auch menschlicher Datenverarbeitung die Parameter von Formalisierung, Quantifizierung und damit letztlich jener Steigerung bereitstellen, die scheinbar nichts nicht betrifft, die ihren Geltungsbereich über physische sowie über

soziale Systeme behauptet und als solche das Kennzeichen einer ausdifferenzierten Moderne ist.«[23]

Menschliche Techniken und instrumentelle Techniken treffen sich mit Blick auf eine Geschichte der Erforschung und Steigerung von Techniken des Menschen unter dieser Voraussetzung insbesondere im Phänomen des Tanzkörpers der Moderne. Denn die Technik der Medienapparaturen und die habitualisierte Tanztechnik des Körpers greifen hier auf verschiedene Weise ineinander. Rieger weist dies eindrucksvoll an Diskursformationen und Praktiken an der Schwelle des 20. Jahrhunderts nach. Anhand von wissenschaftsgeschichtlich bisher teilweise marginalisierten psychotechnischen und kulturpsychologischen Studien, die sich der Diagnostik der Moderne am Schnittpunkt von Technik und Psychologie widmeten, zeigt er, in welcher Weise der Körper des Menschen zum Medium von Semiotechniken wurde.[24] Vor allem der Tanzkörper erweist sich in jener Zeit als dankbares Experimentierfeld, um Aufschlüsse über die Durchdringung des modernen Köpers mit Disziplinartechniken zu erhalten. Denn die Verschaltung zwischen Körper und experimentalwissenschaftlichem Apparatebau, der intensivierte Weisen des Hörens und Sehens ermöglichte und damit Einsichten in den menschlichen Körper und dessen Motorik zuließ und steuerte, wie es etwa bei der Zerhackung von Bewegungen in der Kinematographie der Fall war, veränderte den Blick für das, was Tanz konstituiert: Zeit, Rhythmus und Bewegung. Durch diesen Blick, der ein Blick der Medien war, wurden über Bewegungsläufe und deren Registrierungen in der Zeit neue Schlüsse über das menschliche Seelenleben gezogen. So zeichnete sich ein Psychogramm des Menschen ab, das sich aus der Parzellierung des Körpers, dessen Durchdringung mit einem minutiösem Zeitkalkül und dem Niederschlag in kontrollierter Rhythmisierung zusammensetzte. Hier eröffnet sich meines Erachtens ein Feld für tanzwissenschaftliche Forschung, das noch wenig erschlossen ist. An dieser Stelle mögen einige punktuelle Hinweise genügen. Ein Beispiel ist Edith Hülses vom Stepptanz ausgehende Untersuchung *Über rhythmisch hörbare Tänze und deren Bewegung zur normalen und pathologischen Phonetik*, aus der sie hirnphysiologische

---

[23] Rieger: *Die Individualität der Medien. Eine Geschichte der Wissenschaften vom Menschen*, a.a.O., S. 30.
[24] Vgl. Fritz Giese: *Körperseele. Gedanken über persönliche Gestaltung*, München 1924; Hugo Münsterberg: *Psychologie und Wirtschaftsleben. Ein Beitrag zur angewandten Experimentalpsychologie*, Leipzig 1912.

Erkenntnisse zog.[25] Eine ähnliche »nüchterne Physik der Datenaufzeichnung«[26] leistete im Anschluss daran Giulio Panconcelli-Calzia mit seiner *Untersuchungstechnik zur Analyse und Synthese rhythmisch hörbarer Tänze*[27] über den Einsatz von elektroakustischen Apparaten mit verschiedenen Stepptänzern als Probanden. Er erstellte auf diese Weise Vergleichsaufnahmen über »den Rhythmus mit Hilfe der Hand, der Phonationsmuskulatur und des Fußes.«[28] Umgekehrt wäre es in diesem Zusammenhang aufschlussreich, das Phänomen des *Screendance*, die Choreographie des Tanzkörpers mit den Mitteln technisch reproduzierender Medien, genauer zu untersuchen.[29] Ende des 19. Jahrhunderts mit der Entstehung des Kinos über den Einsatz einer statischen Kamera zunächst zum Zwecke der Tanzdokumentation aufgekommen,[30] wurde *Screendance* u.a. von Maya Deren aus einem spezifischen Interesse an einer intermedialen Choreographie in Relation von Kamera und Körper experimentell weiterentwickelt.[31]

Die moderne Liaison zwischen der Technik von Medienapparaturen und Tanztechniken des Körpers lässt auch den Geschlechterdiskurs der Moderne nicht unberührt. Im Gegenteil: Im Gefolge der psychotechnischen Auswertung moderner Aufzeichnungsapparaturen und im Vorfeld der Psychoanalyse sind Untersuchungen über die Typologie und Logik der Geschlechter an der Tagesordnung gewesen, wobei bevorzugt der weibliche Körper zum Medium der Innenschau auf nervliche und seelische Verfasstheiten erhoben wurde, wie zahlreiche Untersuchungen u.a. zum Hysteriediskurs im ausgehenden 19. Jahrhundert gezeigt haben.[32] Dabei standen insbesondere die sich damals emanzipierenden Tänzerinnen im Mittelpunkt der forschenden Blicke auf die *Natur* der weiblichen Körper.[33] Interessante Aufschlüsse über die Konstitution von

---

25 Edith Hülse: »Über rhythmisch hörbare Tänze und deren Bewegung zur normalen und pathologischen Phonetik«, in: *Vox. Mitteilungen aus dem phonetischen Laboratorium der hansischen Universität zu Hamburg*, Nr. 22 (1936), S. 1–21.
26 Rieger: *Die Individualität der Medien. Eine Geschichte der Wissenschaften vom Menschen*, a.a.O., S. 106.
27 Ebd.
28 Ebd., S. 109.
29 Douglas Rosenberg: *Essay on Screen Dance. Dance for the Camera Symposium*, Madison 2000, S. 4.
30 Als eines der ersten Produkte dieses Genres gilt die Aufnahme der Brüder Lumière von Loïe Fuller *Danse Serpentine* im Jahr 1886.
31 Siehe Maya Derens Film A STUDY IN CHOREOGRAPHY FOR CAMERA (1945).
32 Britta Herrmann: »Das uneinige Geschlecht: history, her story. Hysterie – Erzählen, Körper, Differenz«, in: *Differenzen in der Geschlechterdifferenz/Differences within Gender Studies. Aktuelle Perspektiven der Geschlechterforschung*, a.a.O., S. 169–186; Sigrid Schade: »Charcot und das Schauspiel des hysterischen Körpers. Die ›Pathosformel‹ als ästhetische Inszenierung des psychiatrischen Diskurses«, in: Silvia Baumgart u.a. (Hg.): *Denk-Räume. Zwischen Kunst und Wissenschaft*, Berlin 1993, S. 461–484.
33 Siehe dazu ausführlich Brandstetter: *Tanz-Lektüren*, a.a.O., S. 243.

Weiblichkeit im Relationsgefüge von Medium, Technik und Tanz gibt unter anderem Fritz Gieses vergleichende Untersuchung der Motorik der modernen Frau, um unterschiedliche (Lebens-)Rhythmen in Amerika und Europa nachzuweisen. In seiner *Girlkultur* genannten Schrift aus dem Jahr 1925 spürt er den Programmatiken unterschiedlicher Bewegungstypen vom männlich konnotierten Turnen bis zur weiblich konnotierten Gymnastik (u.a. Mensendieck, Dalcroze, Wigman) auf, um eine direkte Verbindung zwischen neuer Bewegungskultur, Attraktivität des amerikanischen Frauentyps, Frauenbewegung und einem freien, tanzenden und vom Überfluss an Geld, Macht und pulsierendem Rhythmus gesättigten Amerika zu legen.[34] Das enge diskursive Netz zwischen Technologie, Körper und Gender, das den modernen Tanz in jener Zeit durchzog und dazu beitrug, ihn in erster Linie als eine spezifisch weibliche Weise des Ausdrucks zu naturalisieren, müsste heute auf den Zusammenhang zwischen Tanz und künstlicher Intelligenz im ›Digitalen Tanz‹ hin erneut problematisiert werden.[35] Eine einfache Genealogie der Geschlechtszuweisung lässt sich nämlich nicht herstellen. Im Gegenteil, zeitgenössische Tanz-Experimente, in denen der menschliche Bewegungs-Körper durch Motion-Tracking-Systeme, Holographien und andere Software-Technologien in gesteigertem Maße ent-körperlicht, das heißt, der Maschine anverwandelt, auf lichtgebende oder anders simulierte Bewegungsspuren hin reduziert und somit auch ent-schlechtlicht wird,[36] wären ein weiteres Forschungsfeld für eine gender-orientierte Tanzwissenschaft, um die Konsequenzen der neuen Mensch-Maschine-Synergien für den Tanz und für Entwürfe und Realitäten einer posthumanen Gesellschaft in den Blick zu nehmen. Zu fragen wäre z.B. inwieweit der emphatisch geführte posthumanistische Diskurs im Zuge einer zunehmend neoliberalen Logik der Biopolitik einer ökonomisch durchdrungenen Leistungssteigerung zurzeit nicht ebenso zu einer Naturalisierung einer angeblichen *post-gender* Realität führt wie die der *Weiblichkeit des Tanzes* an der Schwelle zum 20. Jahrhundert.[37]

---

34 Vgl. Rieger: *Die Individualität der Medien*, a.a.O., S. 82–95.
35 Sarah Rubrigde: »Defining Digital Dance«, in: *Dance Theatre Journal 14*, (1998), Nr. 4, S. 41 45; Martina Leeker und Söke Dinkla (Hg.): *Tanz und Technologie. Dance and Technology. Auf dem Weg zu medialen Inszenierungen. Moving towards Media Productions*, Köln u.a. 2002.
36 Vgl. z.B. die Experimente von Frieder Weiss http://www.frieder-weiss.de/ (aufgerufen am 25.03.2013) oder auch Klaus Obermaier http://www.exile.at/ko/ (aufgerufen am 25.03.2013).
37 Vgl. Sabeth Buchmann u.a. (Hg.): »Vorwort«, in: *Feminism!*, Texte zur Kunst, Nr. 84, (2011), S. 4–29, http://www.textezurkunst.de/84/vorwort-33/ (aufgerufen am 15.03.2013):
»Noch nie war die Stimmung so ›postfeministisch‹ oder ›postgender‹ wie heute. Indes ist andererseits dieser Zeitgeist auch das Symptom einer sich selbst als ›postideologisch‹ gerierenden Ideologie, nach der es keine soziale Ungleichheit, sondern nur noch individuelles Versagen gibt. […] Der Feminismus war und ist keine Institution zur Verteidigung [der] Kategorie [Frau] – sondern eine Bewegung, die, wie alle sozialen Bewegungen, auf ihre Selbstaufhebung zielt, eben

## CHOREOGRAPHIE ALS MEDIENEREIGNIS
## ZWEI SZENARIEN, ZWEI RHYTHMEN, ZWEI KONTINENTE

Wie lässt sich die solchermaßen in Technik-, Mensch- und Mediengeschichte eingespannte Medialität des Tanzes medienanalytisch erschließen? Ich fasse das oben ausgeführte Problem der Medialität noch einmal zusammen: Wenn man davon ausgeht, dass Medien nur in ihrer Medialität zu bestimmen sind, weil sie immer in einem anderen Medium als Medium erscheinen, fordert dies zu der Frage heraus, *wie und unter welchen Bedingungen* ein Medium in dem, was es hervorbringt, erscheint. Joseph Vogl hat diese Problematik in dem Begriff *becoming media* auf den Punkt gebracht und schlägt vor, ihn in einen Zusammenhang mit dem, was er Medien-Ereignis nennt, zu stellen:

»What media are and what they do, how they work and the effects that they create, their places in cultural and social practices, their specific roles as cultural technologies, not to mention the concept of medium itself – none of this can be reduced to a simple definition, template, or set of facts. In this respect, media analysis is not simply about communications, devices, and codes but also about media-events. These are events in a particular, double sense: the events are communicated through media, but the very act of communication simultaneously communicates the specific event-character of media themselves.«[38]

Ein Medien-Ereignis konstituiert sich Vogl zufolge als begrenzte, einzigartige, historische und lokale Szene oder Situation, in der Medien im Zusammenspiel heterogener Elemente – Apparate, Symbole, Formen des Wissens, ästhetische Erfahrungen und spezifische Praktiken – zur Erscheinung gelangen, eine Szene der Erkenntnis. Am Beispiel der Transformation des Teleskops vom reinen optischen Instrument zu einem Medium im Akt der Erschließung des Sternenhimmels durch Galileo Galilei zeigt er auf, dass zur Ereignishaftigkeit des Medien-Werdens nicht nur die Heterogenität der spezifischen historischen Bedingungen, unter denen ein Medium sich formiert, eine Rolle spielt, sondern vor allem auch eine Konstellation der Perspektiven, die ein Sehen (eine Wahrnehmung) ermöglicht, welches das Sehen (oder die Wahrnehmung)

---

weil die für sie zentrale Kategorie (auf vielfältige Weise) für die unter ihr Gefassten faktisch mit Ungleichheit und also Unfreiheit verbunden ist. Gerade vor dem Hintergrund ihrer falschen (postideologischen) Aufhebung aber geht es heute wie damals paradoxerweise darum, auf der Kategorie ›Frau‹ zu beharren.«

[38] Vogl: »Becoming-media: Galileo's Telescope«, in: *Grey Room*, a.a.O., S. 16.

selbst reflektiert bzw. in ein neues Licht stellt und somit eine Welt hervorbringt. In ähnlicher Weise argumentiert Sybille Krämer, wenn sie darauf hinweist, dass Medien Perspektiven auf die Welt eröffnen und inszenieren. Gerade die Tatsache, dass es in ein anderes Medium übertragen wird, macht es zum privilegierten Gegenstand theoretischer Erörterung. Es ist diese *Inter*medialität (des Medium Werdens), die »zu einer epistemischen Bedingung der Medienerkenntnis«[39] wird.

Ich würde unter diesen Bedingungen noch einen Schritt weiter als Vogl gehen und behaupten, dass jede Bühnensituation als *Medien-Ereignis* zu bezeichnen ist, sofern sie intermedial aufgestellt ist. An anderer Stelle habe ich diese Annahme in Anlehnung an Krämer für das Theater folgendermaßen definiert:

»Ausgehend von der Prämisse, dass Perspektivität immer auch im Modus von Theatralität zu denken ist, erweisen sich Medialität und Theatralität als epistemische Bedingungen für Intermedialität. Die Intermedialität des Theaters macht die medialen Modalitäten erkennbar, unter denen Sichtbares und Hörbares, Bild und Sprache zur Erscheinung gelangen.«[40]

Voraussetzung dabei ist ein Verständnis von Theater als offene, dynamische Konfiguration medialer Übertragungen, die abhängig von der spezifischen historischen und kulturellen Situation, in der sich Theater ereignet, jeweils mit den Medien identisch ist, in denen sich seine strukturbestimmenden Elemente verkörpern.[41] Diese Bestimmung schließt selbstredend den menschlichen Körper mit ein und gilt weitgehend für alle Bühnensituationen, die über Theater im strikten Sinn hinaus gehen. Dennoch muss an dieser Stelle genauer gefragt werden, wie sie in eine Relation zur Frage nach dem Medium der Choreographie zu setzen ist.

---

39 Krämer: »Erfüllen Medien eine Konstitutionsleistung? Thesen über die Rolle medientheoretischer Erwägungen beim Philosophieren«, in: *Medienphilosophie. Beiträge zur Klärung eines Begriffs*, a.a.O., S. 82.
40 Vgl. das unveröffentlichte Manuskript meiner Habilitationsschrift *Fremdheit und Spektakel. Theater als Medium des Sehens*, Mainz 2003, S. 179.
41 Röttger: »Intermedialität als Bedingung von Theater: methodische Überlegungen«, in *Theater und Medien*, a.a.O., S. 119.

Abb. 1: Les Commediens Tropicales: *Ver()ter* (2012)

## SZENARIUM EINS, BRASILIEN. LES COMMEDIENS TROPICALES: *VER()TER*

São Paulo, Weltstadtmetropole, zwanzig Millionen Einwohner. August 2012, Nachmittag. Innenstadt, wie immer mörderischer, stockender Verkehr. Aus dem Passantenstrom lösen sich mit tänzerischen Bewegungen elegant gekleidete junge Frauen und Männer. Eine Musikertruppe kommt hinzu, Kontrabass, Trompete, Posaune... sie untermalen die Bewegungen der TänzerInnen mit sanften Bossa-Nova-Rhythmen.

Die TänzerInnen bewegen sich zunächst am Rand der lauten, aggressiv befahrenen Straße, allein, bisweilen bilden sie Paare, lassen sich fallen, legen sich mit ihren eleganten, schwingenden Kleidern auf den Asphalt, schmiegen sich an den Rinnstein, eine Tänzerin kratzt ein festgetretenes Kaugummi ab und nimmt es in den Mund. Bis sich einer von ihnen mit gezielten Bewegungen einen Weg durch die fahrenden Autos bahnt, andere Tänzer folgen, die Autos müssen notgedrungen anhalten. Die Tänzer bewegen sich auf die Wagen zu, nehmen Posen auf Kühlerhauben ein, ziehen sich auf den Gehweg zurück. Was beginnt, ist eine Choreographie der Stadt, eine Komposition von Bewegungsabläufen von Autos, Passanten und Tanzenden, je in Übertragungen

Abb. 2: Les Commediens Tropicales: *Ver()ter* (2012)

von Motorik, aber auch eine Choreographie der Unterbrechung von Bewegungsflüssen, nicht ohne Gefahr, und doch auch fähig zur kurzen Symbiose, wenn einer der Tänzer mit einem eleganten Sprung das Trittbrett eines langsam fahrenden Busses erreicht, sich einige Meter mitnehmen lässt, bis er wieder abspringt, sich auf den Mittelstreifen abrollt. Die Tänzer der brasilianischen Performance-Gruppe Les Commediens Tropicales führen oder begleiten die umstehenden Zuschauer schließlich in ein nahe gelegenes Einkaufszentrum. Dort ist an einem der Schaufenster eine große, weiße Projektionswand aufgespannt, davor ein leerer Platz. Einer der Tänzer bindet sich ein weißes Tuch vor die Augen und beginnt, vor der Wand, blind, mit drehenden, dann wieder ruckartigen, heftigen Bewegungen zu tanzen. Auf den Schirm wird eine von den Gewalt-Szenen projiziert, die tagtäglich von den Polizei-Überwachungskameras aufgenommen werden und über Monitore in jedem Restaurant, jeder Shopping Mall, jedem Fahrstuhl in São Paulo präsent sind: *daily docu-entertainment* des Schreckens. Die Videoaufnahme zeigt, wie ein auf dem Boden liegender Junge auf einer Straße von einer Schlägertruppe zusammengetreten wird, bis der Körper sich nicht mehr regt und auf der Straße zurückbleibt. Polizei ist zynischerweise nicht in Sicht. Eine Lawine von

Abb. 3: Les Commediens Tropicales: *Ver()ter* (2012)

Autos kommt angerollt, sie bleiben erst zögerlich stehen, aggressives Hupen ist zu hören, bis sie schließlich im Schritttempo um den Leichnam herumfahren... Zu den Klängen von Mozarts *Requiem* enden hier Tanz und Film.

**SZENARIUM ZWEI, FRANKREICH. GISÈLE VIENNE:** *DER TOD UND DER TANZ* **EIN BLACKBOX-THEATER**

Auf dem weißen Bühnenboden sind zahlreiche sargartige Sperrholzkisten aufgestellt, teilweise gestapelt. Stille. Ein Tänzer trägt einen Körper herein, der in eine Decke gehüllt ist. Am Bühnenhintergrund legt er das Bündel auf den Boden, öffnet die Decke. Der leblose Körper eines Mädchens wird sichtbar, schwarzer Rock, weißes T-Shirt, weiße Strümpfe, schwarze Riemenschuhe. Er nimmt den Körper vorsichtig auf, setzt ihn auf einen Stuhl an der hinteren Bühnenwand, verlässt die Bühne. Das Mädchen ›blickt‹ ins Publikum. Rechts an einer der Kisten lehnt sitzend ein weiterer, beinahe identischer Mädchenkörper, ebenfalls ins Publikum ›blickend‹. Nach längerer, stiller

Abb. 4: *I Apologize* (2004), Konzeption: Gisèle Vienne

Pause betritt der Tänzer erneut von links die Bühne, lässt sich diesmal auf die Knie sacken, kriecht auf allen Vieren auf das Mädchen zu, gibt bellende, knurrende Geräusche von sich. Er steht auf, hebt den Körper vorsichtig hoch, trägt ihn zur hinteren Mitte der Bühne, legt ihn behutsam rücklings auf den Bühnenboden. Aus einem Plastikbehälter verteilt er rote Farbe neben dem Kopf des Mädchens, taucht seine Hand in die Lache, schmiert ›das Blut‹ dann auf das weiße Shirt, ihren Arm, ihren Oberkörper. Er schreitet rückwärts auf den Bühnenvordergrund zu, ohne das von ihm arrangierte Bild aus den Augen zu verlieren, setzt sich auf einen Stuhl, schaut auf den liegenden Körper. Ein Text wird eingesprochen, ein Gedicht des amerikanischen Schriftstellers Dennis Cooper. Es geht um Tod. Die Rekonstruktion eines Unfalls. *I Apologize* heißt diese Bühnenkomposition der französisch-österreichischen Choreographin, Regisseurin und Puppenspielerin Gisèle Vienne aus dem Jahr 2004. Seitdem arbeitet sie nicht nur mit Dennis Cooper, sondern auch mit dem Komponisten Peter Rehberg zusammen. Für die Produktion hat sie zwanzig nahezu identische ›lebens‹-echte Puppen hergestellt, mit denen die Todesbilder in zahlreich wiederholten performativen Akten zwanghaft nach- und nebeneinandergestellt werden. Unterbrochen werden sie von

Abb. 5: *Kindertotenlieder* (2007), Konzeption: Gisèle Vienne

zwei weiteren Tänzern, ein Paar, begleitet von elektronischen, schrillen, teilweise industriellen Klängen. Ihre Bewegungen, immer wieder offen ›choreographiert‹ vom dritten Tänzer, spüren der Ikonographie des gewaltsamen Todes nach, Metamorphosen zwischen Leben und Tod. In *Kindertotenlieder* (2007) verfolgt Gisèle Vienne diese morbide Thematik weiter, übersetzt sie in ein großes, in ›Schnee‹ getauchtes *Tableau Vivant*, das sich in düsterer Zeitlupe vor den Augen der Zuschauer vollzieht.

Eine Gruppe von Teenagern begeht ein Todesritual in Form eines Metal-Konzerts in nachtschwarzer Gothic-Ästhetik. Einer von ihnen beobachtet sein eigenes Begräbnis. Ein anderer, sein Freund, ist sein Mörder. In einem Wechsel der Perspektiven, geradezu filmisch, wird die Szene des Mordes langsam, wiederholt ›abgedreht‹: aus der Sicht des Opfers, aus der Sicht des Mörders und nicht zuletzt aus der Sicht aller, des Publikums, der (Medien-)Gesellschaft. Die einzelnen Teenager-Charaktere wechseln zwischen den Tänzern, zwischen den Geschlechtern, zwischen menschlichen und künstlichen Körpern. Auch hier balanciert Vienne auf der Grenze der Ununterscheidbarkeit:

Die artifiziellen Puppen- und Maschinenkörper bewegen sich wie menschliche Körper, die Tänzer sind in ihren Bewegungen maschinellen Robotern anverwandelt. Das karnevaleske Alpen-Ritual der Perchten mit seinen grotesken Monster- und Gespenster-Masken überlagert sich zudem mit der todessehnsüchtigen schwarzen Subkultur von Jugendlichen.

Inwiefern lassen sich die beiden Szenarien als Medien-Ereignisse darstellen? Gehen wir noch einmal zusammenfassend davon aus, dass ein Medien-Ereignis Vogl zufolge im Zusammenspiel heterogener Elemente – Apparate, Symbole, Formen des Wissens, ästhetische Erfahrungen und spezifische Praktiken – Szenen der Erkenntnis darstellen. Sie sind im doppelten Sinne dadurch gekennzeichnet, dass sie sich mittels Medien vollziehen, aber dieser Akt des Vollzugs gleichzeitig als medialer gekennzeichnet oder kommuniziert wird. Das Entscheidende ist demnach, dass ein Medienereignis eine Perspektive auf sich selbst *als* Medienereignis eröffnet. Die Frage nach dem Medium der Choreographie lässt sich demnach nicht mit der Bestimmung *eines* privilegierten Mediums beantworten. Vielmehr gerät der Übertragungscharakter *zwischen* den Medien, in denen eine Choreographie sich vollzieht, in den Mittelpunkt der Aufmerksamkeit. Damit verschiebt sich die Frage nach dem Medium der Choreographie auf die Frage nach der (Inter-)Medialität des choreographischen Ereignisses. Sie fordert dazu heraus, die Perspektiven auf die medialen Modalitäten zu untersuchen, unter denen Un/Sichtbares und Un/Hörbares, Bild und Sprache, Körper und Bewegung, Technik und Technologie in den Transformationsbewegungen zwischen den Medien je zur Erscheinung gelangen. Dabei gilt es nicht nur auf die Weisen zu achten, in denen Medien das, was sie zur Erscheinung bringen, verkörpern, das heißt im Zuge ihrer Transformationsleistung konstituieren und mit prägen. Genauso müssen die Bedingungen, unter denen die Transformation erfolgt, als Bedingungen des Medienwerdens wahrgenommen werden. In diese Prozesse der Verkörperung in Medien sind die Blicke und Körper der Zuschauer mit einbezogen, indem sie eingeladen werden, eine *epistemische Perspektive*, im Modus von *Theatralität*, auf das Ereignis einzunehmen. Dabei ist es von der jeweils subjektiven Beobachterperspektive bzw. auch vom spezifischen kulturellen und historischen Kontext der Wahrnehmungssituation abhängig, wann und wie ein Medium *als* verkörpertes identifiziert und infolgedessen auch in seiner Wirkung und Semantik im Zusammenspiel der oben genannten heterogenen Elemente erkannt wird.

Konkret auf die angeführten Szenarien bezogen, lässt sich zunächst feststellen, dass beide jeweils Beobachtersituationen herstellen, die sich aus der Begegnung zwischen technischen Medien der Reproduzierbarkeit und dem Medium des menschlichen

Körpers ergeben. Sie eröffnen gewissermaßen das, was W.J.T. Mitchell einmal »scenes of crime«[42] genannt hat: Szenen der Enthüllung oder auch ›theoretische‹ Szenen,[43] die die labilen und porösen Relationen zwischen Mensch, Medium und Maschine in sozialen Zusammenhängen aufzeigen und damit einen Einblick in die wachsende Spannung zwischen den Rhythmen maschinell bestimmter Alltagsrealität und menschlichen Bewegungsabläufen vermitteln. Gleichzeitig unterbreiten sie je ganz unterschiedliche Reflexionsangebote auf die Bedingungen, unter denen Körper, Technologie, Tanz und Bewegung im Ereignis der Choreographie theatralisiert und damit zu Medien werden. Diese Unterschiede liegen hauptsächlich in verschiedenen Herangehensweisen an die Frage nach der Technik als Frage der Zeit begründet.[44]

Les Commedien Tropicales transformieren die reale, maschinell gesteuerte Bewegungslogik der urbanen Alltagszeit im Medium des Tanzkörpers. Die maschinelle Zeit wird im Akt der choreographierten Übertragung der Bewegung der Kraftfahrzeuge auf die Körper der Tänzer für die Passanten und Zuschauer in ihrer Medialität erkennbar. Dabei wird die Frage nach der Zeit der Technik auch zu einer Frage der Konstellation, in der sich einerseits Enthüllen und andererseits Verbergen ereignen. Wenn menschliche Motorik und maschinelle Motorik in einer Bewegungschoreographie elegant in Bildern zusammengeführt werden, die die Schönheit solcher Synergien suggerieren (die Frau auf der Kühlerhaube; der Mann, der auf den Bus springt wie ein Cowboy auf das Pferd), dann zeigt sich Geschwindigkeit gewissermaßen als Rausch und Verführung. Auf der einen Seite stellen diese Bilder extrem stereotypisierte Gender-Konstellationen aus, welche eine ›männliche Attraktivität‹, die in der Beherrschung der motorisierten Technik liegt, mit dem ›weiblichen Objektstatus‹ des Begehrten zusammenführt. Diese Konnotation wird durch die Figurierung der TänzerInnen im Stil einer snobistischen brasilianischen, durch den Wirtschaftsboom erfolgreichen, neuen Besitzklasse durch die Kostüme (der schwarze Anzug als männliches Party-

---

42 W.J.T. Mitchell: »Pictorial Turn«, in: ders.: *Bildtheorie*, Frankfurt a.M. 2008, S. 101–135, hier S. 131: »Um das ›Verbrechen‹ zu sehen, müssen wir Figuren von der Bühne entfernen und diese selbst untersuchen, ebenso den Raum des Sehens und Wiedererkennens, *den Grund, der den Figuren zu erscheinen erlaubt.*« (hervorgehoben von Kati Röttger)

43 Mitchell verweist in diesem Zusammenhang in einem anschließenden Artikel explizit auf die Kausalbeziehung zwischen der Praxis der visuellen Repräsentation und der Theorie als Praxis, die er auf die gemeinsame etymologische Wurzel im griechischen Wort für ›Sehen‹ zurückführt. Vgl. Mitchell: »Metabilder«, in: *Bildtheorie*, a.a.O., S. 172–233, hier S. 233. Diese gemeinsame Wurzel schließt den Begriff des Theaters mit ein, denn das altgriechische Wort ›theatron‹ bedeutet Platz zum Schauen. Vgl. ausführlich zur Begriffsgeschichte der semantischen Trennung von Theorie und Theater im klassischen Griechenland Bruno Snell: *Die Entdeckung des Geistes. Studien zur Entstehung des europäischen Denkens bei den Griechen*, Hamburg 1946.

44 Vgl. Bernard Stiegler: *Technik und Zeit. Der Fehler des Epimetheus*, Berlin und Zürich 2009.

Gewand des modernen Geschäftsmannes; das leichte, zarte und elegante Sommerkleid mit Hut, wie es der ›Upper Class Lady‹ geziemt) noch unterstrichen. Im Dreck der Straße getanzt, erweisen sich diese Muster anscheinend glücklich wohlhabender Beziehungskonstellationen als zynischer Schund melodramatisch aufgeladener Massenmedienlogik. Gleichzeitig enthüllt sich in der Störung des alltäglichen Bewegungsflusses durch die Bewegung der tanzenden Körper, im Medium der aufgehaltenen Zeit, die Gewalt, die in der Zeit der Technik liegt. Die Enthüllung dieser Gewalt wird noch einmal gesteigert, sobald die Todesszene im Polizeivideo, der Blick der Überwachungskamera auf den sterbenden und geschlagenen Körper, durch die verbundenen Augen des Tänzers ›erwidert‹ wird. Hier zeigt sich, was Karl Otto Werckmeister den »Medusa-Effekt« genannt hat:[45] die zunehmende Produktion von Sichtbarkeit durch Medientechnologien, deren verborgene Produktions- und Reproduktionsmechanismen jedoch Blindheit erzeugen und im übertragenen Sinne todbringend sind für diejenigen, die von ihrem ›Blick‹ getroffen werden. Denn was ausgelöscht wird, ist nicht nur die materielle Seite der Realität, sondern auch (wie im Falle der Überwachungskameras) der private Körper.[46] *Ver()ter* verkörpert diesen Effekt, indem die Produktion zwei Alltagstechnologien, die das Leben in São Paulo dominieren, der Straßenverkehr und die Überwachungsvideos, in eine Choreographie des Tanzes im urbanen Raum überführt.

Gisèle Viennes Tänzer hingegen intervenieren nicht in den urbanen Alltagsraum, sie lösen sich gewissermaßen aus der fest gestellten Zeit der Projektionsapparatur heraus, um technisch reproduzierte Zeit in getanzte Zeit zu übertragen. Vienne spielt auf diese Weise mit der intermedialen Geschichte von Kino und Choreographie. Bild und Körper, Realität und Fiktion gehen ineinander über. Insbesondere in *Kindertotenlieder* inszeniert sie auf metaphorischer Ebene die Apparaturen von Bildwerfer (also des Lichtprojektors nach dem Prinzip der Laterna Magica) und dunkler Kammer (nach dem Prinzip der Camera Obscura), indem sie Tänzer, Puppen und Maschinen als Schattenfiguren auf dem schneebedeckten, eisige Kälte suggerierenden Bühnenboden – wie auf einer weißen Leinwand – im *Tableau Vivant* einfrieren lässt, um sie dann wieder in Bewegung aufzulösen. Die Apparaturen der Lichtmalerei und Schattenmalerei werden auf diese Weise direkt in ihrem Bezug auf das Erscheinenlassen und Verschwin-

---

45 Otto Karl Werckmeister: *Der Medusa-Effekt. Politische Bildstrategien seit dem 11. September*, Berlin 2005, S. 23.
46 Vgl. dazu ausführlicher Alexander Jackob und Kati Röttger: »Who Owns the Images? Image Politics and Media Criticism in Theatre. A Separation of Powers«, in: *Image and Narrative. Online Magazine of the Visual Narrative*, Nr. 18, (2007) http://www.imageandnarrative.be/inarchive/thinking_pictures/rottger_jackob.html (aufgerufen am 01.04.2013).

denlassen von Körpern gezeigt und mit Leben und Tod in Verbindung gebracht. Die choreographierten, in das *Tableau* eingelassenen, tänzerischen Bewegungen erschließen diese Projektionsräume als Konträsträume bildkonstitutiver Techniken, die den Menschen ebenso erfinden wie der Mensch seinerseits die Technik. Die damit verbundene Bewegung der transformierenden Rotation offenbart im selben Atemzug die Zeitlogik technisch reproduzierender Medien. Denn im Wechsel der Figuren, die in die Choreographie des Todesrituals involviert sind, wird das Bild des Anderen jeweils in einem anderen Körper, zu einer anderen Zeit und vor allem in einem anderen Medium vor den Augen der Zuschauer zum Erscheinen gebracht. So wird der Zuschauer mit medialen Ablösungs- (also Tötungs-) *und* Verschmelzungs- (also Verlebendigungs-) Prozessen von Bildern konfrontiert, die sich nicht in eine einheitliche Semantik oder chronologische Erzählstruktur einordnen lassen. In dieser Choreographie der Anverwandlung an das Andere ist es in erster Linie das Unvertraute, Fremde, das sich an der wortwörtlich un-heimlichen Schwelle zwischen Leben und Tod, zwischen organischen (körperlichen, rituellen) und anorganischen (projektierten, kunststofflichen) Erinnerungsträgern und Erscheinungsräumen materialisiert. An dieser Schwelle kann es auch keine einfachen Geschlechtszuweisungen geben. Denn da, wo Natur nur symbolisch im Zerfall oder in ihrer Verwechselbarkeit mit Künstlichkeit zum Tragen kommt, wird auch die Natur des Geschlechts in Frage gestellt. Die Körper in *Kindertotenlieder* sind in ihrer Materialität im Medium der Choreographie genauso transformierbar wie ihr Geschlecht. In *I Apologize* hingegen ist es genau diese Schwelle, an der sich die Geschlechter trennen. Denn die Logik dieser Geschichte, nämlich der eines jungen Mannes, der obsessiv einen Unfall nachstellt und dabei nicht nur Regie über die leblosen Mädchen-Puppen führt, sondern auch über einen Tänzer und eine Tänzerin, die wiederum Rock-Ikonen darstellen, zwingt dazu, die andere Seite von Verschmelzungs- und Transformationsphantasien herauszustellen. Es ist die Seite des erotischen Begehrens, das mit dem Tötungsakt einhergehen kann: ein Begehren, das nicht zuletzt im Medium der tänzerischen Bewegungen von Anja Röttgerkamp geradezu schmerzhaft behindert zur Anschauung gebracht wird.

Zu Medien-Ereignissen werden diese Choreographien, weil sie eine Konstellation von Perspektiven provozieren, in denen Akte der Wahrnehmung erzeugt werden, die die Wahrnehmung selbst reflektieren, wie zum Beispiel im Wechsel der Position des Tänzers zwischen Erzeuger und (voyeuristischem) Beobachter von ›Toten‹-Bildern in *I Apologize*. Zum anderen wird die Frage des Mediums zur Frage des einzelnen Zuschauer-Blicks, indem dieser aufgefordert wird zu entscheiden, ob sich im *Tableau Vivant* die Materialisierung des Bildes des Menschen in lebloser Materie vollzieht oder die Materie das Bild des lebendigen Menschen hervorbringt. Dabei stellt sich auch immer wieder die Frage nach der Art des Bildes, das vom Menschen und von dessen Geschlecht geschaffen wird. [47]

---

[47] Dieser Aufsatz wurde durch ein Fellowship vom *Netherlands Institute for Advanced Study in the Humanities and Social Sciences* (NIAS) ermöglicht.

MARIE-LUISE ANGERER

## BEWEGTE KÖRPER
VON DER REPRÄSENTATIONSKRITIK ZUR (NEUEN) MATERIALITÄT
DER KÖRPER

»Wir werden heute [...] Zeugen einer gigantischen Umgestaltung, in der das Schicksal der Welt auf dem Spiel steht, und der Tanz befindet sich im Epizentrum dieser Umgestaltung: er ist sein Symptom oder seine beispielhafte Auswirkung.«[1]

Wie kommt es, dass Philosophen heute behaupten, es sei der Tanz, an dem sich die Weltveränderung ablesen ließe? Wie kommt es, dass die Philosophie gerade den tanzenden Körper für sich (wieder) entdeckt, nachdem dieser immer wieder – in Philosophie und Geschichte – als Beispiel und Beleg für Überschreitung und Entzug zitiert worden ist?[2] Heute will Boyan Manchev mit dieser Formulierung jedoch vor allem andeuten, dass es keine Möglichkeit der Kritik mehr gibt, solange sich diese ausschließlich der Sprache bedient, vielmehr müssten Denken und Körper zueinander finden, um Widerstand leisten zu können. Doch Widerstand gegen wen oder was? Und hier die Antwort des Philosophen:

»Der Tanz ist Widerstand immanenter Art und nicht nur auf referenzieller Ebene. Der Widerstand des Tanzes bedeutet, dass der Tanz selbst Widerstand ist. Er leistet nicht Widerstand gegen etwas. Er ist Widerstand an sich.«[3]

Lassen wir diese Behauptung zunächst einmal stehen und nehmen diesen Widerstand des tanzenden Körpers genauer unter die Lupe – denn hierzu bedarf es mancher Wendungen (und *turns*), wie wir sie die letzten Jahrzehnte beobachten konnten. Um dann möglicherweise die Frage zu beantworten, warum das Bewegungsgefüge von Choreographie, Medien und Gender vor diesem Hintergrund von größtem Interesse

---

1 Boyan Manchev: »Der Widerstand des Tanzes«, in: *Corpus*, www.corpusweb.net/der-widerstand-des-tanzes.html (aufgerufen am 09.01.2013).
2 So beschreibt Margaret Wetherell in *Affect and Emotion* den Fall einer Tanz-Epidemie, die sich in Straßburg im Jahre 1518 ereignet haben soll und die als ein Beispiel für den affektiven = tanzenden (sich bewegenden) Körper gelesen werden kann. Vgl. Margaret Wetherell: *Affect and Emotion. A New Social Science Understanding*, London u.a. 2012, S. 5.
3 Manchev: »Der Widerstand des Tanzes«, a.a.O.

ist, und wie es sich – als ein besonders sensibles Feld, an dem sich wissens- und machtpolitische Veränderungen ablesen lassen – theoretisch bestimmen lässt, um dem gedoppelten Status des sich bewegenden Körpers – als hyperrealistische Anpassung und/oder widerständige Verweigerung – auf die Schliche zu kommen.

## BODIES THAT MATTER/KÖRPER VON GEWICHT

Mit den 1990er Jahren beginnt sich die Abkehr von der symbolischen (linguistisch-sprachlichen) Hegemonie immer deutlicher in den Geistes- und Kulturwissenschaften abzuzeichnen. Judith Butlers *Bodies that Matter*[4] steht hierfür exemplarisch. Als Antwort auf die Kritik an *Gender trouble*[5] unternimmt Butler dort den Versuch darzulegen, wie Materialität immer schon diskursiv und immer auch imaginär geformt wird, wie sich Imaginäres und Morphologie nicht trennen lassen, sondern als ein Prozess zu denken sind: »So gesehen sind also Sprache und Materialität nicht entgegengesetzt, weil die Sprache sowohl das ist als auch auf das verweist, was materiell ist, und was materiell ist, entgeht niemals ganz dem Prozess, durch den es signifiziert wird.«[6]

Doch Butlers gesamte Abhandlung verbleibt, trotz Rekurs auf die Sprechakttheorie, im Schema der Psychoanalyse und Ideologiekritik, wonach Phantasie dasjenige ist, was das bloße Sein, das nicht symbolisierbare Reale, erträglich macht. Phantasie ermöglicht in dieser psychoanalytisch-ideologiekritischen Lesart eine imaginäre Dimension, mit deren Hilfe sich das Subjekt in ein System der Repräsentation – auch jenes der Geschlechter – einrückt.[7] Dies kommt z.B. in der Analyse von Judith Butlers »morphologisch Imaginärem« (im Unterschied zu Lacans ›imaginärer Morphologie‹[8]) klar zum Ausdruck. Dort unternimmt sie den Versuch, mit Hilfe des Körper-Ichs als Haut-Ich (oder Hautsack), wie es Freud in die Psychoanalyse eingeführt hat, die

---

4 Judith Butler: *Körper von Gewicht. Die diskursiven Grenzen des Geschlechts*, Frankfurt a.M. 1997.
5 Judith Butler: *Das Unbehagen der Geschlechter*, Frankfurt a.M. 1991.
6 Butler: *Körper von Gewicht*, a.a.O., S. 104.
7 So fasst Slavoj Žižek die Lacan'sche Position bzw. Funktion der Phantasie folgendermaßen zusammen: »für Lacan [steht] die Phantasie auf Seiten der Realität [...], das heißt, sie unterstützt den ›Wirklichkeitssinn‹ des Subjekts: wenn der phantasmatische Rahmen sich auflöst, unterliegt das Subjekt einem ›Realitätsverlust‹ und beginnt, die Realität als ein ›irreales‹ alptraumhaftes Universum ohne sichere ontologische Fundierung wahrzunehmen; ein alptraumhaftes Universum ist nicht ›reine Phantasie‹, sondern im Gegenteil *dasjenige, was von der Realität übrigbleibt, nachdem ihr ihre Stütze der Phantasie entzogen wurde*.« Slavoj Žižek: *Das Unbehagen im Subjekt*, Wien 1998, S. 71.
8 Vgl. Jacques Lacan: *Das Ich in der Theorie Freuds und in der Technik der Psychoanalyse*, Bd. 2, Berlin 1991.

Dimension des Imaginären auf morphologischen Boden zu stellen, um jedoch gleichzeitig zu betonen, dass die Identifikation des Körper-Ichs mit einem präexistierenden anatomischen Körper keine mimetische ist, sondern mehr einem Delirium gleicht, in dem wir fortan gezwungen sind zu leben.[9]

Parallel zur Kritik an dieser Repräsentationszentrierung von Psychoanalyse und poststrukturalistischen Theorien stimuliert auch die medientechnische Entwicklung eine technikkritische Analyse der humanen Verfasstheit, die – so ihr Tenor – das humane Subjekt als originär technisches bestimmt. Der »ursprüngliche Mensch«, schreibt z.B. der französische Medien-Philosoph Bernard Stiegler, war immobil und sprachlos – »[d]ie Sprache gehört bereits zur Prothese«. Im Augenblick seines Falls (aus dieser Ursprünglichkeit heraus) hat der Mensch das Sein verfehlt – ein »ursprünglicher Fehl«, so Stiegler wird ihn fortan begleiten. Dieses Nichthaben des Seins, geschuldet der Vergesslichkeit des Epimetheus, der alle Gaben verteilte, um dann entdecken zu müssen, dass für den Menschen nichts mehr übrig geblieben ist, wird zur Lebensbedingung des Menschen, er ist fortan damit beschäftigt, diesen »Ursprungsfehler aus(zu)gleichen, indem er sich mit Prothesen, mit Instrumenten versieht.«[10] Das heißt, der Mensch entspringt einer ursprünglichen Vergessenheit, die ihn nun zwingt, sich von sich zu trennen, seine ursprüngliche Immobilität und Stummheit aufzugeben, und auf die Objekte da draußen zurückzugreifen. Von der Höhlenmalerei über die Keilschrift zur Photographie, weiter zu Film und Fernsehen bis zu Computer, Internet und Smartphone ist die Geschichte der Menschheit eine der Zeitobjekte, die das verhandeln, was den Menschen, sein Gedächtnis und damit seine Geschichte ausmacht: Vergangenheit, Gegenwart und Zukunft. Heute jedoch, so Stiegler, erleben wir eine »Ekstase der Zeit«, die wesentlich der Industrialisierung des 20. und 21. Jahrhunderts geschuldet ist. Der Mensch als *epiphylogenetisches* Wesen wird von seinen Mnemotechniken bestimmt, doch diese leiten gegenwärtig Zeitigungsprozesse und damit Individuationsprozesse ein, die dieser als »Industrialisierungsprozess des Gedächtnisses« beschreibt, als eine »politische und industrielle Ökonomie, die auf der industriellen Ausbeutung von Bewusstseinszeiten beruht.«[11] Hierzu kann man sich den tanzenden Körper sehr gut als Widerstandsbild ausmalen, als jenes Reservoir, das als Körpergedächtnis all das rettet, was die Bewusstseinsprogramme in den Augen Stieglers ausbeuten und grammatisieren.[12]

---

9   Vgl. Butler: *Körper von Gewicht*, a.a.O., S. 132f.
10  Bernard Stiegler: *Technik und Zeit. Der Fehler des Epimetheus*, Berlin u.a. 2009, S. 156.
11  Bernard Stiegler: *Denken bis an die Grenzen der Maschine*, Berlin u.a. 2009, S. 70.
12  Vgl. Marie-Luise Angerer: »Am Anfang war die Technik. Zu Bernard Stieglers zeit-technischer Verspätung des Menschen«, in: *Zeitschrift für Medienwissenschaft*, Heft 5, (2011), S. 177–180.

Parallel zu dieser psychoanalytisch-phänomenologisch-technikkritischen Sehweise verläuft seit vielen Jahren jedoch eine umfassende Anthropozentrismus-Kritik, die die Vorrangstellung des humanen Subjekts über *non-humane agencies* in dieser Welt radikal infrage stellt. Stichworte hierzu sind: Posthumanismus, Actor-Network-Theory, Animal Studies, New Materialism oder Material Feminisms.[13]

Bereits in den 1980er Jahren hatte Donna Haraway diese Entwicklung in ihrem *Manifest für Cyborgs*[14] teilweise vorweggenommen, indem sie von der Notwendigkeit neuer Allianzen sprach und eine Politik, die immer noch auf Identitäten setzt, verabschiedete. Haraway sprach damals bereits von einer ›postgender world‹, von Technologien, die global agieren und weder Nationalstaaten noch Familien als Entitäten oder Grenzen anerkennen würden. Die Folge wären endlose Migrationsströme von Waren und Menschen. Haraway verabschiedete sich damals auch von der Psychoanalyse Freuds, die nur eine ständige Wiederholung der ödipalen Strukturen produzieren würde, sowie von Foucaults Definition einer Disziplinargesellschaft, die sich auf den Parametern von Schuld und Sühne aufbaut.[15] Stattdessen wären wir längst in das Zeitalter der »Kontrollgesellschaft« eingetreten, wie sie Gilles Deleuze in seiner kleinen Schrift umschrieben hat. Dort heißt es: Die Kontrollen sind »Modulationen, sie gleichen einer sich selbst verformenden Gußform, die sich von einem Moment zum andern verändert, oder einem Sieb, dessen Maschen von einem Punkt zum anderen variieren.«[16] Also Verabschiedung von den so genannten »Einschließungsmilieus«, wie Familie, Schule oder Kirche, die alle längst porös geworden sind und eine Krise um die andere produzieren, und Analyse einer Logik der Kontrolle, die sich um einen »unbegrenzte(n) Aufschub«[17] arrangiert: Für diesen ist, Deleuze zufolge, die ständige Bewegung (in Form von Fortbildung, Dienstleistung, etc.), das Nie-Erreichen und Nie-Genügen, die ständige Arbeit an sich und seinem Körper charakteristisch. Während der Mensch der Disziplinargesellschaft ein »diskontinuierlicher Produzent von Energie«

---

13 Vgl. Crary Wolf: *What is Posthumanism?*, Minneapolis u.a. 2010; Matthew Calarco: *Zoographies. The Question of the Animal from Heidegger to Derrida*, New York 2008; Stacey Alaimo und Susan Hekman (Hg.): *Material Feminism*, Bloomington 2008; Diana Coole und Samantha Frost (Hg.): *New Materialisms*, Durham u.a. 2010; Georg Kneer u.a. (Hg.): *Bruno Latours Kollektive*, Frankfurt a.M. 2008.
14 Donna Haraway: »Ein Manifest für Cyborgs. Feminismus im Streit mit den Technowissenschaften«, in: dies: *Die Neuerfindung der Natur. Primaten, Cyborgs und Frauen*, Frankfurt a.M. 1995, S. 33–72.
15 Vgl. ebd.
16 Gilles Deleuze: »Postskriptum über die Kontrollgesellschaften«, in: ders.: *Unterhandlungen 1972–1990*, Frankfurt a.M. 1993, S. 254–262, hier S. 256.
17 Ebd., S. 257.

war, ist der »Mensch der Kontrolle eher wellenhaft« – weshalb Deleuze das Surfen zur signifikanten Sportart avancieren sah.[18] Und auch Deleuze stellt sich am Ende seines Textes die Frage nach dem Widerstand, wie nämlich gegen die Bewegungen einer Schlange ankämpfen, die zu schnell ist und deren Bewegungen nicht vorhersehbar sind, deren Körper sich derart rasch verformen kann, dass er dem zupackenden Griff immer wieder notwendig entgleiten muss?

Womit wir wieder bei dem eingangs zitierten widerständigen Tanz-Körper angelangt sind. Dieser tanzende, sich verformende, sich modulierende Körper steht im Kontext meiner Ausführungen auf doppelte Weise im Zentrum einer Gesellschaft, die diesen nämlich sowohl als ihren Prototypen stilisiert, ihn gleichzeitig aber auch als ihren stärksten Gegenspieler zu inszenieren sucht. Während für Boyan Manchev der Tanzkörper sicherlich den Prototypen markiert, ist die Analyse von Vera Trappmann ein Beispiel für die zweite Leseweise. Sie bestimmt den Tanz als Erweiterung von Wahrnehmungsweisen und auch als neue Form der Kritik. Hierzu zählt sie etwa das »aus der Reihe Tanzen«, »kritische Praktiken des Gesellschaftstanzes«, »subversive Körper, die sich den Gestaltungsanforderungen und Schönheitsidealen des Medienkapitalismus entziehen«, sowie die »Affizierung des Publikums« entweder durch »choreographierte inszenierte Kritik« oder durch das »Aufscheinen utopischen Potentials im Bühnentanz«, wodurch nicht-diskursive, körpergebundene Strategien zu einer »(symbolischen) Destabilisierung der Grenzen beziehungsweise Einhegung des Kapitalismus« beitragen. Die tanzenden Körper würden den Kapitalismus symbolisch zurückdrängen. Die Schlussfolgerung hieraus: »*Mehr* Tanz birgt das Potential für *weniger* Kapitalismus.«[19] Hier artikuliert sich ein Glaube an das Gute der Bewegung an sich, an das ihr eignende Befreiungspotential, ohne dass die Verschränkung von Tanz, Bewegung und Kapital (Grenzen, Vorschriften, Räume, Zeiten usw.) mitbedacht wird, also ohne zu differenzieren, in welchen Momenten eine Überschreitung und in welchen eine systemkonforme Bewegung passiert. Als Beispiel für die zweite Lesart ist diese Analyse heute häufig anzutreffen und signalisiert in meinen Augen den Wunsch, dass es ein Außerhalb von kapitalistischen Verwertungszusammenhängen geben möge, durchaus vergleichbar dem Wunsch nach einem Außerhalb des Ideologischen, wie er in den 1970/1980er Jahre formuliert worden ist.[20]

---

[18] Ebd., S. 258.
[19] Vera Trappmann: »Widerspenstige Körper: Kapitalismuskritik im Tanz«, in: Karina Becker u.a. (Hg.): *Grenzverschiebungen des Kapitalismus*, Frankfurt a.M., New York 2010, S. 339–358, hier S. 354f.
[20] Vgl. Louis Althusser: *Ideologie und ideologische Staatsapparate. Aufsätze zur marxistischen Theorie*, Hamburg, Westberlin 1977.

## PERFORMATIVE WENDE

Die 1990er Jahre beginnen mit dem Erscheinen von Judith Butlers *Gender Trouble* und markieren aus heutiger Sicht ein symptomatisches Umschlagsmoment. Denn Butler wird auf die Kritik an *Gender Trouble* mit *Körper von Gewicht* antworten, um mit diesem eine performative Wende einzuleiten, die alsbald alle Sektoren und Bereiche der Geistes- und Kulturwissenschaften einnehmen wird. Butlers »doing gender« ist Ausdruck und Manifestation dieses anklingenden performativen *turns*. Doch die Performanz in jenen Jahren ist noch ausschließlich auf ein (humanes) Subjekt bezogen. Man denke etwa an Fischer-Lichtes Ausführungen zur performativen Dimension des Theaters oder an Dieter Merschs Bestimmung der Kunst des 20. Jahrhunderts als eines Ereignisses.[21] So ist für Fischer-Lichte die ›Wiederverzauberung der Welt‹ sowie die ›Verwandlung‹ der an ihr Beteiligten eine der großen Gesten der performativen Kunst, und Mersch erhebt in seinen Arbeiten das Performative zur Universalkategorie, die das menschliche Sein insgesamt umfasst.[22] Performativität, wie sie Butler definiert – als ein Tun, dem kein Handelnder vorausgeht, sondern bei dem dieser erst nachträglich sich als Subjekt dieses Handeln identifiziert –, und Performanz als kunst- und medientheoretische Kategorie werden sich in der Folge kurzschließen (alle unbewussten und unbeabsichtigten Verflachungen implizierend. Denn Butlers performativer Ansatz bleibt bis zum Schluss einer an Derrida, Freud und Lacan ausgerichteten Interpretation treu, während die Dimension des Unbewussten in ›performativen‹ Kunst- und Medientheorien immer unbedeutender wird bzw. gerade eine Umgehung des Unbewussten bedeutet).

Innerhalb dieser groß angelegten performativen Wende werden sodann ›Materialität‹ und ›Affekt‹ als zentrale Größen bzw. neue Basis für die Geistes- und Kulturwissenschaften – man kann ruhig sagen – wiederentdeckt. Und mit ihrer Installierung wird der Begriff der Handlung, *agency*, endgültig auch auf non-humane Agenten ausgeweitet, und das Repräsentationssystem der Sprache als hegemoniale und anthropozentrische verabschiedet. Seitdem stehen Aktion, Handlung, Bewegung, Affizierungsprozesse, non-humane Agenten wie Tiere und andere – das *Parlament der*

---

21 Vgl. Marie-Luise Angerer: »Was tut sich in der Kunst?«, in: Lutz Musner und Heidemarie Uhl (Hg.): *Wie wir uns aufführen. Performanz als Thema der Kulturwissenschaften*, Wien 2006, S. 59–74; dies.: *Vom Begehren nach dem Affekt*, Berlin, Zürich 2007, hier v.a. S. 80ff.

22 »Das Performative gründet folglich in der Lücke, die zwischen den Setzungen, ihren Ereignissen klafft: Es entspringt dem Horizont ihres Risses«. Dieter Mersch: *Ereignis und Aura. Untersuchungen zu einer Ästhetik des Performativen*, Frankfurt a.M. 2002, S. 291.

*Dinge* (Bruno Latour) – im Blickpunkt eines Strebens nach einer neuen »spekulativen Ontologie«[23].

Wenn ich sage ›wiederentdeckt‹, so heißt dies, dass es eine von Baruch Spinoza und Gottfried Wilhelm Leibniz über Henri Bergson und Maurice Merleau-Ponty bis zu Gilles Deleuze und Brian Massumi philosophische Tradition gibt, die der Bewegung (des Körpers über Geist, Seele etc.) immer den Vorzug gegeben hat.[24] »Bewegung enthüllt das Sein«[25], heißt es bei Merleau-Ponty. Bei Leibniz sind es die »petites perceptions«, die auch als »psychische Differentiale«[26] bezeichnet werden können, die als konstitutive Grundannahme das Sein im Allgemeinen und das menschliche im Besonderen bestimmen. Bei Bergson ist es das Intervall zwischen einem Wahrnehmungsbild und dem nächsten, also eine Bewegung von Bild zu Bild und Bewegung zwischen den Bildern.[27] Diese Bestimmungen münden in die Affektdefinition von Gilles Deleuze, wie dieser sie in seinen beiden Kinobüchern[28] vorgenommen hat, und wo er neben Bergson vor allem auch Spinozas berühmte Rede von den Körpern, die mehr können als wir wissen, (wieder) eingeführt hat.[29] Für Brian Massumi schließlich ist der Affekt die Zone des »noch-nicht und immer-schon-gewesen«, er ist pure Intensität und asozial. »[P]astnesses opening onto a future, but with no present to speak of. For the present is lost with the missing half-second, passing too quickly to be perceived, too quickly, actually, to have happened.«[30]

Diese Lücke des ›Jetzt‹ oder das nicht besetz- und übersetzbare Präsens ist nun aber jenes Moment, wo sich verschiedenste Interessen bündeln: gegenwärtige medientechnologische Diskurse, die ausgehend von Alfred N. Whiteheads Prozess-Philosophie bis zum »short delay«[31] eines Benjamin Libet einen neuen Schauplatz für

---

23 Levi Bryant u.a. (Hg.): *The Speculative Turn. Continental Materialism and Realism*, Melbourne 2011.
24 Vgl. Michaela Ott: *Affizierung. Zu einer ästhetisch-epistemischen Figur*, München 2010; Daniel Heller-Roazen: *The Inner Touch. Archaeology of a Sensation*, New York 2009.
25 Stefan Kristensen: »Maurice Merleau-Ponty I. Körperschema und leibliche Subjektivität«, in: Emmanuel Alloa u.a. (Hg.): *Leiblichkeit*, Tübingen 2012, S. 23–36, hier S. 29.
26 Richard Herbertz: *Die Lehre vom Unbewussten im System von Leibniz*, Hildesheim, New York 1980, S. 30.
27 Vgl. Henri Bergson: *Materie und Gedächtnis*, Hamburg 1991.
28 Vgl. Gilles Deleuze: *Das Bewegungs-Bild, Kino 1*, Frankfurt a.M. 1989; ders.: *Das Zeit-Bild, Kino 2*, Frankfurt a.M. 1991.
29 Vgl. Gilles Deleuze: *Spinoza. Praktische Philosophie*, Berlin 1988.
30 Brian Massumi: »The Autonomy of Affect«, in: Paul Patton (Hg.): *Deleuze: A Critical Reader*, Oxford 1996, S. 217–239, hier S. 224.
31 Siehe zur Definition des »short delay«, http://www.consciousentities.com/libet.html (aufgerufen am 09.01.2013).

Medieninterventionen hier ausmachen wollen.³² Sodann psychoanalytische Ansätze, die, wie etwa Daniel Stern, »the present moment«³³ als Ausdruck der vitalen Affekte begreifen. Jedoch aber eben auch Tanz- und Bewegungsforscher/innen, wie beispielsweise Erin Manning, die das philosophische Modell des Affekts (als fehlende Zeitspanne, als fehlendes Moment des Jetzt) als eine Grundkomponente des Körpers in Bewegung aufgreifen.

## ZEIT UND AFFEKT

Parallel zu diesem Bewegungsprimat verläuft eine andere – mechanistische – Linie, die der Zeit zwischen Sensation (Reiz) und Reaktion auf der Spur ist. Hier können Helmholtz' Experimente in der Mitte des 19. Jahrhunderts angeführt werden,³⁴ wo dieser die verlorene Zeit und Energie zwischen Stimulus und Reaktion untersucht. Das Interesse an der Messung der Zeitreaktion oder des *personal equating* oder *personal error*, der individuellen Zeitdauer, ging von den Laboren allmählich auch auf die Künste über. Etienne-Jules Marey und seine Chronophotographie sind hier zu nennen sowie die Kinematographie von Eadweard Muybridge.³⁵ In den 1970er Jahren wird Hertha Sturm ihre TV-Untersuchungen mit Kindern durchführen, wo sie eine ›fehlende halbe Sekunde‹ in deren Reaktion entdecken wird,³⁶ die heute in der Neurologie beispielsweise von Benjamin Libet als *short delay*, wie bereits angemerkt, bestätigt wird.³⁷ Hier kann auch das wiedererwachte Interesse am Moment des »just not in time« angeführt werden, das Untersuchungen zur »Inframedialität«³⁸ und der non-linearen Zeitlichkeit in Kunst, Film und Literatur gleichermaßen anleitet.

---

32 Vgl. Wolfgang Ernst: »The Temporal Gap. On Asymmetries within the So-called ›Audiovisual‹ Regime (in Sensory Perception and Technical Media)«, in: Jörg Fingerhut, Sabine Flach und Jan Söffner (Hg.): *Habitus in Habitat 3, Synaesthesia and Kinaesthetics*, Bern u.a. 2011.
33 Daniel N. Stern: *The Present Moment in Psychotherapy and Everyday Life*, New York u.a. 2004.
34 Vgl. Henning Schmidgen: *Die Helmholtz-Kurven. Auf der Spur der verlorenen Zeit*, Berlin 2009.
35 Vgl. Jimena Canales: *A Tenth of a Second*, Chicago, London 2009.
36 Vgl. Hertha Sturm u.a. (Hg.): *Wie Kinder mit dem Fernsehen umgehen*, Stuttgart 1979; dies.: *Fernsehdiktate: Die Veränderung von Gedanken und Gefühlen. Ergebnisse und Folgerungen für eine rezipientenorientierte Mediendramaturgie*, Gütersloh 1991; dies.: *Der gestreßte Zuschauer*, Stuttgart 2000.
37 Vgl. Marie-Luise Angerer: »Vom Lauf der ›halben Sekunde‹«, in: kunsttexte.de, Nr.1, (2011), http://edoc.hu-berlin.de/kunsttexte/2011-1/angerer-marie-luise-6/PDF/angerer.pdf.
38 Ilka Becker, Michael Cuntz und Michael Wetzel (Hg.): *Just Not In Time. Inframedialität und non-lineare Zeitlichkeiten in Kunst, Film, Literatur und Philosophie*, München 2011.

*Just not in time* – so hätte auch Hertha Sturm die Reaktionen ihrer fernsehschauenden Kinder umschreiben können, die sich zeitlich verrückt den Forschern darstellten. Aus deren Messungen ergab sich eine fehlende Zeit von einer halben Sekunde, die verantwortlich gemacht wurde, dass die Kinder fröhlich bei traurigen und traurig bei fröhlichen Filmen reagierten. Gemessen wurden diese Stimmungen mittels Puls- und Herzfrequenzen. Ein langsamer Puls wurde dabei als traurig interpretiert, der schnelle entsprechend als fröhlich.

Brian Massumi nun übernimmt Mitte der 1990er Jahre den Topos dieser ›fehlenden halben Sekunde‹, um jenes Intervall damit zu füllen, welches Gilles Deleuze in seinen Kino-Büchern als Zone des Affekts bezeichnet hatte. Deleuze hatte dort mit Rückgriff auf Bergson die Differenz zwischen dem einen Bild und der Bewegung zum nächsten Bild als Intervall aufgegriffen, um dieses als die Zone des Affekts zu bestimmen. Dieser zeige nämlich eine Bewegung an, die noch nicht Aktion ist.

»Der Affekt ist das, was das Intervall in Beschlag nimmt, ohne es zu füllen oder gar auszufüllen. Er taucht plötzlich in einem Indeterminationszentrum auf, das heißt in einem Subjekt. [...] Es gibt also eine Beziehung des Affekts zur Bewegung im allgemeinen, [...] aber gerade hier, im Affekt, hört die Bewegung auf.«[39]

Mit der Übernahme der ›fehlenden halben Sekunde‹ durch Massumi in die Bestimmung des Affekts, wie Deleuze sie formuliert hat, trifft nun aber ein vitalistisches Konzept auf eine mechanistische Rahmung oder anders ausgedrückt: Die temporale Lücke wird mit dem Werden des Lebens in Zeit/als Zeit in eins gesetzt.

## DIE AFFIZIERUNG DER MASCHINEN

Denn ein durchaus ähnliches Moment kann auch in der kybernetischen Debatte Mitte des vorigen Jahrhunderts ausgemacht werden. Dort wird über den Reflexbegriff ein vitalistisch gefasstes Zeitmoment in die Lücke von Signal und Bewegung der Maschine/des Automaten aufgenommen. Norbert Wiener greift hierfür auf Bergsons Begriff der ›Dauer‹ zurück, um diesen sowohl für den Menschen als auch für die Maschine geltend zu machen:

---

**39** Deleuze: *Das Bewegungs-Bild*, a.a.O., S. 96f.

»So lebt der moderne Automat in der gleichen Bergsonschen Zeit wie der lebende Organismus, und daher gibt es keinen Grund in Bergsons Betrachtungen, warum das wesentliche Funktionieren des lebendigen Organismus nicht das gleiche wie jenes des Automaten dieses Typs sein sollte.«[40]

1951 wird dies von Max Bense weiter aufgegriffen, um gerade das Intervall der Zeit als Basis der Kommensurabilität von Maschine und Mensch zu behaupten. Nur im Unterschied zum Menschen können die Computermaschinen jedes noch so kleinste Intervall (aus-)nutzen. Das Intervall, das beim menschlichen Organismus sozusagen offen liegt, nach Hertha Sturm leer oder nach Brian Massumi zu voll ist, füllen die kybernetischen Rechenmaschinen mit ihrer für Menschen nicht nachvollziehbaren Geschwindigkeit in der Aufgabenerfüllung aus:

»Die kybernetischen Maschinen erschöpfen das kleinste Intervall. Eine Addition geschieht in einer fünfmillionstel Sekunde; in fünf Minuten können zehn Millionen Additionen oder Subtraktionen zehnstelliger Zahlen durchgeführt werden.«[41]

Diese mechanistisch klingende Operationsfähigkeit wird von Bense jedoch explizit mit Bergsons ›Dauer‹ verbunden und von der Newton'schen Zeit als einer gleichmäßig verlaufenden abgegrenzt.[42]

Norbert Wiener orientierte sich jedoch nicht nur an der ›Dauer‹ von Bergson, sondern war auch mit der Reflextheorie vertraut, insbesondere in ihrer Pawlow'schen Formulierung. Er ging in seiner Kybernetik sogar soweit, den Rechenmaschinen »bedingte Reflexe«[43] zuzuschreiben. Technologische und biologische Systeme waren in seinen Augen durchaus in der Lage, »in rudimentärer Weise zu lernen«.[44] Die Faszination für diese lernfähigen, zu bedingten Reflexen fähigen Maschinen ging weit über die technische Welt hinaus und wurde auch von Jacques Lacan in seinem Seminar zum *Ich in der Theorie Freuds* aufgegriffen, um dort zu zeigen, wieweit Mensch und

---

40 Norbert Wiener: *Kybernetik. Regelung und Nachrichtenübertragung in Lebewesen und Maschine*, Reinbek b. Hamburg 1968, S. 68f.
41 Max Bense: »Kybernetik oder die Metatechnik einer Maschine«, in: ders.: *Ausgewählte Schriften*, Bd. 2, Stuttgart, Weimar 1998, S. 429–446, hier S. 440.
42 Vgl. Stefan Rieger: *Kybernetische Anthropologie. Eine Geschichte der Virtualität*, Frankfurt a.M. 2003, S. 146.
43 Henning Schmidgen: »Einleitung. Fehlformen des Wissens«, in: Georges Canguilhem: *Die Herausbildung des Reflexbegriffs im 17. und 18. Jahrhundert*, München 2008, S. 7–58, hier S. 32.
44 Ebd.

Maschine den Weg sich teilen, um erst im letzten Augenblick, nämlich dann, wenn die Maschine ansetzen sollte, »sich selbst als Element zu einem Kalkül«[45] zu addieren, zu trennen. Das heißt, Körper und Maschinen(-körper) laufen über die Signal-Intervall-Bewegungsschiene lange parallel, um im entscheidenden Moment, wenn der nichttechnische Körper zwischen Bewegung und Nicht- oder Noch-nicht-Bewegung verharrt, ein Zeitigungsmoment einzuschieben, ein ›Aufschub‹ (»différence«[46]), wie es Derrida genannt hat.

Dieses Moment taucht nun in der Diskussion über eine Bilderwelt, die durch die digitale Bildproduktion eine neue Qualität/Intensität erhalten hat, auf, um dort den Körper als basale Orientierungsstütze einzuführen. Wie Mark B. Hansen in seiner *New Philosophy for New Media*[47] nämlich betont, ist es der affektive Körper, der heute wieder zum Mittelpunkt werden müsse. Dies deshalb, weil der Körper, wie es bei Henri Bergson heißt, eben

> »kein mathematischer Punkt im Raum ist, daß seine virtuellen Handlungen sich mit den aktuellen vermengen und *durchdringen*, mit anderen Worten, daß es keine Wahrnehmung ohne Empfindung gibt. Die Empfindung ist demnach das, was wir vom Innern unseres Körpers dem Bilde der äußeren Körper zufügen«.[48]

Während bei Deleuze der Affekt in die Beziehung von Zuschauer und Bild eingeschrieben ist, einer Klammer vergleichbar, wodurch sich ein Raum – ein ›beliebiger Raum‹ –, ein weder geometrischer noch geographischer oder sozialer Raum im strengen Sinne auftut, greift Hansen diesen ›beliebigen Raum‹ auf, um ihn in den mit digitalen Medien arbeitenden Kunstpraxen (Medienkunst, Installationen) auftauchen zu lassen und ihn – nun außerhalb der kinematographischen Kadrierung – mit dem autonomen Affekt zu verbinden. Damit passiert jedoch eine Verschiebung. Denn die Autonomie des Affekts ist bei Deleuze eine, die über das Subjekt hinausgeht, um dieses wie eine Klammer in eine maschinische Assemblage einzubinden. Bei Hansen hingegen verbindet sich im Affekt eine neurologische Fassung von Gehirnaktivität, die auf eine jenseits des Bewusstseins operierende Eigendynamik des/der Körper/s hinausläuft. Vor dem Hintergrund technisch induzierter, instabil werdender Unterscheidungen und Umgebungen – Stichwort hierfür ist Eugene Thackers und Alexander

---

[45] Lacan: *Das Ich in der Theorie Freuds und in der Technik der Psychoanalyse*, a.a.O., S. 70.
[46] Jacques Derrida: *Limited Inc*, Wien 2001.
[47] Mark B. Hansen: *New Philosophy for New Media*, Cambridge, London 2004.
[48] Bergson: *Materie und Gedächtnis*, a.a.O., S. 45.

Galloways Rede vom ›Elementarwerden‹ der Medientechnologien[49] – formuliert Hansen heute eine Techniksicht, die auf die Überwindung bzw. Abdankung der *missing half second* zielt.[50] Hintergedanke dieser Formulierung ist der Versuch, Wahrnehmung als Empfindung (*sensation*) ohne die Kategorien Bewusstsein und Subjekt medientheoretisch in den Griff zu bekommen und stattdessen einen Begriff von Subjektivität zu entwickeln, der »dem sensorischen Angebotscharakter der heutigen Netzwerke und Medienumgebungen« gerecht wird.[51] Dabei spielt Whiteheads Definition der physischen Erfahrung als emotionaler, als einem »blinden Gefühl«, eine basale Rolle, da dieser damit eine »Theorie des Empfindens« vorgelegt hat, in der das Subjekt, als »Superjekt«, »als Ziel des Prozesses, der die Empfindungen hervorbringt«, bestimmt wird.[52] Die physischen Erfahrungen, die Empfindungen, zielen also, wie Whitehead betonte, immer auf ein Subjekt, dieses ist als »Superjekt« das abschließende Ziel.[53] Für Whitehead war die Tradition der metaphysischen Wahrnehmungstheorien von einem fundamentalen Missverständnis geprägt, das er zentral in deren Privilegierung der visuellen Wahrnehmung begründet sah. ›Ich sehe etwas, nehme dieses also einfach wahr‹, so würde die klassische Beschreibung bzw. Ausgangsthese lauten, die er mit dem Hinweis kritisierte, dass diesem Sehen immer schon ein Abstraktionsprozess (»Prehension«[54]) vorangegangen sein muss, wodurch das »Empfinden in der Unmittelbarkeit des gegenwärtigen Ereignisses verwurzelt [ist]: Es ist das, was das Ereignis für sich selbst empfindet, indem es seinen Ursprung in der Vergangenheit hat und mit der Zukunft verschmilzt.«[55]

Man kann hier gut die Nähe des Affektbegriffs zu dieser Bestimmung von Whitehead heraushören, dessen ›blindes Gefühl‹ – wenig überraschend – nun auch im Feld des Tanzes anzutreffen ist.

---

**49** Vgl. Alexander R. Galloway and Eugene Thacker: *The Exploit. A Theory of Networks*, Minneapolis u.a. 2007.
**50** Mark Hansen: »There is No ›Missing Half-Second‹. Some Thoughts on the Artifactuality of Affect«, in: Marie-Luise Angerer u.a. (Hg.): *Timing of Affect* (in Vorbereitung).
**51** Mark B. Hansen: »Medien des 21. Jahrhunderts, technisches Empfinden und unsere originäre Umweltbedingung«, in: Erich Hörl: *Die technologische Bedingung*, Berlin 2011, S. 356–409, hier S. 367.
**52** Alfred North Whitehead: *Prozeß und Realität*, Frankfurt a.M. 1987, S. 406.
**53** Vgl. ebd., S. 409.
**54** Mit dem Begriff der »prehension« bezeichnet Whitehead eine nichtsensorische, sympathetische frühere Erfahrung, die die aktuelle abstrahiert. Ebd., S. 225–232.
**55** Ebd., S. 304.

## RESPONSIVE KÖRPER

*In My Language* (YouTube 2007) von Amanda Baggs[56] dient der kanadischen Tänzerin Erin Manning als Beispiel oder besser als Beleg für die von ihr aufgestellte Gleichung: Sehen ist gleich Fühlen und dieses ist gleichbedeutend mit Sich-Bewegen-Mit (*to move-with*).

Im ersten Teil des ca. acht Minuten langen Videos bewegt sich die Protagonistin mit flattrigen Händen und Armen zu einem monotonen Sing-Sang im Raum und berührt alle Gegenstände mit ihrem Körper, mit Armen, Fingern, Mund und ihrem Gesicht. Der zweite Teil des Videos bietet hierfür dann die Übersetzung: Amanda Baggs ist Aktivistin, die sich für die Rechte von Autisten stark macht, für ihre Sprache und ihre Sicht der Welt. So würde z.B. das Wasser, das sie im Film berühre, nichts symbolisieren, sondern sei Teil ihrer Konversation mit der Umwelt. Es ginge nicht um Worte oder Symbole, sondern das Wasser antworte auf sie und sie antworte auf das Wasser.

Für Manning zeigt dieses Video vor allem eines, dass es nämlich nicht länger mehr um Signifikation, sondern vor allem um Responsivität geht:

»Affect passes directly through the body, coupling with the nervous system, making the interval felt. This feltness is often experienced as a becoming-with. This becoming-with is transformative. It is a force out of which a microperceptual body begins to emerge. This microperceptual body is the body of relation. While affect can never be separated from a body, it never takes hold on an *individual* body. Affect passes through, leaving intensive traces on a *collective* body-becoming. This body-becoming is not necessarily a human body. It is a conglomeration of forces that express a movement-with through which a relational individuation begins to make itself felt.«[57]

In diesem Zitat ist der gesamte Prozess – von der Wahrnehmung sich bewegender und bewegter Körper über Affizierungsprozesse – beschrieben, der gleichzeitig auch verdeutlicht, dass es nicht (länger) um individuelle Körper, sondern um Körper mit anderen Körpern geht. Diese sind außerdem nicht unbedingt oder ausschließlich humane Körper, sondern schließen Körper jeder Art mit ein.

---

56 Amanda Baggs: *In My Language* (2007), http://www.youtube.com/watch?v=JnylM1hI2jc (aufgerufen am 30.10.2011).
57 Erin Manning: *Relationscapes. Movement, Art, Philosophy*, Cambridge 2009, S. 95.

Karin Barad, auf dem Gebiet der Quantenphysik zu Hause, hat diese ethische Bestimmung (im Sinne der Responsivität) unter der Bezeichnung eines »agential realism« bekannt gemacht, der es ihr – und uns – erlaubt, wie sie ausführt, die Dichotomie von human/non-human, Materie/Non-Materie usw. zu überwinden. Materie wird von ihr als eine »substance in its intra-active becoming« bestimmt – »not a thing, but a doing, a congealing of agency. Matter is a stabilizing and destabilizing process of iterative intra-activity.«[58] Mit dem Begriff der »intra-activity«, der natürlich auf den der Interaktion anspielt, betont Barad, dass vor einer Begegnung keine Entität aus sich besteht, sondern erst in und durch eine Aktion die beiden Pole (oder mehrere) jeweils Form annehmen. Sie spricht von einer »entangled ontology« und von »material-discursive phenomena« anstelle von Worten und Dingen.[59] In einem Interview mit Iris van der Tuin und Rick Dolphijn über den *new materialism* betont Barad, dass *agency* vor allem mit »response-ability« zu tun hat, womit ihr Ansatz sich mit dem Bewegungsansatz von Manning in meinen Augen kurzschließen lässt.

> »Agency is about possibilities for worldly re-configurings. So agency is not something possessed by humans, or non-humans for that matter. It is an enactment. And it enlists […] ›non-humans‹ as well as ›humans‹. At the same time, I want to be clear that what I am not talking about here is democratically distributing agency across an assemblage of humans and non-humans. Even though there are no agents per se, the notion of agency I am suggesting does not go against the crucial point of power imbalances.«[60]

Ohne hier ausführlicher auf Barads Ansatz, der sich auf die Quantenphysik von Niels Bohr bezieht, um von dort Anleihen für ihr ›doing matter‹ zu beziehen, eingehen zu können, sei hier betont, dass der Frage von Bedeutung (*meaning*) nicht nur ein großer, sondern auch selbstverständlicher Stellenwert zukommt. *Matter* und *meaning* bilden die beiden Grundpfeiler einer »entangled ontology«, die sich über einen »agential realism« aufbaut, wobei Sprache eine Option unter anderen ist. »How did language come to be more trustworthy than matter? Why are language and culture granted their

---

58 Karen Barad: »Getting Real«, in: *differences: A Journal of Feminist Cultural Studies*, Heft 2 (1998), S. 87–128; wiederveröffentlicht in: dies.: *Meeting The Universe Halfway: quantum physics and the entanglement of matter and meaning*, Durham 2007, S. 189–222, hier S. 210.
59 Barad: *Meeting the Universe Halfway*, a.a.O., S. 71ff.
60 Rick Dolphijn and Iris van der Tuin (Hg.): *New Materialism: Interviews & Cartographies*, Ann Arbor 2012, S. 55.

own agency and historicity while matter is figured as passive and immutable, or at best inherits a potential for change derivatively from language and culture?«[61]

Mit dieser Frage stellte sie sich genau zehn Jahre nach Erscheinen von Judith Butlers *Körper von Gewicht* gegen deren Argumentation dort, um dieser vorzuwerfen, ähnlich wie Michel Foucault eine Definition des Non-Diskursiven stillschweigend umgangen zu haben. Doch »matter matters«[62], wie sie betont – »matter is a dynamic expression/articulation of the world in its intra-active becoming«[63] –, was immer auch eine ethische Dimension impliziere. In diesem Sinne kann auch das gemeinsame Training von Donna Haraway und ihrem Hund Cayenne gesehen werden, das diese als *coshaping* von Mensch und Tier bezeichnet. In ihrem 2003 erschienenen *Companion Species Manifesto* hat Haraway die Grundzüge ihres Neologismus »Naturecultures« skizziert,[64] um in *When Species Meet* sodann wenige Jahre später eine Analyse ihres Zusammenlebens mit ihrer Hündin vorzulegen, worin sie nicht nur aufzeigt, wie sich Mensch und Tier verständigen, sondern vor allem auch, wie sehr sich der menschliche und animalische Körper aufeinander einstellen und einspielen.

»In recent speaking and writing on companion species, I have tried to live inside the many tones of regard/respect/seeing each other/looking back at/meeting/ optic-haptic encounter. Species and respect are in optic/haptic/affective/cognitive touch: they are at table together; they are messmates, companions [...]. *Companion species* – coshapings all the way down, in all sorts of temporalities and corporealities – is my awkward term for a not-humanism in which species of all sorts are in question.«[65]

Dieses *reshaping* oder *coshaping* des menschlichen und animalischen Körpers wird von Haraway also sehr konkret verstanden – als eine ständige Begegnung und wechselseitige Affizierung.

---

61 Karen Barad: »Posthumanist Performativity: Toward an Understanding of How Matter Comes to Matter«, in: *Signs. Journal of Women in Culture and Society 28*, (2003), Nr. 3, S. 801–831, hier S. 801.
62 Dolphijn: *New Materialism*, a.a.O., S. 69.
63 Vgl. ebd.
64 Donna J. Haraway: *The Companion Species Manifesto. Dogs, People, and Significant Otherness*, Chicago 2003, S. 1–5.
65 Donna J. Haraway, *When Species Meet*, Minneapolis 2008, S. 164.

In ihrer Analyse des *agility trainings* mit Cayenne verweist Haraway auch auf Jean-Claude Barrey, einen französischen Verhaltensforscher, der in seiner Analyse der Reiter-Pferd-Beziehung von »unintentional movements« spricht:

> »Talented riders behave and move like horses [...]. Human bodies have been transformed by and into a horse's body. Who influences and who is influenced, in this story, are questions that can no longer receive a clear answer. Both, human and horse, are cause and effect of each other's movements. Both induce and are induced, affect and are affected.«[66]

Diese nicht intentionalen Bewegungen werden auch als ›Isopraxis‹ oder ›synchronous Isopraxis‹ bezeichnet, eine Bezeichnung aus der kognitiven Psychologie und Neurowissenschaft, der – auch in Verbindung mit den Spiegelneuronen – seit den 1990er Jahre in der ethologischen Forschung größere Aufmerksamkeit zukommt. Deleuze hat bereits in seiner Spinoza-Lektüre ausdrücklich auf die Ethologie verwiesen, die sich mit den Affekten, zu denen Tiere und Menschen gleichermaßen und unvorhersehbar fähig sind, beschäftigt.[67] Die Ethologie untersucht mimetisches, empathisches und imitierendes Verhalten von Tieren und Menschen und stellt die Frage danach, wie aus einer nachgeahmten Bewegung eine jeweils eigene wird. Galten lange Zeit Kommunikation und Sprache als Hauptfaktoren für gegenseitiges Lernen, richtet sich heute das Interesse auf den Körper, auf Affekte und Affizierungsvorgänge und die durch diesen ausgelösten, vom Bewusstsein nicht kontrollierten, Bewegungen.

## MACHTVOLLE BEWEGUNGEN

*Matter* und *meaning* können nun jedoch auch auf das hier verhandelte Thema von Choreographie, Gender und Medien übertragen werden, um die Choreographie der Körper (als immer schon bedeutungsvolles Material) in ihrer maschinischen Dimension zu analysieren. Félix Guattari hat einmal gemeint, er und Gilles Deleuze hätten aufgehört, von Sexualität und anstelle dessen von Begehren zu sprechen, weil

> »we consider that the problems of life and creation are never reducible to physiological functions, reproductive functions, to some particular dimension of the body.

---

66 Ebd., S. 229.
67 Vgl. Deleuze, *Spinoza*, Berlin 1988, S. 162.

They always involve elements that are either beyond the individual in the social or political field, or else before the individual level.«⁶⁸

Judith Butler hat ihr *doing gender* als ein Tun bestimmt, das unter dem Blick des Anderen ›sich tut‹, und Jacques Lacan hat diesen Blick (in der Liebe) als eine große Verfehlung bestimmt, der nie das trifft, wie man vom Anderen gesehen werden möchte.⁶⁹ Joan Copjec hat geschlechtliche Markierungen als den Modus eines Scheiterns von Erkenntnis⁷⁰ benannt, während ich selbst einmal von der »Fassade des Geschlechts«⁷¹ gesprochen habe. All diese Bestimmungen verweisen auf eine Bewegung oder besser auf ständige Bewegungen, die man heute durchaus als wiederholte Nachahmungsprozesse bezeichnen könnte. Die in den Geistes- und Sozialwissenschaften als psychosozialer Prozess verstandene Nachahmung war seit der Mitte des vorigen Jahrhunderts zunehmend mit dem Vorwurf, auf einem zu starren Rollenverständnis aufzubauen, verworfen worden. Anstelle des soziologisch aufgeladenen Begriffs der Nachahmung wurde der psychoanalytisch bedeutsame Begriff der Identifikation bevorzugt, der die Dimension des Unbewussten stärker in den Fokus stellte. Heute jedoch rückt die Frage der Nachahmung wieder auffällig in den Aufmerksamkeitshorizont einer vielschichtigen Auseinandersetzung. Auch deshalb, weil der Begriff, wie er durch Gabriel Tarde am Ende des 19. Jahrhunderts in die Diskussion eingeführt worden war, in der Lesart von Deleuze und Guattari mit einer Begehrensstruktur aufgeladen worden ist, die sich in mehrfacher Hinsicht mit aktuellen Tendenzen verknüpft. Die Tarde'sche »Soziologie des Begehrens« oder auch »Affekt-Soziologie« sei deshalb für die gegenwärtige Theorie-Diskussion so wichtig, wie Borch und Stäheli betonen, weil sie das Begehren nicht auf eine »psychoanalytische Leidensgeschichte der Identifikation«⁷² reduziere, sondern den Gedanken der »mimetischen Wiederholung« ernst nehme und aufzeige, wie Nachahmung durch die Kräfte des Begehrens und der Überzeugung vorangetrieben oder gebremst werde. Mit meiner Formulierung einer ›Nachahmung des Begehrens‹ möchte ich auf diese zentrale Verschiebung aufmerksam machen. Zum einen darauf,

---

68 Félix Guattari und Suely Rolnik: *Molecular Revolution in Brazil*, Cambridge 2008, S. 411.
69 Vgl. Jacques Lacan: *Die vier Grundbegriffe der Psychoanalyse*, Bd. 11, Weinheim, Berlin 1996, S. 85ff.
70 Vgl. Joan Copjec: »Sex and the Euthanasia of Reason«, in: dies. (Hg.): *Reading my Desire*, Cambridge u.a. 1995, S. 201–236.
71 Marie-Luise Angerer: »The Body of Gender oder the Body of What. Zur Leere des Geschlechts und seiner Fassade«, in: Ellen Kuhlmann und Regine Kollek (Hg.): *Konfiguration des Menschen. Biowissenschaften als Arena der Geschlechterpolitik*, Opladen 2002, S. 169–180.
72 Christian Borch und Urs Stäheli: »Einleitung«, in: dies. (Hg.): *Soziologie der Nachahmung und des Begehrens*, Frankfurt a.M. 2009, S. 11.

dass mit dem Begriff keinerlei psychoanalytische Aufladung mehr verbunden ist, und zum anderen, dass Nachahmen und Begehren sich damit nicht länger über einen konstituierenden Mangel (wie in der Psychoanalyse) definieren, sondern vielmehr wird ein Begehren ›nachgeahmt‹, das sich als Bewegung, Aufschub und Intervall – als Prozesse in Zeit – manifestiert.

»Man weiß nicht, was der Körper alles vermag«.[73] Dieser Satz von Baruch Spinoza, der für Deleuze so anleitend geworden ist, dass er meinte, Spinoza hätte den Philosophen ein neues Modell angeboten, nämlich den Körper, bildet auch die Basis der »ethologischen Körper«, wie sie die australische Philosophin Moira Gatens, zeitgleich zu Butlers *Gender Trouble*, vorgestellt hat. Mit Hilfe der Definition Spinozas, Körper als auf einer Doppelachse von Kinetik und Dynamik aufgespannt zu begreifen, als eine Substanz, die sich aus Geschwindigkeit, Langsamkeit, Bewegung, Ruhe und affektiven Mächteverhältnissen zusammensetzt, greift Gatens die Dichotomie von *sex* und *gender* erneut auf. Während Butler vorgeschlagen hatte, *sex* als immer schon in der Kette der Signifikation gleitend zu bestimmen, um auf diese Weise eine Bedeutung bzw. Lesbarkeit der Körper als weibliche und männliche zu erhalten, definiert Gatens das Paar auf zwei Achsen aufgespannt: Auf der kinetischen Achse wird ein Körper durch sein Verhältnis von Ruhe und Bewegung, durch seine Langsamkeit und Schnelligkeit definiert, auf der dynamischen durch seine Fähigkeit, affiziert zu werden und andere Körper zu affizieren. Das biologische Geschlecht (also *sex*) wird daher als eine Organisation der Körper und ihrer Verhältnisse auf der extensiven Achse bestimmt, Geschlecht im kulturellen Sinne (also *gender*) als eine Organisation der typischen Affekte auf der intensiven Achse. Mit anderen Worten, »Geschlecht ist sowohl Affekt und intensive Macht oder Kapazität des Körpers, der in bestimmten extensiven Beziehungen zu anderen Körpern steht«[74].

Vor diesem Hintergrund lässt sich das ›Bewegungsgefüge von Medien, Gender und Choreographie‹ als apparative Anordnung begreifen, in der die Übersetzungsleistung die Eckdaten – Bewegung, Anordnung, Notation, Auflösung, Verschiebung, bewegte und sich bewegende Körper in Zeit und Raum – in der Schwebe hält, verschiebt und wiederholt –, um in dieser Performativität und Permanenz das Intervall des Stolperns, Zögerns, Innehaltens, im ›noch nicht und schon vorbei‹ ein Gefüge nachzuzeichnen.

---

73 Deleuze: *Spinoza*, a.a.O., S. 27.
74 Moira Gatens: »Ethologische Körper. Geschlecht als Macht und Affekt«, in: Marie-Luise Angerer (Hg.): *The Body of Gender. Körper. Geschlechter. Identitäten*, Wien 1995, S. 35–52, hier S. 48.

# II.

## GENDERING TANZ UND VISUELLE MEDIEN
## SONDIERUNG EINER PARALLELEN ENTWICKLUNG

CLAUDIA ROSINY

GENDER-KONSTELLATIONEN
IM WECHSELSPIEL VON TANZ UND MEDIEN
BEISPIELE AUS DEM FRÜHEN FILM, DEM EXPERIMENTALFILM,
DER PERFORMANCE UND DEM VIDEOTANZ

Die im folgenden Aufsatz analysierten Beispiele stammen aus unterschiedlichen historischen Phasen und weisen jeweils andere Konstellationen von Tanz und Medien auf.[1] An diesen sollen unterschiedliche Gender-Konfigurationen im Wechselspiel von Tanz und Medien diskutiert werden.

## FRÜHER FILM: DIE FRAU ALS OBJEKT

In der Frühzeit des Films waren Tänzerinnen bekanntlich ein beliebtes Sujet der zumeist männlichen Regisseure. Film fungierte in einem dokumentarischen Sinne als Medium zur Erhaltung anderer Kunstformen. Die kurzen Filme konnten damals nur von einer statischen Kamera in einer einzigen Einstellung aufgenommen werden. Es war die menschliche Bewegung, die Bewegung des Körpers als Motiv vor der Kamera, welche die wesentliche Attraktion des neuen Mediums ausmachte – Bewegungsabläufe konnten ›realistischer‹ wiedergegeben werden als mit früheren optischen Techniken. Das Geschlechterverhältnis der Frau als Objekt männlicher Schaulust zeigt sich beispielsweise im Film ANIMATED PICTURE STUDIO (1903).

Dieser nicht einmal zweiminütige Film dokumentiert einen für die damalige technische Situation typischen Filmprozess: Eine Tänzerin bewegt sich in einem beschränkten Raum, der kaum einen Quadratmeter umfasst, vor der Linse der starren Kamera. Anschließend wird die Aufnahme, nachdem sie im hinter einem Vorhang befindlichen Labor entwickelt wurde, der Tänzerin in einem auf einem Tisch platzierten Bilderrahmen vorgeführt. Damit die Filmrezipienten diese Film-Situation sehen, brauchte es eine weitere Kamera, welche die gesamte Situation in einer totalen Einstellung dokumentiert. Mittels dieser Kamera werden die Zuschauenden zu Voyeuren einer Subjekt-Objekt-Beziehung. Die Frau tanzt für Kameramann und Regisseur und vor der

---

1 Vgl. Claudia Rosiny: *Tanz Film. Intermediale Beziehungen zwischen Mediengeschichte und moderner Tanzästhetik*, Bielefeld 2013.

Abb. 1: Filmstill aus ANIMATED PICTURE STUDIO (1903)

im Bild sichtbaren Kamera. Sie akzeptiert die Gesten der Bewunderung und die folgenden Annäherungen und Umarmungen. Bei der Vorführung der Tanzszene nach der Entwicklung des Films wirkt die Frau zuerst erfreut über die Wiedergabe ihrer Tanzschritte. Als die Bilder sie allerdings in einer kompromittierenden Situation mit dem Regisseur zeigen, schiebt sie das Bild mit der Filmprojektion vom Tisch, doch die Bilder laufen in einer neuen, geisterhaften Projektion auf dem Boden weiter. Auf den ersten Blick zeigt sich in der Subjekt-Objekt-Beziehung das vom Mann dominierte Geschlechterverhältnis der damaligen Zeit. In der *Mise-en-abyme*-Situation, der in der Projektion gespiegelten Wiederholung, wird diese Gender-Situation jedoch bloßgestellt, und die Tänzerin versucht, in einem Aufbegehren zur Subjekt-Objekt-Beziehung die filmische Repräsentation zu zerstören. ANIMATED PICTURE STUDIO vermittelt durch diese Spiegelung, durch die Film-im-Film-Situation, die Kritik an der Gender-Konstellation. Mit der fiktiven Fortführung der Narration in der zweiten Projektion gerät außerdem die durch den Mann geführte Technik außer Kontrolle. Dieser Film ist ein frühes Beispiel eines selbstreferentiellen Films: »The seemingly magical afterlife of the dance is clearly generated by the technical apparatus itself«[2], wie Kristina Köhler schreibt. Das »Kino der Attraktionen«[3], wie Tom Gunning den Frühen Film charakterisiert, um die Aktion vor der Kamera mit den Präsentationen auf den Vaudeville-Bühnen der damaligen Zeit zu vergleichen, zeigt in diesem Beispiel bereits einen experimentellen, medial

---

2 Kristina Köhler: »Between the Old and the New Art of Movement. Dance and Cinematic Self-Reflexivity at the Intersections of Cinema's Past, Present and Future«, in: Leonardo Quaresima und Valentina Re (Hg.): *In the Very Beginning. At the Very End: On the History of Film Theories*, Udine 2010, S. 195–203, hier S. 196.
3 Tom Gunning: »The Cinema of Attraction. Early Film, its Spectator and the Avant-Garde«, in: *Wide Angle*, Vol. 8, (1986), Nr. 3/4, S. 63–70.

geprägten Fokus: Mit der holographischen Projektion wird die Aufmerksamkeit weniger auf den Körper als auf die spektakuläre Technik gelenkt, wenn der weibliche Körper wie ein Geist weitertanzt.

## EXPERIMENTALFILME VON GERMAINE DULAC: ›WEIBLICHER‹ FILMBLICK

Das zweite Beispiel ist eines aus dem frühen Experimentalfilm, in dem wie in der Pionierzeit des Films kaum Frauen als Regisseurinnen vertreten waren. Germaine Dulac (1882–1942), geboren als Germaine Saisset-Schneider, ist eine Ausnahme in der frühen, nicht nur französischen Filmavantgarde. Dulac studierte Kunst und Musik, arbeitete als Journalistin, engagierte sich als radikale Feministin und Redakteurin von La Française, dem Organ der französischen Suffragetten-Bewegung, für die sie unter anderem Filmkritiken schrieb. Ab 1915 realisierte sie als Autodidaktin Filme und setzte sich zusammen mit dem Filmtheoretiker Louis Delluc im Umfeld der französischen Surrealisten für die Etablierung des Films als ›siebte Kunst‹ ein. Nach Alice Guy-Blaché, die bereits 1896 einen fiktionalen Film, LA FÉE AUX CHOUX, drehte und damit als erste Filmregisseurin in die Geschichte einging, gilt Dulac als weitere Pionierin des Frühen Films.

THÈMES ET VARIATIONS (1928) ist wie ÉTUDE CINÉGRAPHIQUE SUR UNE ARABESQUE (1929) ein Kurzfilm mit Tanzelementen aus der späteren Zeit ihres Schaffens, der vergleichbar mit René Clairs ENTR'ACTE (1924) oder Fernand Légers und Dudley Murphys BALLET MÉCANIQUE (1924) mit dem Rhythmus der Montage spielt und damit in den Kontext des französischen ›Cinéma pur‹ eingeordnet werden kann. Obwohl alles Stummfilme, hat die akustische Begleitung konstitutive Bedeutung. Den neunminütigen Film THÈMES ET VARIATIONS ›komponierte‹ Dulac zur Musik, montierte Bewegungen einer Ballerina zu den Bewegungsmustern von Maschinen, Teileinstellungen der Armbewegungen verwebte sie mit Zeitrafferaufnahmen einer keimenden Pflanze, deren Bewegungen den Armbewegungen ähneln.

Diese Art des abstrakten Kinos nannte sie *cinégraphie intégrale*, um ihre Form von einem mechanistischen Kino eines Fernand Léger abzusetzen, denn neben Bewegung sah sie Emotionen als zweite Komponente ihres *integralen* Films: »Von den Pflanzen, den Mineralien zur Linie, zu Volumen, zu weniger genauen Formen, zum integralen Kino ist der Schritt schnell getan, da ja allein die Bewegungen und ihre Rhythmen Empfindungen und Gefühle erzeugen.« Sie suchte nach fließenden Rhythmen, nach einer »Harmonie der Linien, Harmonie des Lichts«, wie sie ihre Filmarbeit in *Écrits*

Abb. 2: Filmstill aus Thèmes et variations (1928)

*sur le cinéma*⁴ reflektierte. Mit diesem Anliegen und einem ›weiblichen Filmblick‹, der anstelle von äußerer Handlung innere Seelenzustände zu visualisieren versucht,⁵ verfolgte sie die Absicht, ein weibliches Filmpublikum zu erreichen. »Sie wollte den Zuschauern deren voyeuristische Sehgewohnheiten abgewöhnen und sie mit den ›wahren‹ Möglichkeiten der siebten Kunst vertraut machen«⁶, schreibt Catherine Silberschmidt. Dulac war zwar in den 1920er Jahren bekannt, aber erst in den letzten Jahren wurde ihr Werk, wie beispielsweise durch Silberschmidt, wieder entdeckt. In Anthologien zum Avantgardefilm werden allenfalls ihre Hauptwerke L'invitation au voyage, La Coquille et le Clergyman und La souriante Madame Beudet erwähnt. La souriante Madame Beudet wird dort wie auch von Silberschmidt als erster feministischer Film gewürdigt, weil die Frau nicht idealisiert und als Objekt stilisiert dargestellt wird, sondern ihr Filmschaffen aufgrund einer »Kombination von Poesie und Feminismus« auffiel.⁷

Der Bildrhythmus soll aus der Logik der Form resultieren, dabei dienten weiche, ›weibliche‹ Tanzbewegungen als Inspiration und Spiel im Wechsel mit Formen aus der Natur. Die filmischen Übergänge der Einstellungen werden aus diesem Formenspiel konzipiert. Dulacs abstrakte Arbeiten Ende der 1920er Jahre sind frühe Studien

---

4  Zitiert und übersetzt von Lena Christolova unter, http://www.fluctuating-images.de/files/images/pdf/08Dulac_Christolova.pdf (aufgerufen am 12.03.2013). Prosper Hillairet (Hg.): *Germaine Dulac: Écrits sur le cinéma (1919–1937)*, Paris 1994. Ein zweiminütiger Ausschnitt aus Thèmes et variations ist unter, http://www.dailymotion.com/video/xal1rm_themes-et-variations_shortfilms#from=embed zu sehen (aufgerufen am 12.03.2013). Rechte und Vertrieb ihrer Filme sind bei Light Cone, Paris, der gesamte Nachlass befindet sich in der Bibliothèque du film in Paris.
5  Catherine Silberschmidt: »›Kino, das ist Bewegung, Rhythmus, Leben.‹ Germaine Dulac – Filmpionierin der 20er Jahre«, in: Inge Stephan und Sigrid Weigel: *Weiblichkeit und Avantgarde*, Hamburg 1997, S. 67–89, hier S. 72.
6  Ebd., S. 69.
7  Ebd., S. 67.

einer Filmkomposition unter dem Leitmotiv der Bewegung, ›visuelle Sinfonien‹, die den Film vom Vorgängermedium Theater abgrenzen sollten. Menschliche Bewegung in den Drehungen oder Armbewegungen der Tänzerin, Bewegungen der Maschinen oder das Keimen von Pflanzen als bewegte Metamorphose werden zu einem Rhythmus der Bilder arrangiert. Der Bildinhalt ist sekundär, das Arrangement der Bewegungsformen und Einstellungen soll Gedanken visualisieren und Gefühle symbolisieren. Dulac verwendet Motive aus der realen Welt, die in ihren Details erkennbar bleiben, aber in ihrer Komposition eine andere Ästhetik aufweisen als beispielsweise Fernand Légers BALLET MÉCANIQUE. Dulac filmte des Weiteren zwei spanische Tänze. Obwohl diese dokumentarische Aufnahmen enthalten, fallen dennoch ungewöhnliche, experimentelle Einstellungen mit schräger Kamera, Untersichten, welche die Tänzerin emporheben, und Bildausschnitte u.a. der Beine, auf. Die abgebildeten Zuschauenden – Männer und eine Frau – bewundern den damaligen Star des spanischen Tanzes. Sie wird nicht in einer Zuschauerperspektive gezeigt, die den weiblichen Körper als Objekt ins Visier nimmt, sondern die Tänzerin wird im Fokus auf die tänzerische Performance durch Untersicht und Nahaufnahmen des Kastagnettenspiels und der Beinarbeit dargestellt.[8]

## PERFORMANCES VON ULRIKE ROSENBACH: VIDEO ALS SELBSTREFLEXIVES MEDIUM

Aufgrund der raschen Entwicklung und Verbreitung der Videotechnik in den 1970er Jahren experimentierten viele Performancekünstlerinnen und -künstler mit dem Medium Video.

Thematisiert wurde gleichzeitig die physische Präsenz des Körpers: Ulrike Rosenbach integrierte Kamera und Monitore in ihre Aktionen, realisierte aber auch Videoskulpturen und -installationen sowie reine Videoarbeiten. Sie zählt zur ersten Künstlergeneration, die das Medium Video zur Selbstreflexion einsetzt.[9] Die Performancekunst wurde bereits in den frühen Jahren stark von Frauen geprägt. Zeitgenossinnen von Rosenbach, die wie sie im Grenzbereich verschiedener künstlerischer Disziplinen arbeiteten, sind beispielsweise Rebecca Horn, Valie Export, Marina Abramović, Nan Hoover oder Carolee Schneemann. Auch der Tanz wurde im Zuge der ersten Generation der Tanztheater- oder Postmodern-Choreographinnen als ›weibliche Kunst‹ bestärkt,

---

[8] Vgl. YouTube unter, http://www.youtube.com/watch?v=REOtbFE4i0A (aufgerufen am 12.03.2013).
[9] Vgl. Yvonne Spielmann: *Video. Das reflexive Medium*, Frankfurt a.M. 2005, zu Ulrike Rosenbach speziell S. 243–247.

denn auch hier waren es vornehmlich Frauen, die diese neue Ausdrucksform für sich entdeckten. Im New Yorker Judson Church Movement der 1960er Jahre zählten Deborah Hay, Simone Forti, Yvonne Rainer, Elaine Summers, Lucinda Childs oder Trisha Brown hierzu. Protagonistinnen im deutschen Tanztheater der 1970er Jahre waren Pina Bausch, Reinhild Hoffmann und Susanne Linke. Ironische Anspielungen auf den klassischen Tanz, die Verwendung von Alltagsbewegungen kritisieren implizit ein weibliches Schönheitsideal, wie dieses im stilisierten Bewegungsvokabular und Tänzerinnenideal des Balletts tradiert wurde. »Mit der Umkehr zur ›Innenschau‹ traten gleichzeitig Frauen als Choreographinnen hervor, die [...] wesentlich die Entwicklung des deutschen Tanztheaters bestimmten.«[10] Die Auseinandersetzung mit dem eigenen Körper, Symbole der Weiblichkeit und Impulse der Frauenbewegung wurden somit in Tanz- und Performance-Kunst aufgenommen und formten diese als ›weibliche Kunstformen‹, in denen Frauen ein ›(Selbst-) Bewusstsein‹ entwickelten.[11]

Rosenbach studierte in der zweiten Hälfte der 1960er Jahre Bildhauerei an der Kunstakademie in Düsseldorf, u.a. bei Joseph Beuys, der sie 1969 als Meisterschülerin aufnahm. Ihre ersten Videoarbeiten entstanden 1971, weitere künstlerische Ideen insbesondere zu den Multimedia-Arbeiten entwickelte sie bei einem Arbeitsaufenthalt 1973/74 in New York. Video und Performance wurden für Rosenbach unzertrennliche Komponenten.[12] Ähnlich den Prinzipien des Judson Church Movement, sind Rosenbachs Arbeiten Collagen verschiedener Künste, die alle Sinne ansprechen sollen: »Die einzelnen Komponenten der Arbeit sind wie Erinnerungsteile, die der Betrachter findet und mit seinen Assoziationsteilen verbindet«[13], charakterisiert Alexandra Wessels auf Rosenbachs Website deren Arbeit. An den Schnittstellen intermedialer Verbindungen eröffnet sich ein Interpretationspotential für das Publikum. Rosenbach bezieht sich mit dem Begriff des ›offenen Kunstwerks‹ auf die Schriften von Umberto Eco und Roland Barthes, auf das Feld ›interpretativer Möglichkeiten‹, ›veränderlicher Lektüren‹ und auf ein ›Informationspotential‹ des Kunstwerks.[14]

Typische Verwendungsweise des Videos in dieser Zeit war die gleichzeitige Aufnahme und Wiedergabe der eigenen Performanceaktion. Dieses Live-Prinzip im

---

10 Vgl. Gabriele Klein: *FrauenKörperTanz. Eine Zivilisationsgeschichte des Tanzes*, Weinheim u.a. 1992, S. 243.
11 Ebd., S. 253.
12 Vgl. Ulrike Rosenbach: »Videokunst und Performanceaktion im Werk von Ulrike Rosenbach«, http://www.ulrike-rosenbach.de/index_01.html (aufgerufen am 12.03.2013).
13 Alexandra Wessels: »Zum Werk Ulrike Rosenbachs«, http://www.ulrike-rosenbach.de/index_01.html (aufgerufen am 12.03.2013).
14 Ebd.

*Closed-Circuit-Verfahren* mit der sofortigen Verfügbarkeit der Bilder war das Neue und Spezifische an der elektronischen Bildwiedergabe. Zudem erlaubte der Einsatz der Videokamera eine Kontrolle des eigenen Handelns. Diese Möglichkeit, sich von Eingriffen eines Fotografen oder Kameramanns zu befreien, betont Rosenbach: »Selbstkontrolle anstelle von medialer Fremdkontrolle durch einen Mann, die Verweigerung des männlichen Beobachterblicks [...]«[15], schreibt Gerhard Glüher in seiner Monographie. Reale Präsentation und mediale Variation konnten gleichzeitig stattfinden, im gleichen Raum oder räumlich getrennt. Filmausschnitte aus ungewohnten Perspektiven (z.B. *Close-up*) boten eine weitere Darstellungsebene und eine Brechung gewohnter Wahrnehmungsmuster. Der Reiz entstand aus der Gegenüberstellung von menschlichem Körper und dessen medialer Repräsentation.

Auch das Publikum wurde oftmals Teil der Aktion und sah sich nicht nur der Verdoppelung der Künstlerin, sondern unter Umständen auch dem eigenen Abbild gegenüber. Das Videobild fungiert als ein Spiegelbild. Diese Selbstwahrnehmung wird zwar durch das Kameraauge fremdbestimmt, die Kamera ist Beobachterin, aber unter der Regie der Künstlerin. In *Isolation ist transparent*, einer Performance von 1973, die Rosenbach zuerst in New York zeigte, hing die Videokamera unter der Decke und übertrug die Aktion – bei der sich Rosenbach in ein Netz dicker weißer Seile einspann – auf einen Monitor in den durch eine semitransparente Folie abgeteilten Zuschauerraum. Rosenbach schreibt dazu:

»Isolation ist transparent manifestierte das Konzept meiner Video-Performance-Arbeit. [...] Die Zuschauer sahen mich agieren und gleichzeitig sahen sie die Videoaufnahme der Kamera von oben. Von einem Blickwinkel aus, den sie auf jeden Fall nicht in Persona einnehmen konnten – zwei gleichzeitige und verschiedene Ansichten einer Aktion.«[16]

Rosenbach war einerseits räumlich eingeschlossen, andererseits regten die Folie und die Bildübertragung Assoziationen medialer Rezeptionsweisen an. Rosenbachs teilweise entblößter Körper war *nur* durch eine getrübte Folie, durch eine Mattscheibe sichtbar, während die Bildübertragung *klar* auf einem Monitor zu sehen war.

In TANZ FÜR EINE FRAU von 1975 ist nur von oben das Bild einer sich drehenden Frau zu sehen, die sich zum bekannten Wiener Walzer *Ich tanze mit dir in den Himmel hinein*

---

15 Gerhard Glüher: »Performance and Body Art«, in ders. (Hg.): *Ulrike Rosenbach. Wege zur Medienkunst 1969–2004*, Köln 2005, S. 18–39, hier S. 24.
16 Rosenbach: »Videokunst und Performanceaktion im Werk von Ulrike Rosenbach«, a.a.O.

um die eigene Achse dreht, bis sie am Ende der Performance zusammenbricht. Aus dieser Perspektive sieht Rosenbach, die mit fliegenden weißen Tellerröcken bekleidet ist, wie eine drehende Scheibe aus, die leicht hin- und herschwankt. Die ständige Wiederholung erinnert an den meditativen Tanz der Derwische. Der Part des ›Du‹ im Text des Walzerliedes fehlt hier, wodurch der meditative Solotanz als bewusst ironische Interpretation einer klassischen Zweisamkeit im Walzer wirkt.[17]

Tanz für eine Frau ist eine jener starken Arbeiten von Rosenbach, in denen sie mittels Körperdarstellung und Bewegung zur Frauenbewegung der 1970er Jahre Stellung bezieht – die Frau kann/soll ihr Glück auch alleine in die Hand nehmen. Wulf Herzogenrath sieht in dieser Arbeit einerseits ein typisches Beispiel für ein formal strenges, konzeptuelles Werk der 1970er Jahre, andererseits kann diese »Konzept-Arbeit [...] als ein gesellschaftspolitisches Manifest gegen die Unterdrückung der Frau wirken.«[18] Von den erwähnten und vielen weiteren Aktionen mit Closed-Circuit-Technik wurde jeweils ein Videoband produziert, oder die Performance war als Grundlage für eine Videoarbeit geplant, so dass diese heute als Filme ein künstlerisches Eigenleben haben und als solche im Werkverzeichnis geführt werden.[19]

Als Bildhauerin setzt Ulrike Rosenbach besonders skulpturale Überlegungen in ihre Auseinandersetzung mit Raum und Zeit ein. Bewegung, teilweise langsam und oft repetitiv, wird vielfach am Ort wie eine sich bewegende Skulptur ausgeführt. Bewegung besteht in diesen Aktionen noch stärker als bei den Choreographien des Judson Church Theaters aus einfachsten Alltagshandlungen beziehungsweise bei Rosenbach aus einfachen Körperbewegungen wie Gesten einzelner Körperteile oder aus räumlich beschränkter tänzerischer oder improvisierter Bewegung wie das häufige Drehmotiv. Die Präsenz des Körpers wird akzentuiert, tritt in einen Dialog mit der Repräsentation im Bild und regt durch die mediale Variation zur Reflexion an. Rosenbach schätzt – Benjamins Theorie zur »Reproduzierbarkeit des Kunstwerks«[20] folgend – die einfache Handhabung des Videomediums, eines ›blanken Mediums‹, welches das Potential für eine Kunst für alle besitzt und »noch nicht von Männern geprägt [ist]: Es hat noch keine vorbelastete Kulturgeschichte.«[21] Rosenbach steht paradigmatisch am Anfang

---

17 Ein kurzer Ausschnitt ist zu sehen unter, http://www.medienkunstnetz.de/werke/tanz-fuer-1-frau/video/1/ (aufgerufen: 12.03.2013).
18 Glüher: Ulrike Rosenbach, a.a.O., S. 8.
19 Für eine Kurzbeschreibung der Videoarbeiten von Ulrike Rosenbach vgl. ebd., S. 216–229, chronologisches Werkverzeichnis S. 230.
20 Walter Benjamin: Das Kunstwerk im Zeitalter seiner technischen Reproduzierbarkeit (1936), Frankfurt a.M. 1963.
21 Wessels: »Zum Werk Ulrike Rosenbachs«, a.a.O.

eines intensiven Videoeinsatzes in Performance und Tanz, der nicht nur zu verschiedensten transmedialen Konzepten, sondern auch zu einer Öffnung und Ausweitung von Kunst und Kunstbegriff führt. Das Prinzip der gleichzeitigen Bildwiedergabe, das Spiel mit zeitlichen Verzögerungen und räumlichen Veränderungen ist ein für das elektronische Medium typisches Gestaltungsmittel, das auch im zeitgenössischen Tanz vielfach verwendet wird und die Bühnenchoreographie durch einen gezielten Medieneinsatz erweitern kann.

## ERIKA JANUNGER: (ANDROGYNE) KÖRPER IM RAUM

In WEIGHTLESS (2007) kombiniert die schwedische Möbeldesignerin und Innenarchitektin Erika Janunger die Elemente Architektur, Bewegung und Musik.[22] Der knapp siebenminütige Film beginnt mit Nahaufnahmen von blinkenden Glühbirnen an Kabeln. Erst auf den zweiten Blick fällt auf, dass diese an der rechten Wand ›liegen‹. In der zweiten Nahaufnahme baumeln sie quer durchs Bild – etwas stimmt nicht in der Raumwahrnehmung. Die dritte Einstellung zeigt eine Frau im Bett – nur der Kopf und ein Arm sind zwischen Laken zu sehen. Auf der Tonebene beginnt ein Sologesang. Die nächste Einstellung zeigt den gesamten Raum und die Tänzerin rollt sich aus dem Bett auf den Boden, stützt ihre Füße auf den Bettrand. Der Körper wirkt seltsam leicht, wenn sie in Rückenlage mit den Beinen wieder aufs Bett rutscht. Als sie mit den Zehen gegen die dunkle Wand tippt und diese sich als Wasserfläche entpuppt, wird deutlich, dass der Raum nicht unserer realen Raumwahrnehmung entspricht. Der Raumeffekt ist die im Titel des Films angekündigte Schwerelosigkeit.

Dieser Trick der Drehung des Raumes ist aus anderen Filmbeispielen bekannt, beispielsweise mit Fred Astaires ›Tanz an der Decke‹ im Filmmusical ROYAL WEDDING von 1951.

WEIGHTLESS reizt die Verkehrung der Raumdimension Oben-Unten in den beiden Szenographien von Schlaf- und Wohnzimmer auf gleiche Weise aus. Die eingefügten Nahaufnahmen der beiden Protagonistinnen sorgen vorübergehend für eine ›räumliche Erholung‹, vereinzelte Kameraeinstellungen aus einer leicht erhöhten Perspektive brechen die sonst dominanten zentralperspektivischen Aufnahmen, bevor in der nächsten Szene die Raumwirkung erneut unsere gewöhnliche Alltagserfahrung verunsichert. Die Tanzbewegungen sind langsam, den Raum erkundend; gleichzeitig

---

22 Das vollständige Video ist im Internet auf YouTube, http://www.youtube.com/watch?v=xXi1P4qXSxw und Vimeo, http://vimeo.com/39908415 zu finden (aufgerufen am 12.03.2013).

Abb. 3: Filmstill aus WEIGHTLESS (2007)

verlangt die Choreographie eine präzise auf den Raum eingehende Ausführung, um die Raumillusion zu unterstützen. Erst die Choreographie definiert die Raumwahrnehmung. Es erstaunt nicht, dass in Blogs und Kommentaren zu WEIGHTLESS immer wieder Irritation und gleichzeitige Verführung bewundernd beschrieben werden – einige geben zu, den Film mehrere Male angeschaut zu haben, denn es braucht eine starke kognitive Anstrengung, um alle Details der Effekte zu übersetzen und im Vergleich zu unserem Realitätssinn zu ›verstehen‹. Dadurch, dass die kognitive Übersetzung der Raumfiguration verlangsamt ist, ›verführt‹ dieser Tanzfilm zum Erlebnis Schwerelosigkeit. Das Videomedium, Szenographie und Kameraposition, stellen die Schwerkraft auf den Kopf respektive drehen diese in die Waagerechte. Dabei spielt die Geschlechtlichkeit der beiden Darstellerinnen keine Rolle. Der an die Stimme von Björk erinnernde Sologesang – Erika Janunger komponierte und interpretierte die Musik selbst und fügte sie nach der Fertigstellung des Films als drittes Element hinzu – beinhaltet ein zusätzliches narratives Angebot, eine Art Erzählerinnen-Stimme, die in Fragmenten Stimmungen von Schlaflosigkeit, Einsamkeit und die traumartige Illusion der Schwerelosigkeit im übertragenen Sinn eines verlorenen Bodens in einer Beziehung andeutet: »We lost ground and that broke both our hearts.«[23]

WEIGHTLESS ist kein Beispiel des Videotanzes, an dem eine spezifische Gender-Perspektive auffällt. Im Gegenteil – die beiden Frauen wirken eher androgyn, ihre Körper verbinden sich mit der verschobenen Raumsituation. Genau diese Geschlechtslosigkeit ist ein Kennzeichen des zeitgenössischen Tanzes – im Sinne eines *undoing gender*, einer Geschlechteraufweichung in der Aufführung, unterstützen die Körper das Konzept von Bewegung und Raum und die spezifisch auf den medialen Effekt der 90-Grad-Raumdrehung entwickelte Choreographie.

---

23 http://www.lyricsmania.com/weightless_lyrics_erika_janunger.html (aufgerufen am 12.03.2013).

## RESÜMEE

Mit den besprochenen Beispielen werden unterschiedliche Konstellationen von Tanz und Medien in verschiedenen Epochen und Genres aufgezeigt und analysiert. Gender-Aspekte wurden dabei sowohl auf der Seite der Choreographie als auch auf der medialen Seite charakterisierbar. Im Frühen Film ist es vordergründig eine Subjekt-Objekt-Beziehung zwischen Kameramann und Tänzerin, in ANIMATED PICTURE STUDIO aber gebrochen durch den reflexiven Einsatz der Film-im-Film-Situationen. Germaine Dulac ist eine der wenigen Avantgardefrauen zur Zeit des Experimentalfilms, die als Regisseurin einem voyeuristischen Blick entgegenzuwirken versucht. Durch die Inszenierung der Figuren, den Blickwinkel der Kamera auf die Figuren und die durch die Kamera gelenkte Blickachse der Zuschauenden erprobt sie im Sinne der von Laura Mulveys Ende der 1970er Jahre begründeten feministischen Filmtheorie eine weibliche Filmsprache.[24] Emotionen und innere Zustände werden zudem mittels Rhythmus und Bewegung auf beiden Seiten von Körper und Kamera visualisiert. Ulrike Rosenbach wählt das Medium Video als künstlerisches Mittel, um dem weiblichen Körper eine zusätzliche mediale Perspektive anzufügen. Sie bricht Blickgewohnheiten und formuliert über die choreographische Konstellation von Körper und Video feministische Anliegen. Erika Janungers Videotanz schließlich steht stellvertretend für Beispiele des zeitgenössischen Tanzes, in denen Geschlechtergrenzen überwunden, ein androgyner Typ Frau auftritt und keine einem männlichen oder weiblichen Blick verbundene Genderposition vermittelt wird. Die Geschlechterdifferenz tritt zugunsten des choreographischen Konzepts in den Hintergrund, es wird eine Art neutrales Geschlecht etabliert. Ein solches ›drittes Geschlecht‹, wie dies auf politischer Ebene inzwischen in Ländern wie Australien oder Nepal Anerkennung gefunden hat, könnte zu neuen Zuschreibungen und Stereotypisierungen führen, auch wenn solche in diesem Werk nicht zu erkennen sind. Jenseits von Genderkategorien sind Körper und Bewegung in WEIGHTLESS zentrale Elemente der Mediengestaltung. Diese Choreographie für die Kamera verweist auf ein Potential des zeitgenössischen Tanzes: Dank einer undeutlichen Geschlechtszuschreibung werden der Körper und einfache Bewegungen – hier im Bezugsrahmen des medial etablierten Raumes – betont.

---

24 Vgl. Margreth Lünenborg und Tanja Maier (Hg.): *Gender Media Studies. Eine Einführung*, Konstanz u.a. 2013, S. 51f.

MAAIKE BLEEKER

PERFORMING *(I) LIVE*

In 1979, Dutch choreographer Hans van Manen created *Live*, a choreography for a female dancer, a cameraman, and a male dancer. *Live* stages transformations from live performance to media images, as well as the interaction between live performance and media. This interaction was the subject of Daniel AlmgrenRecén's *I Live* (2009), a creation in which he looks back and reflects on van Manen's *Live*. My text in turn looks back and reflects on both performances, in particular how the two stage the relationship between dance, media and gender. *Live*, I will argue, demonstrates Deleuze's point that the technology of cinema transforms how time and space emerge from, or take shape in our perceptual cognitive engagement with what we encounter. *I Live* presents an externalization of this principle. Furthermore, I will argue that *Live* and *I Live* can be considered examples of what André Lepecki describes as ›exhausting dance‹. These works are indicative of how modes of thinking brought about by media technology have been incorporated and have transformed our understanding of space, time and movement, including the kind of movement dance is, or can be, about. Finally, both *Live* and *I Live* draw attention to how these movements of thought, as generated by media technology, are gendered.

*LIVE*

From a contemporary point of view, *Live* may not look very technically impressive or spectacular, but the performance is most interesting as an early exploration of possibilities of media technology that nowadays have become integrated in our modes of thinking and imagining. *Live* demonstrates how the moving camera and montage mediate in how time and space take shape. Time and space, in Deleuze's understanding, are not given categories with fixed properties. Rather they emerge from or take shape in our perceptual cognitive engagement with what we encounter. In cinema, this happens as a result of how film is capable of taking us along through space and time as (re)organized by the moving camera and montage. The moving camera can show us space from constantly changing points of view. Montage allows cuts from one place and time to another. Through the moving camera and montage, cinema is not only

Abb. 1: Het Nationale Ballet in *Live* (1979) by Hans van Manen; with Coleen Davis and Henk van Dijk

able to show us images of movement – of moving bodies and things – but also to make movement part of how things are shown and understood.

In *Live*, the camera quite literally mediates the opening up of new spaces. Most of the performance takes place in other spaces than the actual auditorium. After approximately ten minutes, the dancer leaves the stage, crosses the seating area and exits the auditorium. The cameraman follows her and on screen we see his recordings of her in the foyer of the theatre, where she is shown dancing a duet with a male dancer. Later, the images on-screen cut to a rehearsal space in what looks like a flashback and finally to the world outside the theatre.

Camera and montage present the audience with views of space and of the dancer that are quite different from the perspective they have from their positions in the auditorium. They take the audience along into other spaces while also mediating what might be described as a multiplication of spaces within the auditorium. During

Abb. 2: Het Nationale Ballet in *Live* (1979) by Hans van Manen; with Coleen Davis

the duet between the dancer and the cameraman (the first ten minutes of the performance), video images shot by the cameraman are projected live on a huge screen at the back of the stage. These images show the dancer, who is also present live on stage, from different points of view than ours in the auditorium. These images, for example, make it possible to see her from the back and the front at the same time. In so doing, the video-images open up new, simultaneously existing perspectives within the performance space, thus undermining its unitary character. Space begins to appear as a multi-layered entity and we, the audience, face the challenge of making sense of the perspectives offered to us.

We are capable of doing so, according to Deleuze, because »all perception is primarily sensori-motor perception«.[1] Because of this centrality of sensori-motor perception we

---

1 Gilles Deleuze: *Cinema 1: The Movement-Image*, Minneapolis 1986, p. 64.

are able to make sense of images of space as presented to us by cinema in relation to a specific point of view. This point of view is not where our bodies actually are but the point of view that can be deduced from the image. By deducing this point of view we are able to follow the movement of the camera, as well as go along with the cuts and jumps as they are part of the montage. For example, the audience in *Live* is sitting in the auditorium and watching the images of the dancer produced on stage. The images shot by the cameraman show the dancer from a constantly shifting point of view. They place the audience in constantly changing relationships to the dancer as a result of which on-screen space unfolds in relation to points of view very different from their position in the auditorium. This potential of cinema to mediate new modes of unfolding space and time is, according to Deleuze, crucial to how cinema opens up new modes of thinking and imagining.[2]

## I LIVE

In 2009, Daniel AlmgrenRecén created a remake of van Manen's *Live* which he titled *I Live*. His creation analyses the relationship between movement and media in *Live* and draws attention to precisely these aspects of the choreography: how the choreography of *Live* consists not only – and not first and foremost – of the movements of a dancing body on stage, but also of movement generated through media. More than looking back at *Live* and playfully exploring its construction, *I Live* demonstrates how theatre can be used to explore the possibilities of media technologies and to investigate their implications. *I Live* is an example of the theatre as a hypermedium, as Chiel Kattenbelt[3] has argued, which provides the space for a self-conscious staging of media and sets the stage for intermedial explorations and experimentations with the performativity of media: how media bring into existence what they seem to represent.

---

2   The relationship between cinema, thinking and movement is the central subject of Deleuze's so-called Cinema Books: *Cinema 1: The Movement-Image* and *Cinema 2: The Time-Image*. In the introduction to *Cinema 1*, Deleuze states that the great directors of cinema have to be compared with thinkers. These thinkers »think with movement-images and time-images instead of concepts«. Deleuze: *Cinema 1: The Movement-Image*, op.cit., p. 14. Through their work they have changed our understanding of time and space. These changes are not, or not in the first place, how time and space are represented but result from how the technology of cinema mediates new modes of enacting perception.
3   Chiel Kattenbelt: »Intermediality in Performance and as Mode of Performativity«, in: Sarah Bay-Cheng e.g. (ed.): *Mapping Intermediality in Performance*, Amsterdam 2011, p. 29–37.

Abb. 3: *I Live* (2009) by Daniel AlmgrenRecén; with Bojana Mladenovic and Daniel AlmgrenRecén

What is important here is that AlmgrenRecén did not use a recording of the performance as his source, but instead used the recordings of the dancer shot by the cameraman during the performance. This means he had to reconstruct where the dancer and the cameraman were relative to each other and relative to the audience from the images showing the dancer as seen from the point of view of the cameraman. The performance starts with AlmgrenRecén marking positions in space while we hear a sound recording of him and one of the dancers who once performed the part. Together they try to work out the spatial relationships between her, the cameraman and the audience at each moment of the recording. His recreation thus highlights how the choreography of *Live* is not merely a matter of the movements of the dancer (shown in the images) but also of the constantly shifting relationships between the dancer, the cameraman and the point of view provided by the images shot by the camera.

Deducing these relationships from the recorded images, AlmgrenRecén's behavior presents an externalization of Deleuze's explanation of how time and space unfold through our bodily engagement with cinematic images. He literally reconstructs the relationship between the dancer, the point of view from where she is seen by the camera and how both were positioned in space in relation to the audience. He achieves this through the recorded images which take the viewer along in movements generated through the points of view presented by the mobile camera. In doing so, he draws attention to how the choreography of *Live* is not only a matter of the movements performed by the dancer and the cameraman but also consists of movement generated by technology. While movement on stage is, to speak with Lepecki, ›exhausted‹, other kinds of movement generated by technology become more prominently part of the choreography.

## EXHAUSTING DANCE

Lepecki proposes his idea of »*Exhausting Dance*«[4] in a book with the same title, in which he discusses the work by contemporary choreographers like Juan Domínguez and Xavier Le Roy (in chapter two), Jerôme Bel (in chapter three), Trisha Brown and La Ribot (in chapter four) and Vera Mantero (in chapter six). Their works do not often look like dance as we think we know it. Movement in their performances is not necessarily dance-like and sometimes it happens that there is hardly any movement at all. Lepecki proposes to understand their work in terms of how they exhaust what is often considered to be the ontological ground of dance, namely movement[5].

Lepecki observes that the assumption that dance's essence and nature is to be found in the movements executed by bodies on stage is actually a fairly recent invention. It was only in the 1930s that the ontological identification of dance with uninterrupted movement is articulated as an inescapable demand for any choreographic project. He points out that this is when John Martin argues that actual substance of dance is to be found to be movement.[6] It is at this moment that dance becomes equated with the movements of the dancing body. This supposed essence of dance is questioned when late 20th century choreographers, in dialogue with post-structuralist thinkers and building on the work of a previous generation of critical avant-garde artists, exhaust the implications of what constitutes the rule of the game of Western theatrical dance.

---

4   André Lepecki: *Exhausting Dance. Performance and the Politics of Movement*, New York i.a. 2006.
5   Ibid., p. 1–18.
6   Ibid.

Lepecki frames the transformations in dance in terms of an exhausting of dance as movement. Looking at *Live* and *I Live*, I wonder whether it would be possible to conceive of these transformations as indicative of a change in the understanding of the kind of movement choreography is about. This change in the understanding of what movement may entail a further shift in exploring how dance may relate to movement in performing it, exploring it, and reflecting on it. What if we conceive of these transformations of dance practice not in terms of a renunciation of movement but as the articulation of a different understanding of movement, a different way of thinking movement and of thinking about the relationship between thinking and movement?

*Live* presents an interesting example here because a decrease of the importance of dance movement performed by bodies on stage goes along with an increase of another type of movement, namely the movement engendered by camera movement and montage. There is definitely dance movement in *Live*, which makes Van Manen's creation by far not as extreme as some of Lepecki's examples of exhausting dance. However, it is important to keep in mind that *Live* was created as early as 1979 and not for an experimental avant-garde dance company, but for the Dutch National Ballet. *Live* premiered in what was the biggest theatre venue in Amsterdam at the time: Theater Carré. Coleen Davis was a spectacular dancer and her movements in *Live* are a pleasure to watch. Yet the power and sophistication of the performance is not in the first place a matter of her virtuoso dance movement. Rather, it lies in the mode of interaction between dancer and camera and in how the mediatization takes us along in a choreography of spaces and positions. At least as important as the movement of the dancer are the movements of the camera. These camera movements mediate the opening up of other spaces within the space of the performance in the ›here and now‹.

In *Live*, the moving camera and montage mediate the unfoldings of space and time different from those provided by the fixed point of view and stable space-time continuum that are characteristic of theatre. *I Live* deconstructs and analyses how this happens. It shows how in *Live* dance and media meet each other in a move away from movement shown on screen or on stage, towards movement as generated in the interaction between a viewer and that what this viewer sees on stage or in the media images. *I Live* thus draws attention to movement as it is part of how we, viewers, are addressed by the performance and how we respond to this address. It also draws attention to the fact that what we are confronted with makes us think. In this performance, it is not the dancing that is the thinking, but rather the way in which this performance stages an interaction between a dancer and the possibilities of mediatization which may be called an articulation of thinking: thinking from the perspective of dance.

## STAGING LIVENESS

The technologies of video recording and direct projection used in *Live* have by now become so much part of our daily life that it is hard to imagine the impact they made in 1979. Interesting in this respect is the response of the audience to the opening moments of the performance. At the very beginning of *Live*, the cameraman on stage films a single row of audience seated in the auditorium. The images of the audience members, portrayed one by one, are projected on a huge screen at the back of the stage. I attended the world premiere of *Live* as a ten-year-old girl and I still remember very well the tremendous impact made by these enormously enlarged real-time video portraits of people actually sitting around you. This was fascinating but also a cause for anxiety, in particular when I realized that the people I was seeing were sitting only a couple of seats to my left and that the camera was moving slowly towards me until I eventually saw myself on screen.

Since 1979, *Live* has been restaged several times and over time the response of the audience to this opening gesture has changed dramatically. Audience members have become more comfortable with the situation of being filmed while the result is shown on the spot. Later audiences have developed ways of responding. They smile in recognition or wave to the camera. Many of them seem to enjoy the experience and show themselves proudly. What remains, however, is how this dramaturgical strategy establishes the liveness of the images projected. It tells us: what you see is live. Thus liveness is established by the camera, by mediatization. The performance shows how recording technology is constitutive of liveness. As Philip Auslander observes, »the live is actually an effect« of mediatization, not the other way round«.[7] This is also what van Manen's *Live* suggests. *Live* stages the transformation from live dance performance into media images and stages this as a duet – a duet that produces the media images and at the very same time produces the liveness of the dancer on stage. Before the intervention of the camera, dance was already live in that it happened right here and right now in front of our eyes. However, it is only when the camera enters that it becomes *Live*.

---

7   Philip Auslander: *Liveness. Performance in a Mediatized Culture*, London i.a. 1999, p. 51.

## GENDERED VISIONS

*Live* stages the transformation of live dance into media images along well-known gender lines. The female dancer is the object of the camera eye, an eye that is literally gazing at her from a male point of view. The cameraman is the voyeur who looks at her while he himself remains largely outside the circle of light surrounding her. Being placed in the dark, dressed in black coveralls, he carries the camera on his shoulders, which hides his face. Meanwhile all attention is directed towards the female dancer and her image. She is excessively visible, both on stage and in the greatly enlarged projected image on a huge screen at the back of the stage. While he is looking at her through the camera, we see her as an object being looked at, both on stage and in the projection.

In AlmgrenRecén's remake *I Live*, the situation is the opposite with regard to gender. Now it is a male dancer who is the object of the eye of the camera and it is a woman holding the camera. Instead of the large apparatus carried by the cameraman on his shoulder in *Live*, she uses a small handheld camera which she holds away from her face. The result is not only that her face is fully visible (instead of hidden behind the camera), but also that the camera is shown to be an object featured in a triangular relationship. Unlike the situation in *Live*, the camerawoman in *I Live* does not look at the dancer through the camera but instead she looks directly at him and at the little screen on the camera she is holding in her hand. The dancer looks equally at both the camera and the camerawoman. Together and through their interaction they produce images of the dancer that, as we will see later, equal those produced by the cameraman in *Live*. This creative interaction between dancer, cameraperson and camera is further highlighted by the fact that the camerawoman is not put in the dark as opposed to the dancer in the light. Dressed in light coloured coveralls she is equally visible.

In *I Live* the images recorded are not shown simultaneously during the process of recording, but only afterwards. *I Live* thus redirects attention from a comparison of the live presence of the dancer and the image of her captured by the camera, towards the interaction taking place on stage between the dancer, camerawoman and camera. In *Live* there is interaction between the dancer and the cameraman too. For instance, there are moments where she seems to tease and challenge him: she walks away from him and shuts down the lens. However, in this interaction, the camera and cameraman seem to blend into one unit. Being the invisible agent behind the camera, the cameraman's vision and the gaze of the camera seem to be the same. In *I Live*, on the other hand, the apparent visibility of the camerawoman and the small handheld camera allows for a clear distinction to be made between the camera and the person holding the camera. AlmgrenRecén interacts with both the camera and with the camerawoman. The interaction with the camerawoman is about their relative positions in space and draws attention to how the recording takes us along a succession of points of view from where he will be seen. This interaction can be distinguished from the interaction of AlmgrenRecén with the camera, which draws attention to how he uses the camera for his own self-staging, for a staging of himself as to-be-looked-at.

Not showing the images simultaneously as they are recorded, AlmgrenRecén's remake of *Live* invites a different mode of looking at these images. Instead of highlighting their liveness, he redirects our attention to the effect these images have on us. To put it differently, instead of inviting us to read these images in terms of their liveness (the kind of reading invited by the opening gesture of *Live*), his performance invites us to first look at the interaction between the dancer, the cameraperson and the camera. Secondly it invites us to look at the interaction between the dancer and the image produced by the camera and to how this interaction places the dancer not only in the position of an object-being-seen but also of a subject seeing. This distinction invites us to look again at some of the images produced in *Live* and to make two distinctions there. The first distinction is the staging of the relationship between the male cameraman as voyeur in the dark vs. the female object of his camera eye, whereas the second is the interaction between the female dancer and her image.

This happens, for example, when after his duet with the camerawoman, AlmgrenRecén starts a recording of the original images shot by the cameraman in *Live* on a TV monitor. At one point he stops the recording and starts a projection (on the back wall of the stage) of the images recorded of himself during the duet we saw moments before. He sets out to synchronize the two recordings, starting from the moment in which the dancer in *Live* very explicitly engages with the image of her own body. She is standing with her back to the audience and with the camera in front of her. The camera zooms in (almost to a close up) and on screen we see what remains invisible to us on stage. We are able to see how the dancer touches her own face and body while looking at her image. She does this in a way that suggests that she is taking pleasure in what she sees. In doing so, she herself uses the camera to stage (parts of) her body as an object-to-be-seen. This happens, for example, when the camera first follows the movement of her hand, then turns into a close up of the hand and subsequently focuses on the delicate movements performed by this hand.

Drawing our attention to this moment, *I Live* invites us to take a closer look at aspects of how *Live* stages the interaction between the female dancer and the camera.

Whereas at first this relationship as staged in *Live* may look like an illustration of Mulvey's famous analysis of cinematic pleasure in classical Hollywood films, a closer look reveals that the interaction as staged here actually points towards transformations that imply a move away from the staging of the gaze as analysed by Mulvey. Anneke Smelik observes that these transformations manifest themselves in new types of visual pleasure provided by media images, images that allow for new types of identification.[8] At the beginning of the 21th century, the voyeuristic gaze is still prominently present in advertising, fashion photography and music videos. However, Smelik also observes that voyeurism is less directed through the ›male gaze‹ and spectators are not necessarily put in the position of looking along with a male character. Furthermore, the phenomenon of the voyeuristic gaze has been extended to the male body that likewise is objectified and eroticized in films, advertising, fashion and soap operas. The result is that both male and female viewers are now in the position of enjoying the image as an erotic spectacle. The *fetishization* of both the female and the male body has strongly increased. According to Smelik, new visualizations of the female body allow the female spectator a different type of visual pleasure. Films like Lara Croft and Kill Bill allow female spectators to identify with the ideal image of a woman who has power and agency and is also beautiful, attractive and independent. This is not only a matter of the construction of the narrative, but also of how the female star is shown to be in charge of her to-be-looked-at-ness. Smelik observes that »in this respect, Lara Croft fits the trend of contemporary representations of female (and also of male) beauty of film or pop stars that serve a narcissistic rather than voyeuristic gaze: think of Madonna, for example.«[9]

The sequence of images of the dancer touching herself and playing with the images of the movements of her hand in *Live* can be read as precisely this new kind of visual spectacle of to-be-looked-at-ness. This spectacle is not staged for the pleasure of the traditional voyeuristic male gaze. What we see is the female dancer using the camera to stage herself for her pleasure and, by extension, for the visual pleasure of a different kind of viewer. While here it is staged to be looked at, her body cannot be categorized as that of classical beauty. It is interesting to note Smelik's observations on how the kind of body that is fetishized by the camera has changed dramatically during the past decades. Nowadays, »male and female stars are not only expected to

---

[8] Anneke Smelik: »Lara Croft, Kill Bill and the battle for theory in feminist film studies«, in: Rosemarie Buikema, Iris van der Tuin (ed.): *Doing Gender in Media, Art and Culture*, London i.a. 2007, p. 178–192.
[9] Ibid., p. 185.

be beautiful but they also have to be super thin and super fit.«[10] This has its drawbacks. »In a culture that celebrates youth, fitness, and beauty by presenting perfect models in digitally manipulated images, the ideal image is becoming increasingly unattainable.«[11] Think, for example, of Lara Croft. At the same time, other developments can be seen in different types of images. Here, Uma Thurman in KILL BILL may serve as an example. »Uma Thurman has a slim and fit body that meets the contemporary norms for the blond beauty. But she is never an object of the voyeuristic gaze like Lara.«[12] Slim and fit is of course what all professional ballet dancers are by definition. Nevertheless, the specific characteristics of the dancer who originally danced *Live* and whose images are shown in *I Live* (Coleen Davis) compare in interesting ways to Uma Thurman. Just as Uma Thurman is exceptionally tall, skinny and angular compared to the more mainstream female film star beauty, Davis was exceptionally tall, skinny and angular for a ballerina. Like Thurman who is not a classically beautiful film star, Davis was not a classically beautiful ballerina. Like Thurman, she had a unique and exceptional stage presence that was unrelated to an eroticization of her body. More than the other dancers who performed *Live* after her, Davis gave the impression of controlling the camera for her own pleasure.

## IMAGES GENERATING MOVEMENT

In *I Live*, AlmgrenRecén synchronizes the recording of his own performance with the images of Coleen Davis shot by the cameraman in *Live* and then sits down on the floor in front of the audience to join in looking at both. We are thus invited to watch with him the combination of the two recordings: of Coleen Davis staging her to-be-looked-at-ness in *Live* and his remake of these images in *I Live*. That is, we look together with him at the recording of his reenactment of her taking pleasure in the staging of her own to-be-looked-at-ness. The performance thus stages AlmgrenRecén's own to-be-looked-at-ness literally as becoming the object of his own look, a look we are invited to share with him.

After the sequence has finished in the original recordings, Coleen Davis turns around and walks away. In *I Live* AlmgrenRecén gets up and walks away from the audience in a movement that seem to mimic hers. At this moment the projection on

**10** Ibid., p. 182.
**11** Ibid., p. 185.
**12** Ibid.

the back wall no longer shows the images of him but those of the audience. It is the end of the performance. This final gesture mirrors the opening gesture of *Live* and it is characteristic in how the construction of *I Live* reads as a deconstructive reversal of the construction of *Live*. The live recorded images of the audience at the very beginning of *Live* put the audience in the position as witnesses to the production of images live in the ›here and now‹. It draws attention to the relationship between the camera and the images projected at the back of the stage. In doing so, the opening gesture highlights how we are doubly positioned as viewers: looking at the stage and looking at what the camera is looking at. The play with this double positioning is a recurring motif in *Live*. We look at the dancer, we look at the image of the dancer as seen by the camera and we look at the dancer looking at how she is seen by the camera.

Whereas *Live* guides the audience to look at how the dance produces the image projected on the huge screen at the back, *I Live* takes these images as the starting point and redirects attention to the interaction between images and viewers. *I Live* draws attention to how media technology affords new modes of interaction with images and how this in its turn affords new modes of self-staging, allowing new identities to emerge. In this context, gender cannot be understood in terms of someone being either the subject or the object of a mediatized gaze. Rather, media technology becomes a means of renegotiating modes of looking at bodies and how they appear as both subjects looking and objects being seen.

# SUSAN LEIGH FOSTER

## PERFORMING AUTHENTICITY AND THE GENDERED LABOR OF DANCE

In the U.S. one can witness a recent explosion of dance on television, from sitcoms that focus on families whose children take ballet lessons to reality shows about dancers' lives to spectacles that feature dance performed in many genres harnessed to enflame celebratory competition among contestants. All these shows present two kinds of choreography: one that is featured in the dancing itself and one that is accomplished through the framing created by the camera and the post-performance editing. Regardless of the type of dancing that is being performed, the camera angles and the editing transform the dancing into an altogether different genre and experience of dance.

Along with this profusion of televised dance shows, there has been a subtle shift in dance's relation to labor. As recently as twenty years ago, dance was most often located as either an artistic pursuit whose economy lay outside and beyond the world of conventional commerce, or alternatively, as a form of pleasure that diverted or replenished the laboring body. Now, dance is itself frequently validated as a form of labor, and dancers' efforts to perform to their maximum are seen alongside a range of other commitments that manufacture an authentic dedication to work. This essay looks specifically at one such example of this new construction of dance as a form of labor, the immensely popular and globally circulating series So You Think You Can Dance? I will focus especially on how this show constructs its version of dance as a hyper-authentic pursuit and analyze the ways that gender plays into this construction.

Currently showing in 23 different countries, So You Think is a television franchise that in its first season in 2005 attracted over ten million viewers. Although subsequent ratings in the U.S. have declined, the show continues to enjoy wide-spread popularity, averaging six million viewers in 2010 and 4.16 million in its most recent season. Created by British producers Simon Fuller (who also created the Idol television franchise) and Nigel Lythgoe (producer of the *Idol* series and also one of the judges on So You Think), the show begins the season with an overview documentary of auditions held in various cities. On each subsequent episode dancers compete in a variety of dance genres such as hip-hop, tango, and expressive, and they are slowly eliminated by a panel of judges, some guest and others consistent throughout the season. Each episode consists of the dancers' performances and also footage of their rehearsals and short, intimate autobiographical portraits of them talking about their lives.

Along with several other televised dance competitions, including THE ULTIMATE DANCE BATTLE, LIVE TO DANCE/GOT TO DANCE, AMERICA'S BEST DANCE CREW, DANCING WITH THE STARS, and SUPERSTARS OF DANCE, SO YOU THINK brings dance to entirely new audiences across a range of class and ethnic affiliations. Not only do millions of viewers watch these shows, but there is also a large community of on-line spectators who engage in intense post-performance conversations about the dancers' abilities and the judges' decisions. Debate ranges among topics such as the potential racial bias of the judges and their homophobia as well as the difference between choreography and performance, with most comments focusing on the hard work of the dancers and their willingness to give everything they have to their performance.

## DANCE AS AFFECTIVE LABOR

The phrases dance as labor, or the labor of dance are at one level oxymoronic, especially when comparing their stereotypic representations: labor is alienated whereas dance is completely engaged; labor is productive, that is, it produces things whereas dance is non-productive and vanishes as it is performed; labor is useful unlike dance which is not useful; and labor is hard and dull unlike dance which is easy, spontaneous, sexy, and fun. However, new developments in the organization of the work place and new theorizations of the nature of labor within the global economy may make it possible to think productively about what it would mean to approach dance as a form of labor and also to envision what dance can say about the act of laboring that might help us to understand better what work is.

A variety of scholars who are investigating new work practices in an effort to extend and expand Marx's theories of labor agree that in the first-world, especially, we have moved from a Fordist model of workplace organization to what is sometimes called a Toyotaist model.[1] In the Fordist model, which prevailed throughout the first half of the twentieth century, people generally made things, organized according to the most efficient production line models for how to assemble a product. The market received a standard number of these products based on estimates of demand. In contrast, the Toyotaist model places much more emphasis on the interface between producer and

---

1 See, for example Maurizio Lazzarato: »Immaterial Labor«, in: Paolo Virno and Michael Hardt (eds): *Radical Thought in Italy*, Minneapolis 1996; Paolo Virno: *A Grammar of the Multitude: For an Analysis of Contemporary Forms of Life*, Los Angeles 2003; Michael Hardt: »Affective Labor«, in: *Boundary 2*, Vol. 26, No. 2, Summer 1999.

consumer, with a closer attention to customizing orders and anticipating desire for variations and alternatives. Factories no longer issue a standard number of products but instead retain almost no inventory in order to remain flexible and sensitive to consumers' changing demands. Companies work at generating demand as well as meeting it by devoting added resources to the process of creating demand for a product.[2]

As part of this shift, companies not only allocate more resources to interfacing with the public, but they also ask of their employees a different level and quality of engagement with the company. In the Fordist model, employees were often treated like machines, but their private life, consisting in their leisure time and their passions and beliefs were not affected. In the Toyotaist model, employees are asked to contribute more than physical labor; they are required to innovate, make decisions, and work effectively as a team. As a result, they do not leave work and come home, but instead continue to work at some level nonstop. The fact that workers are being asked to contribute collectively to the production of goods and services has begun to reweave the fabric of the social, from one based in the distinction between public and private spaces to one in which networks of associations and the advantages they may offer to move ahead now function as the organizing force in most daily interactions. As Michael Hardt and Antonio Negri describe it, we have transitioned from a society in which there are factories to a factory society in which the entire social performs as a factory.[3]

Within first-world economies, not only has the Toyotaist model come to dominate material production, but new technologies and services have been introduced such that now a vast portion of the work force is engaged in what is being called ›immaterial‹ and ›affective‹ labor.[4] Industries employing immaterial labor include advertising, entertainment, tourism, software, and health and fitness, to name but a few. Some of these sectors include a large number of jobs devoted to making the customer feel better. Concomitant with these changes in first-world economies, as Boltanski and Chiapello argue, we are experiencing a deep longing for the authentic. Society

---

2   As Lazzarato observes, the goal within the new model is to construct the consumer as active, to satisfy but also establish demand. See Lazzarato »Immaterial Labor«, in: *Radical Thought in Italy*, op.cit.
3   Michael Hardt and Antonio Negri: *Labor of Dyonisus: A Critique of the State Form*, Minneapolis 1994.
4   See, for example Lazzarato: »Immaterial Labor«, in: *Radical Thought in Italy*, op.cit.; Hardt: »Affective Labor«, in: *Boundary 2*, op.cit.; Virno: *A Grammar of the Multitude: For an Analysis of Contemporary Forms of Life*, op.cit.; Anthony Iles and Marina Vishmidt: »Work, Work Your Thoughts, and Therein See a Siege«, in: Benjamin Noys (ed.): *Communization and its Discontents: Contestation, Critique, and Contemporary Struggles*, New York 2011, p.131–156.

is marked by a shortening of lengths of relationships, fragility of employment, a disappointment of aspirations, and a crumbling of social bonds. There is a pervasive inability to project oneself into the future. The marketplace is glutted with goods and services, resulting in a sense that everybody is selling something, and everybody is buying the same thing. There is nothing individual anymore; everything is the same and hence everyone's desire for it is also the same. Initially, capitalism's response to this phenomenon, called massification, was to personalize goods and services more; to shorten the life-span of goods, and to invade domains, such as tourism and personal fitness, that had not yet been commodified. But this has resulted not only in a constant need for new sources of authenticity but also a genuine anomie or cultural malaise around the impossibility of the authentic. As Iles and Vishmidt note, »All labor has become aesthetic self-creation and, at the same time, formerly unalienated activities have been subsumed by capitalist social relations as never before.«[5] The current longing for and lack of belief in the authentic is also the result of the fact that there are no unmotivated personal relationships. There has been an erosion of a distinction between the personal (operating under a sign of non-interest) and the professional (operating under a sign of interest).[6] Facebook, with its opportunities for self-fashioning and for creating communities around ›liking‹ and ›disliking‹, is a kind of technological embodiment of this erosion as is, equally, the use of human plants (individuals masquerading as normal citizens who promote specific events and commodities) to advertise products. There is an urgent need for relationships based on trust, but this is simultaneously compromised by the potential for relationships to generate networks of profits.

The recent explosion of televised dance spectacles can be seen as located within and also as providing a response to this transformation of labor practices. These shows perform immaterial labor insofar as they create entertainment, offer an opportunity to network through blogging and in some cases voting on the performances. They also lubricate the passage from the danced segments to the advertisements that regularly punctuate the show. In the edits that alternate among studio rehearsal, live performance, and audience response, the shows also put forward a strong work ethic. They valorize improvement at dancing by focusing on the difficulties of learning new

---

5   Anthony Iles and Marina Vishmidt: »Work, Work Your Thoughts, and Therein See a Siege«, in: *Communization and its Discontents: Contestation, Critique, and Contemporary Struggles*, op.cit., p. 132.
6   Luc Boltanski and Eve Chiapello: *The New Spirit of Capitalism*, New York 2005, p. 456.

routines and orienting the judges' comments towards any noticeable expansion of technical and performance skills.

Unlike other forms of competition, however, these dance spectacles do something more. Through the medium of dancing, long associated with an emotional investment in self-expression and with expressing an emotional self, these performances produce a hyper-authenticity. Each dancer gives his or her all, emotionally and physically, as documented through the camera's ability to shoot from underneath the jump in order to give it added height, to travel at rapid speed in order to show the force of the dancer's trajectory through space, and to zoom in on the teary or joyous face of the dancer, moved by the fervency of his or her own performance.

Thus, not only the labor of the dancer but also his or her dedication to dancing are commandeered by the show's format. The dancer's eager willingness to persevere as well as his or her faith in dance itself are commodified through the relentless repetition of the types of dances performed and the types of comments offered in response. For So You Think each dancer's style and approach are initially unique, and when they audition for the series, they are selected on the basis of their own choreography and performance. What counts is not only their fervent dedication to dancing and their potential to excel in terms of virtuoso performance, but also the originality of their presentation. However, once they are accepted into the competition, they all receive the same training in the same genres of dance, and perform the same sorts of routines.[7] Furthermore, what they learn to perform are partner dances rather than the solos that they originally submitted for consideration.

All this is vividly and succinctly illustrated in the 90-minute overview of auditions for the 9th season of So You Think available from Fox online.[8] Each of the contestants that is accepted into the competition shows a remarkable talent at exploring his or her own version of dancing, including one dancer who devised a genre he calls ›exorcist style‹, and which he describes as drawing out of the viewers all the hate and suffering that they feel in their lives, and, through processing it within his own body, he transforms it into a benign energy that he returns to the theater. His performance

---

7   According to Lythgoe, tap will never prevail as a standard genre for competition on So You Think because there is not a sufficient number of practitioners for it to be generally accessible, thereby assuring that a tap dancer would never get to do their own style in the finals. This belies an underlying contradiction of the program that all dancers should be good at every (designated) genre, but they must also truly excel in their own principal training regimen. »So You Think You Can Dance: Nigel Lythgoe talks tap«, http://www.youtube.com/watch?v=WCxeaLwMUuQ (Accessed February 13th, 2013).
8   So You Think You Can Dance, 9th Season, http://www.youtube.com/watch?v=yAWgDfr2FHY (Accessed February 13th, 2013).

at the audition reduced judge Mary Murphy to tears and prompted Nigel Lythgoe to announce that he didn't care what the other judges thought; he would personally pay for the dancer's ticket to Las Vegas, where the competition was being held. At the end of this and each successful dancer's audition, however, the dancer, with airplane ticket in hand, explodes out the door towards the camera in a display of ebullient enthusiasm, proclaiming loudly, »I'm going to Vegas!« What had been utterly unique is already transformed into a standardized routine infused with the hyper-authentic personal enthusiasm of each dancer.

Once the dancers enter into the regimen of preparation for the show, their skill at learning choreography, rather than creating it, becomes paramount. Those who advance in the competition must show elegance of lines plus passionateness and also a marked growth in skills at dancing and performing. Those who have ›grown the most‹ have a better chance of continuing in the series than those who do not. Thus the remarkable uniqueness and individuality with which they entered the audition process are steadily replaced by sameness, and yet the sameness demands a constant suffusion of the individual's earnest commitment to dancing. The popularity of the show is thereby secured through this commodification of authenticity that results from the earnest hard work of the dancers.

## THE NEW INDUSTRIAL BODY

I see So You Think as part of a larger trend in dance these days that is cultivating what I call the industrial body. Although economists argue convincingly that we are living in a post-industrial economy, I want to underscore the body's participation in the production of affective labor by naming its work after the entertainment conglomerates that produce it, known affectionately here in Hollywood (where I live) as ›the industry‹. By categorizing these kinds of performances as industrial, I hope to underscore the complicity of media and performance in the manufacture of new forms of commodities.

The industrial body performs primarily on screen in music videos and in dance competitions, where it celebrates the assimilation of many local styles and flavors of dance into a homogeneous affirmation of youth and heterosexuality. The industrial body has acquired, with its expanding popularity, a more extensive training program, one that adapts quickly to new styles in fashion, movement, and activities in popular culture. Schooled in a mishmash of traditions, including hip-hop, Broadway jazz, and occasionally, ballet, gymnastics, tap, and martial arts, the industrial body is most concerned with its appearance from a front defined by the camera's position. Like its colleague the balletic body, it consults the mirror regularly and assiduously. Yet, where the balletic body thrives on sacrifice and the transcendence of pain produced during training, the industrial body energizes in response to the appeal of work and sweat. It revels in selling the illusive vitality that is promised when one buys something. Immensely popular world-wide, as the result of televised dance competitions, Bollywood and MTV presentations, and other kinds of danced spectacle, the industrial body is making strong inroads into conceptions of the value of dance as jubilant labor. [9]

The industrial body's center of gravity is located in the pelvis and close to the ground. Then the body is lifted up and out of that center by the demands of spectacle to be more extended and larger in every direction, but this body always takes with it a commitment to the low-down. Unlike the balletic body that endeavors to mask the amount of physical work that any move exacts from the body, the industrial body glows with the appetite to ›work it out‹. The balletic body endeavors to ›rise above‹ the effort entailed in dancing whereas the industrial body dives right in, reveling in that effort. For example, the industrial body typically ends its routine with a triumphant stance that signals accomplishment at having truly dedicated oneself to the dancing, and this sweaty, grinning, defiant finish always wins applause.

A second principle feature of the industrial body is the way that it foregrounds a highly gendered sexiness. Every move endeavors to put forward the sexual vitality of the dancers as an integral part of their identity and as an important motivation for dancing. Unlike the balletic body, that represses the sexual, obscuring desire within geometry, the industrial body revels in the display of its sexual appeal. Dancers' hands slide across their own flesh or that of their partners as if to emphasize and reinforce the sensuality of their bodies and their own willingness to explore it.

---

9   Consider, for example, the recent promotion material for *Sachoom*: »Motion IS, the all-dance musical that has been performed in Asia, Russia and the United Kingdom more than 2,000 times, and recently toured the U.S.«. According to the publicity, »it was the first Korean production presented at the opening ceremonies of the 2008 Edinburgh Festival Fringe, receiving international acclaim and an award nomination. Hip-hop, jazz, contemporary dance, break dancing and more combine with brilliant visual images and vibrant music to tell the story of three friends – birth, loves, dreams, hard-work and achievement. The performers' passion connects with all nationalities and ages.«
The emphasis here on hard work in combination with passion as a universal characteristic of dance is typical of the way that the industrial body is represented more generally. Performing Arts Live website, http://www.performingartslive.com/Events/2012-Korea-in-Motion-Dance-Musical-Sachoom-6142012145432 (Accessed March 13, 2013).

As a body that performs for a camera or as if a camera were present, the industrial body consistently orients forward, such that even when it turns to the side, its profile is emphasized as the silhouette of the body that can be seen from the front. The industrial body loves unison, has little interest in diagonals, prefers to do moves to one side and then the other in order to foreground their rhythmic intricacy, and it locates itself symmetrically in relation to others.

The industrial body assumes choreography to be the realization of the essence of a particular genre of dance. Something called ›contemporary‹ (which looks like lyrical jazz), along with hip-hop, tango, salsa, and jazz are the most frequently danced forms. There is an underlying assumption that these forms are waiting to be realized in individually brilliant ways. Choreographers who work for So You Think must fashion new routines for the dancers very quickly, given the weekly format of the competition, assessing the dancers' strengths and capabilities and how best to display these through an innovative version of one of the dance genres. So You Think, however, pays only modest attention to the choreographer's labor or original adaptations of the genre and instead focuses on the amount of work that goes into learning the new routine or a new genre of dance. Virtuosity thus becomes defined as the ability to be the most versatile in performing the essence of a range of forms or styles. The dancers are summoned to rise to the challenge of conquering all the technical demands of each genre.

On So You Think and probably more generally in industry dance, dancers manifest a combination of traditional and new gendered identities. Female dancers exhibit an impressive amount of strength and toughness, although they are still lifted, pivoted, and balanced by men who are frequently put in the service of displaying the female dancer's skill or passion. Because of the explicit focus on sexuality, of an exclusively heterosexual nature, female dancers frequently act out an aggressive appetite for sexual encounter, so much so that one of their main functions as dancers is to appear sexy and sexually available. In their other principle role, female dancers emote, most often acting out the immense joys or sorrows of being in a romantic relationship. The amount of ardor, dejection, longing, and dismay that they enact is incommensurate with their young age and the brevity of the two-minute dance in which all this emotion is revealed. Nonetheless, the performer's ability or inability to convince viewers of the authenticity of these states of feeling is frequently remarked upon by the judges.

Male dancers exhibit an increased flexibility almost on a par with that of the female dancers. They also enact moments of vulnerability and tenderness, staged fleetingly within the overall scenario of romantic desire and conquest. More with the male dancers than the female dancers, the question of one's sexual orientation looms large, given the men's careful grooming, attention to fashion, and relentless politeness and enthusiasm. Perhaps this is why Lythgoe, in particular, repeatedly admonishes male dancers for not being masculine or manly enough. Male dancers must appear assertive and in control of their female partners, and female dancers, although tough and street savvy, must ultimately bend to their partners' authority. All participants on So You Think, however, are required to sign contracts not to reveal their sexual orientation while participating on the show. Regardless of their sexual preferences, all dancers are drawn into a manic display of heteronormativity, one that relies on extremely traditional gendered behavior.

## DANCING AS TELEVISUAL PRESENCE

In her study of reality television, Misha Kavka argues that it delivers the possibility for an intersubjectivity, a sense of privacy, and the experience of presentism.[10] Reality television gathers viewers up into a community of engagement in which the domestic space of one's own home becomes intimately connected both to what is seen on the screen and by extension to the other households that are also watching the show. A sense of temporal closeness to the events on screen is achieved through the spatial proximity of the viewer to those events. Furthermore, the editing of shots from multiple camera angles dramatically expands the viewer's singular point of view, combining the different viewpoints so as to create, what Kavka calls, »a sense of omniscience for each viewer«.[11] The private space of one's own home is thereby linked to an all-seeing eye. Live television, whether taped or not, also provides the illusion of occurring in real time, as if the people are simply doing what they would be doing whether or not the cameras were on and viewers were watching.[12] So You Think capitalizes on the format of reality television by providing four distinct kinds of access to the competition. Close-up shots of the contestants, judges, and audience members offer special access to the feelings of each person. Audience members, in particular, many of whom are former contestants on the show, are always captured in moments of thrilled approbation and highly emotional response to what they have just seen onstage. Contestants are also filmed in rehearsal, combining footage of their efforts and even failures to execute a movement properly with voice-over commentary from

---

10 Misha Kavka: *Reality Television. Affect and Intimacy*, London 2008, p. 5.
11 Ibid., p. 7.
12 Ibid., p. 19.

the dancers themselves and the choreographer about the challenges of the piece and the capacities of the dancers. It is in these scenes that So You Think offers most directly what Kavka calls »the comfort and thrill of an intimacy with the ›ordinary‹ person, or a not-yet celebrity«.[13] In addition to these rehearsal shots, contestants are filmed speaking directly to the camera about their own desires and commitment to dancing. Seeming to occur in real time, these autobiographical reveries suture the viewer even closer to each dancer and construct a strong desire for that person to succeed. Finally, there is the filming of the actual dance performance in which the multiple cameras serve to boost the value of each moment in the choreography, whether it be the tight unison, the leaps and turns along the diagonal, or the emotional tenderness in a moment of partnering.

These four types of footage work synergistically to underscore the value of dance as hard work and the absolute necessity of remaining positive at all times. For example, even though the dancers are sometimes shown as failing to produce the desired choreography in rehearsal, this is followed directly by the footage of them succeeding in their performance of that same sequence during the competition. Their personal stories of travail likewise become connected to the audience members' faces full of enthralled admiration and endless empathic engagement displaying tears, surprise, and overwhelming admiration. Dance thereby becomes a medium of relentless positiveness. One's ability not to show disappointment is tied to being a beautiful dancer, and dance becomes a practice in which hard work pays off, even if there is only one final winner.

The editing of the different kinds of footage is so skillful that the show succeeds in setting up the premise that what one is watching is happening live. The cheering audience members and emcee, who welcomes television viewers back after each commercial, reinforce the suggestion that viewers are watching an evening at the theater. The rehearsal and autobiographical segments are tucked in to the narrative arc of the competition in such a way as to simply be a part of the evening's unfolding events. At the same time that the show offers this televisual presence, however, it also reiterates endlessly the same camera angles, shots, and edits. As a result, all the dances come to look remarkably similar to one another, and the progression of events feels routinized and repetitive, perhaps contributing to the steadily diminishing ratings that the show has received over the years.

---

[13] Ibid., p. 24.

## ALIENATED DANCING AND HYPER-AUTHENTICITY

Seen from a post-Marxist perspective, dancers on So You Think have agreed to participate in certain protocols and comportment that, in a sense, alienate them from the kind of creative participation in dancing that they evidenced during the auditions. Although the vast majority of contestants have trained extensively in industry genres of dance, they nonetheless audition with a routine that they have individually constructed. As willing entrepreneurs, they sell their labor at dancing for a chance at stardom, performing set choreographies and styles with the best technical virtuosity they can muster and the most passion they can act out. Although they function in the rewarding capacity of performer, executing the choreographer's vision, they, along with the choreographer, are subject to the disciplining syntax of the show as a televised spectacle. Each new dance is completed quickly, rehearsed efficiently, and presented in front of the lights and cameras that transform it into yet another performance rolling off the factory line. I would argue that in this process the dancers become increasingly estranged both from dancing and from their bodies. Then under the lights and gaze of the cameras, with the emotional audience looking on, they seem suddenly able to transcend that estrangement through the sheer effort they put into dancing. They re-connect with their bodies in the moment of performance only to return to the humdrum mechanics of rehearsing yet another routine afterwards. As a result, So You Think produces an addictive cycle of fulfillment and loss.

Regardless of their gender, dancers are required to display endless enthusiasm and boundless positiveness, despite the fact that they are competing with one another. Unlike a sports event, where an ethic of sportsmanly conduct informs athletes' responses to success and failure, the cheeriness affected by So You Think contestants belies the multiple contradictions that they must continuously negotiate: they are supposed to compete to the fullest; not be upset by judges' evaluations; support and cheer one another on, and be authentically enthusiastic the whole time, no matter what happens. As a result, they are never allowed to work through disappointment, to acknowledge wanting to beat out the other dancer, much less make evident the complicatedness of their relationships one to another. In this way, they re-produce the lack of distinction between motivated and unmotivated relationships that is pervasive in our culture, and indeed, they glamorize the ambiguity between the personal and the professional. They also reproduce heteronormative gender stereotypes, in which women's increased strength and toughness only serve to enhance further their role as sexual objects.

I find these demands on the dancers for a kind of emotional as well as physical labor in So You Think to be particularly disturbing, since they are masked over by the brilliant editing, the magnitude of the spectacle, and the sheer exuberance of the dancing. The promise that the show proffers – to share and rejoice in witnessing the triumph of jubilant labor – foments in the viewer the same cycle of addictive glee and subsequent alienation that marks the experience of the dancers. So You Think thus embodies at the same time that it creates the specific forms of pressure, estrangement, and spectacle that are characteristic of this late capitalist moment.

# III.

## DOING, DANCING AND PERFORMING GENDER
## ZUM WISSEN DER PRAXIS UND DES KÖRPERS

SUSANNE FOELLMER

UN/DOING GENDER
MARKIERUNGEN UND DEKONSTRUKTIONEN DER INSZENIERUNG VON
GESCHLECHT IN ZEITGENÖSSISCHEN TANZPERFORMANCES

In ihren Studien zur Konstruktion von Geschlecht stellt Judith Butler das performative Moment in der Bildung von Geschlechtsidentität in den Vordergrund ihrer Betrachtungen. Dabei sind die Strategien der Inszenierung im Sinne des Einübens und Wiederholens binärer, heteronormativer Geschlechterkonfigurationen ein zentraler Bestandteil ihrer Theorie.[1] Theatralität dient hierbei als Modellbegriff, der die Hervorbringung von Gender konturiert. Die entsprechend formulierte Begrifflichkeit des »Drama[s]« allerdings erscheint kontrovers zur fundierten Darlegung einer Abwesenheit vorgängiger Identitäten.[2] Zeitgenössischer Tanz wiederum stellt oftmals die Praktiken und Bedingungen des Inszenierens von Körpern explizit auf den Prüfstand und unterläuft Weisen der Repräsentation normativer oder (körper-)bildlicher Gegebenheiten sowie gängige Rollenmodelle. Jene Strategien der Subversion theatraler Paradigmen ermöglichen dabei, so die These, auch eine Neuperspektivierung von Modi der Inszenierung von Geschlecht.

Seit einigen Jahren ist zudem die Frage nach Geschlechterkonstruktionen (wieder) vermehrt Thema in Aufführungen zumeist weiblicher Choreographen. Sie pendeln dabei zwischen ungewollten wie gewollten Markierungen von Geschlecht, etwa anhand der Erscheinung nackter Körper auf der Bühne einerseits oder im Rahmen von Strategien des Bekleidens andererseits und bedienen die gängigen Vorstellungen im Rahmen heteronormativer Strukturen beziehungsweise stellen diese gezielt aus und unterwandern sie, wie die folgenden Analysen zeigen sollen.

---

[1] Judith Butler: *Das Unbehagen der Geschlechter*, Frankfurt a.M. 1991, v.a. S. 198–208.
[2] Ebd., S. 206.

## GENDER-BILDER DES DAZWISCHEN[3]

Zwei nackte Torsi kauern auf der Bühne, der eine hinten rechts, auf der Seite liegend, der andere prominenter sitzend platziert in der Nähe der Bühnenkante vorne links. Beide verbergen Kopf und Beine, der Rücken zeigt zum Publikum, das den Blick auf die solcherart zum Rumpf reduzierten Körper konzentriert. Der sitzende Torso gerät allmählich in Bewegung: Die Wirbelsäule verschiebt sich zu den Seiten hin, langsam schlängelnd nach links und rechts. Nacheinander wandern Füße und Hände der Figur unter das Gesäß, um sich kurz darauf wieder vor dem abgewandten Bauch zu verbergen (Abb. 1). Anschließend klappen beide Oberschenkel zur Seite und erzeugen damit eine referenzielle Ähnlichkeit zu den für den zeitgenössischen Tanz nahezu schon als ikonographisch geltenden Torsomutationen aus Xavier Le Roys Stück *Self unfinished* (1998) (Abb. 2). In *other feature*, dem hier beschriebenen Stück der Wiener Choreographin Saskia Hölbling (2002), zeigen sich die transformierenden Körperkonfigurationen jedoch ›proportionierter‹, betrachtet man etwa die aufrecht sitzende Haltung näher, die nicht das Oberste nach unten kehrt, sowie die Beine, die dem Maß des Rückens folgen. Die in Le Roys Stück auffälligen Disproportionalitäten und Wahrnehmungsverschiebungen halten sich hier in Grenzen, da eine vollständige Verkehrung der körperlichen Ausrichtung in der Senkrechten nicht stattfindet.

Die aus der Anfangssektion von *other feature* entnommene Szene, die den Körper der Darstellerinnen in fragmentierten Figurationen zeigt, welche Le Roys inszenatorischen Strategien körperlicher Metamorphosen ähneln, rückt das Stück in ein ästhetisches Verweissystem von Musterungen oszillierender Verschiebungen anthropomorpher Grenzen, wie sie seit Ende der 1990er Jahre vermehrt als körperbildliches Phänomen im Tanz zu beobachten sind.[4] Die physischen Konstellationen aus *Self unfinished* werden zitathaft aufgegriffen und verorten den Körper der Darstellerinnen als sich bewegendes Bühnen-Material in den zeitgenössischen Diskursen transformatorischer Figurationen im Tanz.

Folgt man Judith Butlers Rede von der Geschlechtsidentität als gesellschaftlich situiertes, wiederholendes Tun,[5] so kann man hier von einer doppelten Zitatförmigkeit sprechen. Zunächst referieren Hölblings Tänzerinnen auf eine sich im Diskursfeld des

---

[3] Der folgende Textabschnitt ist als überarbeitete Version entnommen aus Susanne Foellmer: *Am Rand der Körper. Inventuren des Unabgeschlossenen im zeitgenössischen Tanz*, Bielefeld 2009, S. 155–158.
[4] Vgl. ebd.
[5] Judith Butler: *Körper von Gewicht. Die diskursiven Grenzen des Geschlechts*, Frankfurt a.M. 1995, S. 35–41.

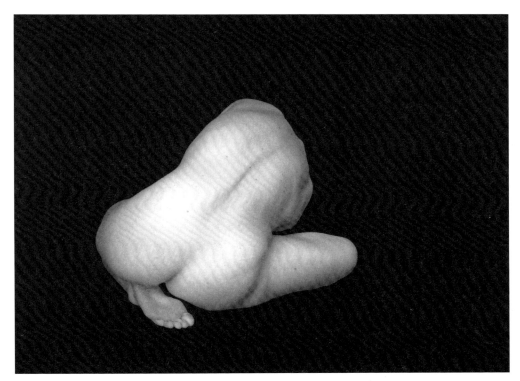

Abb. 1: Saskia Hölbling: *other feature* (2002)

Abb. 2: Xavier Le Roy: *Self unfinished* (1998)

Tanzes zu dieser Zeit etablierende Ästhetik des Unabgeschlossenen, das den Körper als dekonstruierbares, tendenziell offenes Material verhandelt und in dem Le Roys Stück eine wichtige Wegmarke bildet.[6] Zitiert werden hier eben jene Momente des Entstehens und wieder Verwerfens körperlich szenischer Figurationen, die sich mithin als unaufhörlicher Prozess generieren, eine Markierung wie sie wiederum Butler in der Bildung von Geschlechtsidentitäten prononciert:

»Ähnlich wie andere rituelle gesellschaftliche Inszenierungen erfordert auch das Drama der Geschlechtsidentität eine wiederholte Darbietung. Diese Wiederholung ist eine Re-Inszenierung und ein Wieder-Erleben eines bereits gesellschaftlich etablierten Bedeutungskomplexes [...].«[7]

Zitiert wird in Hölblings *other feature* also nicht nur eine zu der Zeit gängige zeitgenössische Ästhetik, sondern überdies das Zitieren selbst: Als (Re-)›Re-Inszenierung‹ bereits in Szene gesetzter unabgeschlossener Körpermusterungen, die temporäre ästhetische Markierungen bilden und mithin selbst einem beständigen, sich gleichwohl verschiebenden wiederholenden Tun unterliegen. Anders als in Le Roys Projekt[8] kommt in Hölblings Stück allerdings das Geschlecht explizit mit ins Spiel und mithin ein dritter Aspekt des Zitierens, wie ihn Butler für die sinnstiftende Formierung von Geschlechtlichkeit betont. Zunächst zielt die künstlerische Intention der Choreographin auf eine Depersonalisierung der Performerinnen, die durch Wegnahme des identifizierenden Gesichts erreicht werden und den Fokus auf die Materialität des sich bewegenden Körpers richten soll.[9] Die minimal ausgeführten Motionen, mit denen die Körpermasse mobilisiert wird, erinnern dabei an fluide Zellbewegungen, die sich in ihrer Qualität allerdings allmählich verändern, die Wirbelsäule hinabwandern und den Po der Performerinnen in eine angedeutete Wackelbewegung versetzen: Das Gesäß scheint sich wuchernd immer weiter auszudehnen. So wandelt sich die Bewegung qualitativ von einer forschenden, materialorientierten Perspektive hin zu Ausdrucksmomenten, die den Po exponieren und das weibliche sekundäre Geschlechtsmerkmal

---

6 Vgl. Foellmer: *Am Rand der Körper*, a.a.O., S. 18–20.
7 Butler: *Das Unbehagen der Geschlechter*, a.a.O., S. 206.
8 So betont etwa Janine Schulze das implizite Vexierspiel zwischen den Geschlechtern, das Zuordnungen aufhöbe, statt diese zu etablieren. Janine Schulze: »What you see, is what you get. Das Solo als geschlechtsspezifische Leerstelle?«, in: Christopher Balme u.a. (Hg.): *Theater als Paradigma der Moderne? Positionen zwischen historischer Avantgarde und Medienzeitalter*, Tübingen 2003, S. 429–436, hier S. 434.
9 Saskia Hölbling, in: Georg Steinböck: Dans.Kias.Doc. Insights in a Contemporary Dance Company's Work and Living, Dokumentation/Choreographinnenportrait, DVD, Wien 2006.

betonen, auf das ›Mann‹ (oder Frau) schaut – zwar depersonalisiert, aber im Rahmen binärer Genderkonzeptionen.

Auf der Ebene der Rezeption und hier besonders der Tanzkritik ist allerdings, anders als bei Le Roy[10], zu beobachten, dass metamorph dargebotene weibliche Nacktheit offenbar (immer noch) einen ästhetischen Affront darstellt. So bemerkt etwa die Wiener *Presse*: »Die Nicht-Bewegung wird zum Trend. [...] Verdreht, gestreckt, wie verfremdete Hieroglyphen robbten sie ohne klare Definition durch den Raum. Von der Eintönigkeit lenkte nur die Cellulitis der Tänzerinnen ab.«[11]

Neben diesen misogynen Äußerungen werden Erwartungen an traditionelle Geschlechterordnungen evident: Das Weibliche gerät zum, mit der »verfremdete[n] Hieroglyphe« aufgerufenen, doppelt unbekannten Wesen, das im Tanz auf der Bühne jedoch offenbar entzifferbar sein soll. Ungeachtet der Frage nach den möglichen Codes, die der Autor hier als Maßstab anlegt, wenn es um die Darbietung von Bühnentanz geht, gereicht das Fluid-Weibliche offenbar immer noch zur Bedrohung männlich manifester Ordnungssysteme,[12] die in diesem Fall das Choreographische als ›definierte‹ Anordnung verstehen, derer sich der Körper qua Anatomie zu ›beugen‹ hat. Gängige Bewegungskonzepte des zeitgenössischen Tanzes, die gerade auf die Dislokation von Gelenken und die Fragmentierung von Motionen abzielen sowie das Raumgreifende der Bewegung durch Verlangsamungen und Bewegungen am Platz in Frage stellen,[13] werden in dieser Sicht ausgeblendet.

Allerdings muss auch gefragt werden, ob Hölbling Köper- und Geschlechternormierungen tatsächlich konsequent unterläuft. Beispielhaft hierfür sind die Photographien, mit denen unter anderem in der Presse das Stück angekündigt und beworben wird. Sie betonen eine gleichsam skulpturale Glätte des sich verformenden Körpers und zeigen eine paradoxe Geschlossenheit des Difformen, die mit Blick auf die genannten ästhetischen Referenzen im Medienwechsel von Bühne zum Bild geradezu eine Ikonographie des Amorphen protegieren. Darüber hinaus wird der weibliche Körper von einem (hier männlichen) Photographenblick fixiert und mithin, fern von der Öffnung

---

10 Tanzkritiken bemerken in *Self unfinished* in der Regel das innovative ästhetische Potential, auf genderspezifische Phänomene wird hingegen nicht eingegangen.
11 stelz (Autorenkürzel): »Der Trend zur Nicht-Bewegung und Uniformität«, in: *Die Presse*, Wien 09.04.2002.
12 Vgl. hierzu die kulturhistorischen Studien Klaus Theweleits zu Körperbildern des Weiblichen und Männlichen in der bürgerlichen (deutschen) Gesellschaft im 19. und 20. Jahrhundert. Klaus Theweleit: *Männerphantasien*, Band 1: *Frauen, Fluten, Körper, Geschichte*, Basel 1986, v.a. S. 289–461.
13 Vgl. Foellmer: *Am Rand der Körper*, a.a.O., v.a. S. 325–329.

144  Susanne Foellmer

Abb. 3: Saskia Hölbling: *other feature* (2002)

und Ereignishaftigkeit geschlechtlicher Körperkonstellationen, buchstäblich (wieder) ins Werk einer plastischen Darstellung von Weiblichkeit gesetzt (Abb. 3).

In seiner Studie über den Ekel als ästhetisches Phänomen positioniert Winfried Menninghaus die Betrachtungen griechischer antiker Plastiken durch den Kunsthistoriker Johann Joachim Winckelmann als Kontrastfolie zu Phänomenen des Hässlichen und Versehrten. In der Darstellung des Apollo im Belvedere[14] etwa werde »jeder Gedanke

---

14 Die Skulptur ist in den Vatikanischen Museen ausgestellt und wird von Winckelmann im Verhältnis zum Torso im Belvedere betrachtet, an dem er eine Erhabenheit nicht aufgrund einer idealischen Schönheit, sondern gerade im Hinblick auf die Betonung der körperlichen (muskulären) Vorgänge konstatiert, die Winckelmann als Metapher für das Gewicht der Welt interpretiert, an dem der Torso zu tragen habe (in seinem ersten Textentwurf vermutet er in ihm die Figur des Atlas). Johann Joachim Winckelmann: »Entwürfe zur Beschreibung des Torso im Belvedere.

an ein Körperinneres suspendiert«.[15] Hölbling, so ließe sich mit Menninghaus folgern, vermittelt in den Photographien ungewollt eine Essentialisierung des Weiblichen als Fluides, das sich hier gewissermaßen in ›gemilderter‹, da geglätteter Form darbietet: Eine Typisierung des Weiblichen, die wiederum die intendierte choreographische Strategie unterläuft.

Am Beispiel von *other feature* zeigt sich folglich ein Widerspruch: Es entstehen figurative Manifestationen des Metamorphen – im Sinne verschobener, zu verwerfender Konzeptionen (hier) weiblicher Körper –, die Hölbling paradoxerweise als Garanten für das Umgehen oder Auflösen heteronormativer Ordnungen heranzuziehen sucht. Choreographien, denen an anderer Stelle aufgrund ihres kritischen Hinterfragens von Körpergrenzen subversives Potential zugemessen wird, geraten folglich in Diskurse, die das Fluktuieren von Körperbildern normativ und mithin repräsentativ festschreiben, denkt man etwa an die Einladepolitik zeitgenössischer Tanzfestivals oder Veranstaltungsorte.[16]

Elizabeth Grosz geht solchen Widersprüchen nach und entfaltet zunächst Überlegungen, die den Attribuierungen in Klaus Theweleits Studie ähneln, welche das Weibliche als das Flüssige und Ungreifbare in der westlichen Kultur verorten. Theweleit geht es allerdings (noch) nicht darum, die Polarisierungen von der Frau als das fluide, intuitive, bedrohliche Wesen und dem Mann als fest, rational und beherrschend aufzulösen.[17] Grosz vertritt nun die These, dass sich auch das Weibliche, vorgeblich Uferlose innerhalb bestimmter Formierungen strukturiere, allerdings jenseits männlich basierter Normvorstellungen. Mit Iris Young unterstreicht sie, dass gerade das Auftreten metaphorischer Figuren des Flüssigen als eine Art festes Flüssiges, die cartesianische Ontologie in Verwirrung stürze: »Fluids, unlike objects, have no definite borders; they are unstable, which does not mean that they are without pattern.«[18] Konsequenterweise seien dann Männer ebenso von Modalitäten des Fluiden durchzogen wie Frauen

---

Im Florentiner Manuskript« (1757), in: ders.: *Kleine Schriften, Vorreden, Entwürfe*, Berlin 1968, S. 280–285, hier S. 281.
15  Winfried Menninghaus: *Ekel. Theorie und Geschichte einer starken Empfindung*, Frankfurt a.M. 2002, S. 85.
16  So etwa im Rahmen des Performing Arts Festivals »Super Uovo«, Mailand 2004. Geradezu ikonisch gerahmt wird diese Ausgabe des Festivals – die zeitgenössische Choreographien aus Frankreich präsentiert – durch eine piktogrammatische Darstellung des sich transformierenden Körper Le Roys in *Self unfinished*. Foellmer: *Am Rand der Körper*, a.a.O., S. 16.
17  Theweleit: *Männerphantasien*, a.a.O., S. 315–362 sowie ders.: *Männerphantasien*, Band 2: *Männerkörper. Zur Psychoanalyse des weißen Terrors*, Basel 1986, S.185–287.
18  Iris Young, zitiert nach Elizabeth Grosz: *Volatile Bodies. Toward a Corporeal Feminism*, Bloomington 1994, S. 204.

und mithin die Zuschreibungen von Weiblichkeit als Natur/Körper/sinnliche Erfahrung aufgehoben.[19]

Was geschieht jedoch, wenn solche fluiden, repräsentationskritischen Konfigurationen in ein Netzwerk zeitgenössischer ›Formvorgaben‹ geraten, Diskurse, die sich aus Medienechos, Festivalpolitiken und auch im Austausch von Choreograph/innen untereinander bilden und das Unbestimmte, Grenzüberschreitende in ein Dispositiv wenden, das im aktuellen künstlerischen wie rezeptiven Tanzgeschehen wirksam wird?

## *REPRODUCTION*

Die in Berlin lebende Choreographin Eszter Salamon wendet sich im Kontext der benannten Problematiken von Nacktheit als Strategie der Betonung des materiellen Körpers zunächst ab und optiert in der Konsequenz für dessen Verhüllung. In ihrem Solo *What a Body You have, Honey* (2001) wird ihr Körper durch Einwicklungen in eine unförmige Steppdecke zu einem amorphen Gebilde, das in beständigen (Ver-)Formungen ein darunter liegendes Subjekt gleichsam obsolet werden und den Körper als in eine Hülle mutiertes bewegtes Beiwerk erscheinen lässt (Abb. 4). Depersonalisierung wird folglich nicht über das Ausstellen und partielle Verbergen bestimmter Körperteile, sondern durch die vollständige Decouvrierung physischer Markierungen erreicht, die zu Beginn des Stücks nicht über das Geschlecht der sich auf der Bühne Bewegenden Auskunft zu geben vermögen. Die auffordernde, tendenziell chauvinistische Frage nach dem Körper eines durch die Bezeichnung »honey« zunächst weiblich konnotierten Subjekts wird also einerseits von der Solistin Salamon durch das unförmige Verbergen und mithin Entziehen ihrer Gestalt beantwortet. Zum anderen wohnt jedoch schon der titelnden Frage ein Widerspruch inne, geht jener salopp hingeworfenen Personenbezeichnung doch üblicherweise eine eher sprachliche (männliche) Anerkennungsgeste zum jeweiligen ›Zustand‹ des (Frauen-)Körpers voraus. Die Choreographin hält sich jedoch nicht im Feld solcher Genderzuschreibungen und deren möglicher Kritik auf. Ist zu Beginn zumindest noch eine (menschliche) Konfiguration unter dem wattierten Wesen erkennbar, so löst sie jene Bindungen im Verlaufe der Inszenierung transformatorisch auf, bis nach etwa einer halben Stunde nur noch eine flach ausgebreitete, leicht gewölbte Decke auf der Bühne übrig bleibt, in der sich die Darstellerin gleichsam selbst zu einem Requisit hin entpersönlicht hat. Der sich daraufhin überraschenderweise aus dem Gebilde herausschälende Körper Salamons

---

**19** Grosz: *Volatile Bodies*, a.a.O., S. 205.

Abb. 4: Eszter Salamon: *What a Body You Have, Honey* (2001)

unterwandert sexualisierte Zuschreibungen in ähnlicher Weise: Zunächst durch ihr weites weißes, einem Pyjama gleichenden Gewand sowie dem durch die Haare vollständig verborgenen Gesicht und schließlich – paradoxerweise – gar durch Nacktheit, dem Publikum jedoch stets den Rücken zuwendend. Wird hier zwar offensichtlich, dass es sich um eine weibliche Figur handelt, unterläuft Salamon jedoch sexualisierte Blickregime – wie sie in Hölblings Stück offenbar nicht vermieden werden konnten – indem ihre Körperbewegungen gleichsam die Materialität der Decke übernommen haben: Mit schlaffen, schlenkernden Gliedern und nahezu schwerfälligen, das Weibliche unbetont lassenden Bewegungen lenkt sie das Augenmerk von sexuellen Konnotationen weiblicher Ausdrucksbewegungen, wie sie Hölbling choreographiert, weg und fokussiert auf eine Präsentation des Körpers als sich bewegendes, im Wortsinne stoffliches Material.

Werden Genderthematiken in diesem Stück nicht gänzlich ausbuchstabiert beziehungsweise zugunsten übergreifender Fragen der physischen Erscheinung und ihrer Auflösung in zeitgenössischen Bühnenästhetiken wenig akzentuiert, so wendet sich Salamon in ihrem Stück *Reproduction* (2004) konkreter dem Aspekt visueller geschlechtlicher Repräsentationen zu. Bereits im Titel deutet sich die doppelte Bedeutung des Themas an: die sexuelle Reproduktion als Wissensfeld ebenso wie das Reproduzieren von Geschlechternormen als zitatförmige Wiederholung. Dabei weist die etymologische Herkunft des Wortes auf die Performativität seines Gehaltes hin, der ein wiederholtes Erzeugen im Sinne eines Nach-Bildens denotiert,[20] ein performatives Nachvollziehen also, in dem auch Modalitäten des Theatralen aufscheinen.

Das Setting des Stücks ist eingelassen in die theatrale Situation einer Arenabühne, wobei diese der Anordnung eines überdimensionalen Restaurant-Arrangements folgt: in der Mitte eine Art Tisch, der als Bühne fungiert und an dessen vier Seiten sich die Gäste in einer jeweils langen Reihe niederlassen. Beim Einlass befinden die sich Darstellenden bereits, einem *Tableau Vivant* ähnlich, auf der tischartigen Bühne. Rockige Musik ertönt aus dem Off und untermalt ihre lässig entspannten, oft breitbeinigen Sitzposen, die eine typische klischierte Art von Männlichkeitshaltungen evozieren. Das Publikum tritt hinzu und nimmt jeweils vis-à-vis Platz: eine erste Verkehrung theatraler Konventionen, bei denen zumeist der ›Auftritt‹ den Darstellenden vorbehalten ist, in dem Moment, da sich das Publikum bereits im Zuschauerraum befindet. Dabei richten sich die Blicke nicht nur auf die bereits anwesenden Akteur/innen, sondern treffen durch die quadratische Anordnung der Stuhlreihen auch die jeweils gegenübersitzenden Nachbar/innen und oszillieren zwischen Zeigenden und Zusehenden.

Der Auftakt beginnt wiederum zunächst mit einem Ende: Die Musik verstummt. Dann geraten die Darstellenden in Bewegung. In zeitlupenförmigem Tempo klettern sie übereinander hinweg und gruppieren sich zu zweit oder zu dritt, stehend, sitzend oder liegend, eine Konstellation, die in Bezug auf Tempo und Partnering[21] während der gesamten Dauer des Stückes beibehalten wird. Die Akteur/innen suchen jeweils einen sehr engen Körperkontakt zueinander und erinnern dabei an verschiedenste Stellungen des Geschlechtsverkehrs: einem verlangsamten – gleichwohl immer bekleideten – belebten Handbuch des Kamasutras ähnlich, in dem alle paar Minuten der/die Partner/in gewechselt wird. Dieses Spiel angedeuteter Sexualakte erweckt zunächst einen homoerotischen Eindruck, lassen sich die Darstellenden rein äußerlich durch

---

20 Duden: *Etymologie der deutschen Sprache*, Mannheim 1989, S. 551.
21 Unter Partnering versteht man Konstellationen von mindestens zwei sich miteinander bewegenden Akteur/innen im Tanz.

Un/Doing Gender 149

Abb. 5: Eszter Salamon: *Reproduction* (2004)

Markierungen wie Bartstoppeln, breite Schultern, eine breitbeinige Haltung und lose Kleidung, meist bestehend aus Jacke, Hemd und Hosen, in ein männliches Schema einordnen (Abb. 5). Nach etwa der Hälfte des Stücks jedoch entstehen Irritationen: Zeitlich versetzt verlassen die Akteur/innen die Bühne, um ein wenig später äußerlich leicht verändert wieder die Tisch-Bühne zu betreten: So trägt ein/e Performer/in nun Stöckelschuhe, bei einer/m andere/n wölbt sich eine weibliche Brust unter der Bluse (Abb. 6).

Zunehmend entgleiten visuelle Zuschreibungen zu einem ›eindeutigen‹ Geschlecht, und Gender-Codierungen, die das Navigieren im sozialen, heteronormativ bestimmten Geflecht der Geschlechter ermöglichen sollen, werden hinfällig zugunsten indifferenter oder vielmehr hyperdifferenter, sich ständig abwandelnden Darstellungsweisen von Weiblichkeit und Männlichkeit, die in dieser zweiten Hälfte des Stücks geschlechtliche Schwebezustände erzeugen, wie die Kritikerin Alexandra Baudelot im Anschluss an die

Abb. 6: Eszter Salamon: *Reproduction* (2004)

Aufführung im Pariser Centre Pompidou bemerkt: »Ein Mann mit einem anderen Mann, aber ein Mann, der tatsächlich eine Frau ist, die als Mann verkleidet ist, also eine Frau mit einer anderen Frau, die eine Frau mit einem Bart ist und die Physiognomie eines Mannes hat.«[22]

Tatsächlich handelt es sich bei den Darstellenden auf der Bühne sämtlich um Frauen, ein Faktum, das nur durch Insiderwissen oder im nachfolgenden Gespräch evident wird. Denn auch das vorab verteilte Programmheft lässt keine Hinweise auf die Geschlechtsidentität zu: Mit Anfangsbuchstaben des Vornamens und dem vollständigen Nachnamen sind die Beteiligten durchweg genderunspezifisch verzeichnet.

In *Reproduction* entstehen Passagen verschiedenster möglicher Geschlechtersedimentierungen, die sich kaum festsetzen, sondern sogleich nach einem erfolgten ›shift‹ wieder in Differenz befinden und daher beständig changieren. Die Theaterwissenschaftlerin Miriam Dreysse bemerkt, dass es in dem Stück nicht mehr um eine Identität gehe, die maskiert werde, und mithin binäre Orientierungen aufgegeben würden.[23] Bereits Joan Riviere spricht in ihrem berühmten Aufsatz von der »Weiblichkeit als Maskerade«,[24] und Judith Butler betont in diesem Zusammenhang, »[...]

---

22 Alexandra Baudelot: »Eszter Salamon. Genres multiples. Une chorégraphie androgyne«, in: *Libération*, Paris 15.04.2004 (Übersetzung Susanne Foellmer).
23 Miriam Dreysse: »Cross Dressing. Zur (De)Konstruktion von Geschlechtsidentität im zeitgenössischen Theater«, in: Martina Oster, Waltraud Ernst und Marion Gerards (Hg.): *Performativität und Performance. Geschlecht in Musik, Theater und Medienkunst*, Hamburg 2008, S. 36–47, hier S. 43.
24 Joan Riviere: »Weiblichkeit als Maskerade« (1929), in: Liliane Weissberg (Hg.): *Weiblichkeit als Maskerade*, Frankfurt a.M. 1994, S. 34–47. Claudia Benthien und Inge Stephan erweitern dieses Konzept um die grundsätzlich nicht-ontologische Verfasstheit geschlechtlicher Identität. Dies. (Hg.): *Männlichkeit als Maskerade. Kulturelle Inszenierungen vom Mittelalter bis zur Gegenwart*, Köln 2003.

dass der geschlechtlich bestimmte Körper performativ ist [...], er [besitzt] keinen ontologischen Status über die verschiedenen Akte, die seine Realität bilden, hinaus [...]«.[25] Das bedeutet in der Konsequenz, dass von einem geschlechtlichen ›Original‹ nicht die Rede sein kann,[26] dieses jedoch, so Butler als »Effekt« gendernormierender Handlungen hervorgebracht wird.[27] Jene naturalisierenden Effekte treten als performative Akte in Eszter Salamons Choreographie wiederum durch die ästhetischen Praktiken des zeitgenössischen Tanzes, wie etwa die Verlangsamung der Bewegungen in der Zeitlupe, besonders hervor. Darüber hinaus stellt Salamons Stück im fragmentarischen Wechsel-Spiel des *Cross-Dressings* die Frage nach geschlechtlichen Codierungen als solchen.

Am Beispiel von Marlene Dietrichs Rolle als Kabarett-Sängerin Amy Jolly in Josef von Sternbergs Film Marokko (1930) formuliert Elisabeth Bronfen die De/Konstruktionen hybrider Geschlechterkonstellationen. Vorgeblich weibliche Attribute wie Hingabe und Verletzlichkeit etwa würden in einer Gesangssequenz, die eine der Schlüsselszenen des Films darstellt, gleichsam die Akteure wechseln. So erscheine auch Gary Cooper in der Rolle des Soldaten und im Publikum sitzenden Jolly-Verehrers Tom Brown als fragiles Subjekt, das wiederum die »selbstbemächtigte Handlungsfähigkeit« der Hauptdarstellerin – in einen Anzug gekleidet und den Zuschauer mit einer Blume andeutungsweise verführend – kontrastiere und mithin Umwendungen zuschreibbarer Geschlechterattribute hervorbringe. Die Szene »[...] lebt von einem changierenden Austausch zwischen bemächtigter Männlichkeit und passiver Weiblichkeit.«[28]

Die Frage stellt sich jedoch, inwieweit solche Attribute überhaupt noch als ›weiblich‹ konnotiert gelten können und welche Eigenschaften dann Zuschreibungscharakter im Markieren der Geschlechtlichkeiten besitzen. Mit Bronfen könnte man in Salamons *Reproduction* zunächst von einem gescheiterten *Cross-Dressing* sprechen, denn die Darstellerinnen in der ersten Hälfte des Stücks sind zu perfekt verkleidet:

---

25 Butler: *Das Unbehagen der Geschlechter*, a.a.O., S. 200.
26 Vgl. Dreysse: »Cross Dressing«, in: Erst und Gerards (Hg.): *Performativität und Performance*, a.a.O., S. 46.
27 Butler: *Das Unbehagen der Geschlechter*, a.a.O., S. 200. Doris Kolesch und Annette Jael Lehmann betonen die Abwendung von der Idee eines vorgängigen Originals in der Kunst am Beispiel der japanischen bildenden Künstlerin Yasumasa Morimura und ihrer ›Re-Inszenierungen‹ von Werken aus der westlichen Geschichte der Malerei, die die Autorinnen als ›Mimikry ohne Original‹ attribuieren. Doris Kolesch und Annette Jael Lehmann: »Zwischen Szene und Schauraum – Bildinszenierungen als Orte performativer Wirklichkeitskonstitution«, in: Uwe Wirth (Hg.): *Performanz. Zwischen Sprachphilosophie und Kulturwissenschaften*, Frankfurt a.M. 2002, S. 347–365, hier S. 354–358.
28 Elisabeth Bronfen: »Cross-Dressing«, in: Erika Fischer-Lichte (Hg.): *Theatralität und die Krisen der Repräsentation*, Stuttgart 2001, S. 585–608, hier S. 602.

Viele Zuschauer/innen waren, im Nachhinein angesprochen, der festen Überzeugung, es handele sich bei den Agierenden um Männer. Erst ab der Mitte der Aufführung wird die Verhüllung gestört, ergänzt, umcodiert und irritiert.[29] So wirken manche der im verlangsamten, gestellten Geschlechtsverkehr ausgeführten Handlungen eher wie eine sanfte Massage. Umgekehrt werden Gewaltaspekte evident: durch die Retardierung der Bewegungen, die eine übergenaue Wahrnehmung des Geschehens evoziert.

Zudem verweist *Reproduction* auf das Performative der Geschlechterkonstruktion in einem doppelten Sinne, als *Performance des Performativen*. Wenn Geschlechtsidentität über die »Imitation« normativer gesellschaftlicher Codierungen hergestellt wird, Prozesse, die als solche in der Travestie evident werden, wie Butler hervorhebt,[30] so ist diese Imitation in Salamons Stück im Grunde als Imitation einer Imitation zu verstehen. Jedoch:

»If heterosexuality is an impossible imitation of itself, an imitation that constitutes itself as the original, then the imitative parody of ›heterosexuality‹ [...] is always and only an imitation, a copy of a copy, for which there is no original.«[31]

Konsequenterweise ließe sich daraus ableiten, dass sich die Darstellerinnen in *Reproduction* im Modus der Imitation einer Imitation einer Imitation befinden.

Geschlecht ist keine Rolle, die willentlich angenommen (und wieder abgestreift) werden kann, wie Butler in ihrer Rede von der »verborgenen Zitatförmigkeit« betont. Für den Modus der Wiederholung und jeweiligen Wieder-Aufführung normativer, körperlicher Konstellationen wählt sie den Begriff der Theatralität als Metapher:[32] »[...] the performance is the performative [...]«.[33] Dabei wird dem Theatralen allerdings ein Repetitionspotential unterstellt, das gesellschaftliche Codierungen (zunächst) zu erwirken vermag. Gerade das zeitgenössische Theater aber – und wie Butler dies letztlich selbst im Vergleich mit der Travestie als Parodie, aber auch als *Pastiche*

---

29 Adam Czirak betont den begehrenden Blick des Enthüllens, der in Maskeraden wie dem *Cross-Dressing* durch das Bedürfnis des Durchschauens evoziert werde. Jene Differenz, die sich im beständigen Wechsel zwischen »Ähnlichkeit und Verschiebung« ereigne, erzeuge sinnstiftende Effekte, die wiederum im zeitgenössischen Theater entlarvt würden. Adam Czirak: *Partizipation der Blicke. Szenerien des Sehens und Gesehenwerdens in Theater und Performance*, Bielefeld 2012, S. 251–258.
30 Butler: *Das Unbehagen der Geschlechter*, a.a.O., S. 202.
31 Judith Butler: »Imitation and Gender Insubordination«, in: Sara Salih (Hg.): *The Judith Butler Reader*, Malden 2005, S. 121–137, hier S. 129.
32 Butler: *Körper von Gewicht*, a.a.O., S. 37.
33 Butler: »Imitation and Gender Insubordination«, in: *The Judith Butler Reader*, a.a.O., S. 130.

betont[34] – fokussiert auf die Momente des Bruchs und der Verschiebungen im Wiederholen inszenatorischer Entwürfe, die in der Aufführung immer schon Variationen eines je Geprobten und (Vor-)Gedachten erzeugen.

Gegen Butlers Formulierung vom »Drama der Geschlechtsidentität«[35], das in der Wahl des (sprachgeprägten) Genres den Fokus im Grunde noch auf die Idee des Maskierens als Verhüllung eines vorgängigen Subjektes nahelegen würde, ist wiederum mit Butler der Fokus vielmehr auf die Materialisierungen als Verkörperungen von Geschlecht zu legen, Subjektivierungsprozesse, die, so Butler, durch Wiederholungen »im Laufe der Zeit stabil« werden,[36] aber ebenso auch Akte des ›Fehlgehens‹ evozieren können, wie *Reproduction* exemplarisch zeigt. Mehr noch liegt hier der Fokus auf den Momenten des prozessualen körperlichen Hervorbringens (und Misslingens) selbst: Durch Verlangsamung und sich überlagernde, beständig neu re- und de-konstruierende Geschlechtercodes in Kleidung und physischen Positionen befinden sich die Darstellerinnen in Salamons Stück in Zuständen permanenter Differenz zu vorhergehenden, sich gleichwohl als flüchtig erweisenden Attributen. Wenn der Fokus dabei zunächst auf der Wiederholung geschlechtlich binärer Zuschreibungen liegt, so verliert sich in diesem doppelt imitierenden Spiel schließlich zunehmend (und ganz im Sinne Butlers) ein referentielles Subjekt, auf das sich jene Repetitionen bezögen. Jedoch auch das Hervorbringen von Identität im Zuge performativer Handlungen[37] scheint hier zunehmend irritiert, wird doch in *Reproduction* augenscheinlich nichts mehr wiederholt außer der Differenz selbst, die anstelle möglicher Identifikationen nur noch Lücken im Gewebe der Geschlechter hinterlässt.

Nicht zuletzt liefert Salamons Stück einen Metakommentar zu den ästhetischen Strategien im zeitgenössischen Tanz, die etwa durch das Oszillieren des Körpers in Zwischenzonen markiert sind, wie am Beispiel der Arbeit von Saskia Hölbling kritisch zu überprüfen war. Die Arbeitsgruppe Gender des Sonderforschungsbereichs *Kulturen*

---

34 Butler: *Das Unbehagen der Geschlechter*, a.a.O., S. 203–204.
35 Ebd., S. 206.
36 Butler: *Das Unbehagen der Geschlechter*, a.a.O., S. 32. Erika Fischer-Lichte erweitert John L. Austins sowie Butlers Begriff des Performativen gerade mit einem frühen Aufsatz Butlers (1990) im Hinblick auf körperliche, identitätsstiftende Handlungen, die im Modus des Theatralen wiederaufgeführt werden (»re-enactment«) und mithin auf spezifischen »Verkörperungsbedingungen« fußen, die Fischer-Lichte im Rahmen von »Aufführungsbedingungen« in einer Perspektive des Ästhetischen fasst. Entsprechend formuliert Fischer-Lichte etwa am Beispiel einer Performance von Marina Abramović die Aufführung als einmaliges Ereignis, das theatrale Verkörperungen allererst hervorbringt. Erika Fischer-Lichte: *Ästhetik des Performativen*, Frankfurt a.M. 2004, S. 39–41.
37 Vgl. ebd., S. 37.

*des Performativen* folgert, dass sich das Performative in Bruchzonen ereigne, dort, wo sich »konstative Setzungen und Identitätsdiskurse [...] prozessual verflüssigen«.[38] Es entstehen folglich *Figurationen des Dazwischen*, wie sie wiederum in Salamons Stück als gleichsam bekleidete Reflexionen auf die am Körpermaterial orientierten Praktiken des Unbestimmten im zeitgenössischen Tanz verhandelt werden. Durch den gezielten Einsatz von Verfahren, die allerdings nachgerade als ›anti-zeitgenössisch‹ zu betrachten sind – wenn es um das Behaupten vorgeblich klischierter Muster geht, die dann aufgelöst werden –, formuliert die Choreographin schließlich auch einen kritischen Kommentar zur Praxis der Travestie als zuweilen durchaus fraglicher Subversion geschlechtlich binärer Normierungen.[39]

Wendet man sich nun noch einmal der Anordnung des Publikums zu, so ist das Geflecht von Blickkonstellationen eine bedeutsame Ebene im identifikatorischen Suchen (und Scheitern) nach Geschlechtsidentität. Nicht nur wird ein möglicher Status des/r Voyeurs/in aufgehoben, der/die heimlich den ›Sex-Spielen‹ der Akteurinnen zusieht, sondern auch die übliche Zweiteilung eines ›unsichtbar blickenden‹ Publikums auf sichtbare DarstellerInnen[40] im Panoptikum der Tisch-Konstellation. Die Blickspiegelungen im Verlaufe der Aufführung multiplizieren sich gar und richten sich in changierenden Wechselspielen auf die DarstellerInnen (und von diesen ins Publikum)[41], auf die anderen Zuschauenden und schließlich auf sich selbst: Die Suche nach Geschlechtszugehörigkeit greift auf das anwesende, sich um- und ansehende Publikum und dessen jeweilige rezeptive Haltungen über, und es entspinnt sich ein Spiel des unablässigen Vergleichens; beobachtet wird schließlich auch, wie der oder die Nachbar/in auf das changierende Geschehen blickt und reagiert. Ist Performa-

---

38 Arbeitsgruppe Gender (Constanze Bausch u.a.): »Begehrende Körper und verkörpertes Begehren. Interdisziplinäre Studien zu Gender und Performativität«, in: Erika Fischer-Lichte und Christoph Wulf (Hg.): *Praktiken des Performativen, Paragrana, Internationale Zeitschrift für Historische Anthropologie*, 13.1., (2004), S. 251–309, hier S. 281.
39 Zur Travestie als kritischer Praxis eines »dritten Geschlechts« vgl. Marjorie Garber: *Verhüllte Interessen. Transvestismus und kulturelle Angst*, Frankfurt a.M. 1993.
40 Czirak hebt den imaginären Status solcher voyeuristischen Blick- und mithin Machtkonstellationen hervor, die üblicherweise im Dunkel des Auditoriums von den Darstellenden auf der Bühne nur geahnt und nicht gesehen werden könnten: »So imaginieren Schauspieler beispielsweise den argwöhnischen Blick eines Kritikers [...]. Dieser imaginäre Blick gewährt es den Zuschauern andererseits, dass ihre Rezeption des Bühnengeschehens nicht von der Kontingenz wechselwirksam ausgetauschter Blicke gestört wird.« Dieser »Rezeptionspakt« sei konstitutiv für das »theatrale Zeigen« und werde beispielsweise im zeitgenössischen Tanz irritiert und tendenziell aufgelöst, wie er am Beispiel von Jérôme Bels *The show must go on!* (2001) exemplifiziert. Czirak: *Partizipation der Blicke*, a.a.O., S. 203–210.
41 Mit Czirak ist in *Reproduction* zudem eine Verwirrung von patriarchal bestimmten Blickregimen im Theater zu beobachten. Ebd., S. 221.

tivität üblicherweise an das Gelingen eines Aktes gebunden,⁴² stellen sich in den rezeptiven Blick-Wechseln paradoxe Figurationen eines *Gelingens des Entgleitens* performativ her.

Die hier untersuchten Beispiele legen zeitgenössische Konstellationen einer Aufführung von Differenz dar: als körperlich zu befragendes, sich bisweilen entziehendes Material ebenso wie als Verunsicherung geschlechtlich begrenzter Zuschreibungen. Eine solcherart zu bezeichnende *Inbetweenness* zeigt sich als Störstelle und Diktum gleichermaßen in einer zeitgenössischen Ästhetik der darstellenden Künste und birgt, wie am Beispiel von Hölblings *other feature* gezeigt wurde, bisweilen Gefahren einer Essentialisierung des Amorphen. Alternativ zeigen sich in Eszter Salamons *Reproduction* Potenziale von Zwischenzuständen als permanente Differenz, die paradoxerweise zunächst über vordergründige Geschlechtsmarkierungen (Kleidung, Gestus) – die schließlich irritiert und aufgelöst werden – hervorgerufen wird. In der unaufhörlichen Iterabilität erscheint mithin auch ein Metakommentar des Performativen selbst, in leerlaufenden Schleifen des Wiederholens eines Imitierens, die auch postmoderne Konzepte von Subjektivierung und Identifikation ins Wanken bringen.

Zeitgenössische Tanzprojekte wie *Reproduction* übersteigen schließlich, so die abschließende These, auch die kritischen Potentiale travestierter, oft im Genre des Komischen angelegter Aufführungen, die klischierte Genderkonventionen nicht immer subvertieren. Bestätigen Darbietungen in der Szene von Drag Queens und Drag Kings durch ihre Überhöhung gelegentlich gar normative genderspezifische Zuschreibungen, so stellt besonders Eszter Salamon mit ihren Darstellerinnen die Attribute und Grenzen von Geschlechtlichkeit als solche in Frage und versetzt darüber hinaus auch das Performative, als identifikatorisches und bisweilen verschiebendes Moment von Geschlechtsidentität, an einen unsicheren, instabilen Ort.

---

**42** Laut John L. Austin müssen dem performativen Akt bestimmte (Wahrheits-)Bedingungen zugrunde liegen, »wenn die Äußerung glücken soll«. John L. Austin: *Zur Theorie der Sprechakte*, Stuttgart 2002, S. 63.

MARTINA LEEKER

GESCHLECHTSNEUTRALITÄT
VOM VERSCHWINDEN VON GESCHLECHT IN TANZ-PERFORMANCES
IN KONTEXTEN DIGITALER MEDIEN [1]

Seit den 1960er Jahren kommen im Tanz digitale Medien bzw. kybernetische Modelle zum Einsatz und führen in manchen Produktionen zu einem auffälligen Unterwandern von Vorstellungen geschlechtlich spezifizierter Körper. Dieser Verzicht auf geschlechtliche Zuschreibungen und binäre Differenzierung (Mann/Frau) könnte auf den ersten Blick ein Grund zur Freude sein, da damit auch tradierte Rollenmuster sowie Einschreibungen von Macht unterlaufen, vielleicht eines Tages überwunden werden könnten. Dann böten die Performances eine Grundlage für eine Pluralisierung von geschlechtlichen wie von kulturellen und ethnischen Markierungen und Orientierungen. Das Auftreten des Konstrukts ›Geschlechtsneutralität‹ soll hier allerdings entgegen einer gendertheoretischen Euphorie daraufhin befragt werden, ob und inwiefern es mit der technisch-diskursiven Konstitution sich seit den 1960er Jahren verselbständigender digitaler Medien zu tun haben und für nicht eben herrschaftskritische, technisierende Vorstellungen vom ›Menschen‹ verantwortlich sein könnte.[2] Es soll ausgeführt werden, dass entsprechende Tanz-Performances Modelle dafür entwickeln, wie ›Menschen‹ in der technischen Selbstbezüglichkeit noch eine Rolle spielen können und wie im Rahmen des Kontrollverlustes von Nutzerinnen und Nutzern sowie von

---

[1] Dieser Aufsatz entstand während meines Aufenthalts als Research Fellow bei Internationales Kolleg Morphomata. Genese, Dynamik und Medialität kultureller Figurationen der Universität zu Köln: http://ik-morphomata.uni-koeln.de/, das vom BMBF in der Reihe der Käte Hamburger Kollegs gefördert wird.

[2] Vgl. zum Begriff der »Geschlechtsneutralität«: G. Roger Denson: »Gender as Performance & Script: Reading the Art of Yvonne Rainer, Cindy Sherman, Sarah Charlesworth & Lorna Simpson After Eve Sedgwick & Judith Butler«, in: The Hufftington Post, Art, 6.9.2011, http://www.huffingtonpost.com/g-roger-denson/yvonne-rainer-cindy-sherm_1_b_873652.html, (aufgerufen am 04.01.2013).
Da es in diesem Aufsatz darum geht, Verständnisweisen von Gender aus einer technik- und wissensgeschichtlichen Sicht zu rekonstruieren, kann kein dezidierter Genderbegriff zugrunde gelegt oder verteidigt werden. Auf Grund des technikgeschichtlich-diskurskritischen Zugangs besteht eine Nähe zum dekonstruktivistischen Ansatz von Judiths Butler, nach dem soziales und biologisches Geschlecht sowie deren binäre Gliederung kulturell erzeugt und performativ verankert sind. Gleichwohl ist auch dieses Theorem auf seine Technikgeschichte hin zu befragen.

Maschinen dennoch Kontrolle erzeugt werden kann.³ Unbemerkt bleibt allerdings, dass mit diesen Modellen und Praxen realpolitische Verhältnisse wie eine illusionistische Selbst-Erzeugung oder eine Industrialisierung des Wandels und des Möglichen verdeckt werden.

Wie Geschlechtsneutralität umgesetzt wird, soll exemplarisch an drei Tanzstücken nachvollzogen werden, die zugleich zwei Weisen des Unterlaufens und Verschwindens von Gender markieren. Auf der einen Seite werden in *Carriage Discreteness* (1966) von Yvonne Rainer und in der Recherche zu *Dance and Cognition* von Wayne McGregor (seit 2004) die Tänzerinnen und Tänzer zu Operateuren in einer zwischen ihnen, technischen Dingen und einer medialen Umwelt verteilten Agentenschaft. Auf der anderen Seite zeigt sich an Klaus Obermaiers *Sacre du Printemps* (2006) eine regelrechte Opferung des Körpers und der Beschäftigung mit Genderfragen an Performances von Maschinen. Als Hintergrund beider Optionen, (1) der Aufhebung des Primats einer anthropozentrischen Performativität sowie der Agenturisierung von Existenz und (2) deren Virtualisierung in digitaler Operativität und dem damit einhergehenden Aufrufen eines Techno-Animismus als Einheit mit einer höheren Ordnung, soll die Gleichgültigkeit menschlicher Aktionen für den universellen Code digitaler Maschinen angenommen werden.⁴ Der Gleichgültigkeit und Selbstbezüglichkeit digitaler Medien folgend wird eine Post-Gender-Existenz der Symmetrie zwischen Mensch und technischer Umwelt sowie eine Einschreibung von Selbst-Kontrolle erzeugt und befördert, die sich jenseits von Geschlechterkampf und Anthropozentrik auf dem Weg in eine im Folgenden diskurskritisch zu analysierende medienökologische Existenz befindet.⁵

---

3   Auch wenn hier der Topos ›Geschlechtsneutralität‹ und damit eine Entdifferenzierung und mögliche Pluralisierung von Geschlecht im Fokus steht, wird im Text dennoch je die weibliche und männliche Form angeführt. Ansonsten bestünde ob der starken kulturellen Tradition die Gefahr, dass bei der männlichen Form auch nur männliche Vertreter vorgestellt werden.
4   Die Erfassung von Welt findet im Computer über eine universelle Codierung mit invarianten Symbolen statt, aus denen alles Mögliche werden kann, was zugleich eine Explosion der Erfindung diversifizierter Medien bedeutet. Vor diesem Hintergrund werden Äußerungen menschlicher Nutzer gleichbedeutend mit denen anderer Entitäten und sind nur als Zahlen interessant.
5   Vgl. zu Diskurs und Epistemologie der Medienökologie: Erich Hörl: »Die technologische Bedingung. Zur Einführung«, in: Erich Hörl (Hg.): *Die technologische Bedingung. Beiträge zur Beschreibung der technischen Welt*, Frankfurt am Main 2011, S. 8–53. In meinem Aufsatz wird nun eine technikgeschichtliche und diskurskritische Auswertung des Konzeptes der Medienökologie ausgehend von der Denkfigur »Geschlechtsneutralität« vorgeschlagen. Oder anders: Geschlechtsneutrale Performances seit den 1960er Jahren erfinden und erproben eine medienökologische Existenz und können deshalb Hinweise auf eine Analyse von deren problematischen Aspekten geben. Vgl. zur Selbstkontrolle: Paul N. Edwards: »Schwache Disziplin: Der Macht-Wissen-

## I. VERTEILTE INTELLIGENZ UND GESCHLECHTSLOSE KÖRPER ALS MEDIENÖKOLOGISCHE PERSPEKTIVE

*1. Yvonne Rainer. Performance als Agency*

Im Herbst 1966 kam im Rahmen der *9 Evenings. Theatre and Engineering* die Performance *Carriage Discreteness* von Yvonne Rainer im *Armory*, einer riesigen Militärhalle in New York, zur Aufführung.[6] In diesem Event arbeiteten Vertreterinnen und Vertreter der amerikanischen Neo-Avantgarde mit rund dreißig Ingenieuren der *Bell Telephone Laboratories* zusammen, um ein System zum Transport und zur Steuerung von Signalen zwischen technischen Dingen und menschlichen Akteurinnen und Akteuren zu erzeugen. In diesem Rahmen wird die Performance von Yvonne Rainer, deren Werk seit den 1970er Jahren im Kontext von Feminismus und Gender beschrieben wird, vor allem als Initiation zu einer durch Technik und Diskurse erzeugten Überschreitung von Geschlechtlichkeit hin zu einer Agentur von Mensch und Dingen in technischen Welten lesbar.[7]

---

Komplex in Netzwerken und der Niedergang des Expertentums«, in: Stefan Kaufmann (Hg.), *Vernetzte Steuerung: Soziale Prozesse im Zeitalter technischer Netzwerke*, Zürich 2007, S. 47–66.

6 Vgl. zu den *9 Evenings*: http://www.fondation-langlois.org/html/e/page.php?NumPage=294. Zur Performance von Yvonne Rainer: http://www.fondation-langlois.org/html/e/page.php?NumPage=626, (alle aufgerufen am 04.01.2013).

7 Die Choreographien und Filme von Yvonne Rainer werden in der Rezeption in den Kontext des Feminismus der 1960er/1970er Jahren gestellt, mit dem unter der Behauptung geschlechtlicher Differenz eine Gleichberechtigung der Geschlechter hergestellt werden sollte. Rainers Praxen zur ›Geschlechtsneutralität‹ machen ihr Werk zudem anschlussfähig an eine *queere* Sicht auf Gender seit Ende der 1980er Jahre, in der binäre Strukturen von Geschlechtlichkeit (Mann/Frau) aufgelöst werden sollen. Vgl. zur Rezeptionsgeschichte aus Genderperspektive: Peggy Phelan: »Yvonne Rainer: From Dance to Film«, in: *Yvonne Rainer, A Woman Who... Essays, Interviews, Script*, Baltimore 1999, S. 3–17; sowie: Kaja Silverman: »Dis-Embodying the Female Voice«, in: Mary Ann Doane, Patricia Mellancamp und Linda Williams (Hg.): *Re-Vision: Essays in Feminist Film Criticism*, Los Angeles 1984, S. 131–149. Jonathan Walley hat dagegen in einer höchst interessanten Studie gezeigt, dass auch andere Sichtweisen sehr produktiv sind. Er hat Rainers frühe Arbeiten sowie ihren Wechsel zum Film in den 1970er Jahren nicht auf feministische Beweggründe zurückführt, sondern sie ausgehend von ästhetischen Problemstellungen sowie aus der Auseinandersetzung mit der Medialität von Performance erklärt. Vgl.: Jonathan Walley: »From Objecthood to Subject Matter: Yvonne Rainer's Transition from Dance to Film«, in: *senses of cinema*, 29. 12. 2001, http://sensesofcinema.com/2001/18/rainer-2/, (aufgerufen am 04.01.2013). Bei Rainers Shift von der *Liveness* der Bühne zum Film war nach Walley zudem ihre Auseinandersetzung mit der die Neo-Avantgarde der 1960er Jahre unter anderem konstituierenden Dichotomie von Kunst und Leben ausschlaggebend. Gerade im von Rainer praktizierten Tanzen mit alltäglichen Bewegungen trat bald das Problem zutage, dass entweder das Leben nicht authentisch auf der Bühne zu haben ist oder aber die Dichotomie selbst falsch sein könnte, die impliziert, dass Leben jenseits von Mediatisierungen bestehen könnte. Diese Deutung integ-

Ausgangspunkt für die für Gender Studies interessante wie für die aus technikökologischer Sicht interpretierbare Auflösung von machtorientierten Geschlechtszuschreibungen ist Rainers Auseinandersetzung mit Tanz. Ihr Schaffen im *Judson Dance Theatre* ist gekennzeichnet von einer Fokussierung auf alltägliche und funktionale Bewegungen.[8] Aufgaben wie Gehen, Stehen, etwas Tragen sollten neutral, d. h. ohne tänzerische Virtuosität oder Zuordnung auf Geschlecht ausgeführt werden. Die geschlechtsneutral gedachten Körper und nicht-intentionalen Bewegungen sind dann auch in *Carriage Discreteness* zu sehen. Hinzu kommt in dieser Performance der Umgang mit Dingen im Raum. Vincent Bonin beschreibt deren Setting nach Erläuterungen von Yvonne Rainer im Programmheft von 1966:

»Rainer remained on the Armory balcony throughout the performance, relaying her instructions by walkie-talkie (Robert Morris played this role on October 21). The dancers, for their part, were equipped with receivers that they wore on either their wrists or shoulders. At the start of the performance, an array of objects (including plywood panels, metal sheets, pipes and parallelepipeds made by the sculptor Carl André) was placed into 20 separate sections of a grid that had been drawn with chalk on the Armory floor. Alone or in pairs, the dancers carried objects designated by the choreographer from one zone to another. Before being called upon, the dancers stood and waited for instructions.... Echoing this first choreographic series, the second series of events unfolded in accordance with a program designed to trigger (in a 67-step sequence) the mechanisms of various devices.«[9]

Entscheidend sind also das Konzept der Choreographin sowie dessen partielle Umsetzung, die Aktionen der Tänzerinnen und Tänzer sowie der *program drum*, mit der elektronische Geräte in Betrieb gesetzt und Licht, Ton, Filme oder Tonbandaufzeichnungen mit Dialogen und Monologen ausgelöst wurden, über Walkie-Talkie zu steuern.[10] Im Kontext der Zusammenarbeit von Ingenieuren und Künstlerinnen und

---

riert eine feministische oder gendertheoretische Sicht insofern, als sie mit dieser den Topos der Konstruktivität teilt.
8   Zur Arbeitsweise von Yvonne Rainer: Sabine Huschka: »Intelligente Körper. Bewegung entwerfen – Bewegung entnehmen – Bewegung denken«, in: Franz Bockrath u.a. (Hg.): *Körperliche Erkenntnis. Formen reflexiver Erfahrung*, Bielefeld 2008, S. 135–156.
9   Zitiert nach: Vincent Bonin: *Yvonne Rainer, Carriage Discreteness*, 2006, http://www.fondation-langlois.org/html/e/page.php?NumPage=626#n1, (aufgerufen: 04.01.2013); ebenso in: Yvonne Rainer: *Work 1961–73*, Halifax 1974, S. 304.
10  Ich danke Yvonne Hardt für den Hinweis, dass die Walkie-Talkies in den Aufführungen von *Carriage Discreteness* nicht einwandfrei funktionierten. Gleichwohl ist aus meiner Sicht Rainers Ringen um

Künstlern in den *9 Evenings* erzeugt Rainer in ihrer Kontroll-Performance damit Kunst und Performance als künstlerische Form des System-Engineering, d.h. der Organisation eines komplexen Zusammenspiels verschiedenster Komponenten. Im Gegensatz zum selbstorganisierten, mithin von Nutzerinnen und Nutzern unabhängigen Funktionieren technischer Systeme bei den Bell Labs stellt Rainer allerdings in *Carriage Discreteness* eine eigene Vision von Systemen her, in der Menschen und deren Kontrolle einen Platz haben. Damit leistet das System von Yvonne Rainer dreierlei: (1) Performativität wird neu bestimmt, (2) Akteurinnen und Akteure mutieren zu Aktanten in einem vernetzten System und schließlich wird (3) eine neue Art illusionärer Kontrolle inauguriert, die die reale, kybernetische Kontrolle schlicht verdeckt.

Grundlage für die ›Agenturisierung‹ ist zunächst eine Neubestimmung des Verhältnisses von Körpern und Dingen, wenn Rainer konstatiert: »It seemed very appropriate for me at that time to use a whole other point of view about the body – that it could be handled like an object, picked up and carried, and that objects and bodies could be interchangeable«.[11] In dieser Welt entfesselter, vor allem technischer Dinge und explizit unpersönlichen Tanzens wird Performativität mithin von der Aufführung eines intentionalen Subjektes (Akteurin/Akteur) zum bloßen Ausführen von Aktionen (Aktanten) umgedeutet und erhält darin selbst Handlungsmacht. Es kommt somit zu einer technischen Sinnverschiebung, und Performance wird zum noch kaum

---

Kontrolle ein entscheidender Faktor der Performance. Nachweis dafür ist auch der streng lineare und fixe Ablauf der Aktionen, siehe: Yvonne Rainer: *Carriage Discreteness*. Performance presented as part of the *9 Evenings*: Theatre and Engineering Festival, The 69th Regiment Armory, New York 1966, http://www.fondation-langlois.org/pdf/e/Carriage_Discreteness_EN.pdf, (aufgerufen am 04.01.2013). Untermauert wird die oben genannte Einschätzung auch durch Erkenntnisse von Jonathan Walley. Vgl. ders.: *From Objecthood to Subject Matter*, 2001. Er führt z.B. Rainers Hinwendung zum Film auf einen nicht zu überbrückenden Konflikt zwischen den Ästhetiken der Minimal Art, die aus einer hohen Präzision besteht und der Arbeit von John Cage, in der zum einen Zufall ein Werk konstituiert und zum anderen die Grenzen zwischen Kunst und Leben verschwimmen. In der Übertragung der Minimal Art auf Performance, so Walley, geriet Rainer in einen doppelten Widerspruch. Einerseits durchkreuzte das Changieren zwischen Kontrolle über die Choreographie und Kooperation mit den Tänzerinnen und Tänzern ihr Anliegen, einen demokratischen Arbeitsstil zu entwickeln und zu pflegen. Andererseits hätten die individuellen Körper der Akteurinnen und Akteure Rainers Anliegen torpediert, einen neutralen, objekthaften Körper und Tanz zu entwickeln. In *Carriage Discreteness* dürfte dieser Konflikt zum Tragen gekommen sein, wenn sie die Aktionen der Tänzerinnen und Tänzer nach einem festen Plan dirigieren will. Das heißt, an dieser Stelle ist das Konzept von Interesse und nicht eine technische Störung, die Rainer zudem nicht ästhetisch produktiv gemacht hat.

**11** Yvonne Rainer, Interview by Liza Bear and Willoughby Sharp: »The Performer as Persona«, in: *Avalanche 5*, New York 1972, S. 46–59.

denkbaren Agieren eines medienökologischen Seins. Diese Reformulierung von Performativität entspricht zugleich einer Nobilitierung technischer Operationen, indem diesen eine eigene Ästhetik zugestanden wird. So entsteht in *Carriage Discretenenss* in der Performance der Dinge eine Ästhetik der *Ungewissheit und Unbestimmtheit*, da man als Zuschauerin und Zuschauer nie weiß, wer oder was etwas tut, was geschehen wird und aus welchem Grund. Die Choreographin installiert aber zugleich eine Art zentraler Kontrollinstanz, wenn sie zur Regelung der Performance über Walkie-Talkie nach einem festgelegten und linearen Plan schreibt, die sich jenseits der Wahrnehmung der Zuschauerinnen und Zuschauer vollzog: »The hand of God changed the hugely dispersed configuration into a slightly different configuration«.[12] Im Zusammenspiel von Sichtbarkeit von Prozessen und der Möglichkeit von Kontrolle über Distanzen hinweg wird auf diese Weise von der Choreographin in der Agentur ein *Super-Agent* als Reminiszenz eines Subjektes inauguriert.[13] Dieses ist zum einen Agent, der als Stellvertreter Gottes oder einer höheren Ordnung der technischen Dinge, mithin als ein als *Subjekt der Fremdheit*, deren Teil und Handlanger ist. Diese Disposition ist zugleich Grundlage für ein Subjekt der Selbst-Kontrolle und Selbst-Regulation, das sich, gerade weil es sich fremd ist, im Kollektiv im fremden Auftrag handelnd integriert, statt eigene Interessen zu verfolgen. Zugleich, und das ist die Crux, wird in den Performances der Eindruck erzeugt, dass der Agent im Sinne eines *Super-Agenten*, d.h. als Agent der Agenten bzw. als Beobachter der Beobachter, auf Grund dieser übergeordneten Position Entscheidungen treffen, das System letztlich kontrollieren und über dessen Werdegang bestimmen kann. Es geht mithin um eine Selbst-Entmachtung, die mit einer illusionären Selbst-Ermächtigung einhergeht. Dieses ›Selbst‹ existiert durch Handlungen ohne Kern, als operative Kette fremder Aufträge.

Es zeigt sich, dass lange vor der Erfindung einer Theorie der Agentennetzwerke und der Durchsetzung der Medien- und Kulturwissenschaft mit dieser, Menschen und Dinge im Kontext kybernetischen System-Ingenieurswesens in eine symmetrische Agentenschaft katapultiert wurden.[14] Ihr ist eine illusionäre Subjekthaftigkeit inhärent, die sich aus der Lust am Kontrollverlust sowie aus dem bloßen Anschein von Kontrolle und Macht konstituiert. Was heute als der Versuch gedeutet werden kann,

---

12 Zitiert nach Meredith Morse: *e-Collaborations in Sixties America: 9 Evenings, the Dancer's Body, and Electronic Technologies*, Scan, Journal of Media Arts Culture, 2005, http://scan.net.au/scan/journal/display.php?journal_id=92, (aufgerufen am 04.01.2013).
13 Vgl. Morse: *e-Collaborations in Sixties America*, a.a.O.
14 Vgl. zur Theorie der symmetrischen Netzwerke unterschiedlicher Agenten: Bruno Latour: *Eine neue Soziologie für eine neue Gesellschaft. Einführung in die Akteur-Netzwerk-Theorie*, Frankfurt a. M. 2007.

›Mensch‹ im Übergang zu einer medienökologischen Existenz neu zu bestimmen, in der die vermeintlichen Unbillen von Geschlechtlichkeit und Geschlechterkampf keine Rolle mehr spielen, hat eine Genese in der Kybernetik und besteht als Faszinationsgeschichte augenwischender Kontrollgelüste.

## 2. Wayne McGregor. Verteilte Intelligenz für Agenten-Züchtungen[15]

Bei der Agenturisierung und Entgeschlechtlichung handelt es sich nicht um eine Episode in den 1960er Jahren. Wie sich diese Denkfigur fortsetzt, zeigt sich an dem seit 2004 bestehenden Austausch des Choreographen Wayne McGregor mit aus der Kybernetik und aus der Wissens- und Technikgeschichte digitaler Gerätschaften stammender Kognitionswissenschaft.[16] Im Unterschied zur Erzeugung von Agenturen bestehend aus menschlichen Akteuren, Dingen und Technik bei Yvonne Rainer geht es nun allerdings um deren Optimierung, genauer um eine regelrechte Züchtung von Agenten. Diese Option macht den Tanz für den mit McGregor kooperierenden Kognitionswissenschaftler David Kirsh, Leiter des Interactive Cognition Lab (ICL) an der University of California San Diego (UCSD), Departement of Cognitive Science, interessant.[17] McGregor selbst nutzt die Zusammenarbeit, um seine Tänzerinnen und Tänzer sowie seine choreographische Arbeit dadurch zu optimieren, dass er mehr über die kognitiven Zusammenhänge bei der Erfindung des Neuen im Tanz erfährt.[18] In diesem Zusammenspiel von Tanz und kognitionswissenschaftlicher Analyse kommt es in dem Moment zur Auflösung von Genderfragen und Subjektivität, in dem Tänzerinnen und Tänzer und Umwelt sich zu einem System von Übersetzungen in Operationsketten *verteilter Kognition* fügen.[19]

---

15 Vgl. ausführlicher zum Projekt *Dance and Cognition*: Martina Leeker: »Automatismen im Tanz. Vom Agenten-Züchten, Wayne McGregor«, in: Hannelore Bublitz u.a. (Hg.): *Unsichtbare Hände. Automatismen in Medien-, Technik- und Diskursgeschichte*, Paderborn 2011, S. 111–140.
16 Vgl. die Projektseite: http://www.choreocog.net/index.html sowie auf der Seite von *Random Dance Company*: http://www.randomdance.org/r_research, (aufgerufen am 04.01.2013).
17 Seite von David Kirsh: http://adrenaline.ucsd.edu/kirsh/index.html. Vgl. Zum Lab http://adrenaline.ucsd.edu/external/index.html, (beide aufgerufen am 04.01.2013).
18 Vgl. zu Wayne McGregor: http://www.randomdance.org/wayne_mcgregor, zur von ihm geleiteten Random Dance Company: http://www.randomdance.org/home, (aufgerufen am 04.01.2013). Vgl. zur Arbeit von McGregor Martina Leeker: »Choreographie, Telematik, Animation. Wayne McGregor«, in: Söke Dinkla und Martina Leeker (Hg.): *Tanz und Technologie. Auf dem Weg zu medialen Inszenierungen*, Berlin 2002, S. 306–367.
19 Vgl. zur Untersuchung: David Kirsh u.a.: »Choreographic methods for creating novel«, *high quality dance*, 2009, unter: http://www.desform.org/2009/downloads/_PDFs/21_David%20Kirsh.pdf (aufgerufen am 04.01.2013).

Wenn Kirsh konstatiert, dass zu untersuchen sei: »How the cognitive process of creating the dance is distributed over the minds and bodies of the choreographer and the dancers.«, wird deutlich, dass Tanzen und Choreographieren ihn als *Distributed Cognition* interessieren.[20] Dabei kommen die Untersuchungen Kirshs zu folgendem Ergebnis:

»Kirsh's team found that McGregor's choreographic process with Random Dance is highly collaborative: McGregor and the company's dancers brainstorm together and develop movement in three ways: ›showing‹, ›making‹, and ›tasking‹. When ›showing‹, McGregor shows a movement within a line of dancers or while moving in front of them and then observes the dancers' various responses. In ›making‹, McGregor works with only one other dancer and ›makes on‹ that dancer as a duo. In Kirsh's terminology, the dancer becomes a ›direct reference‹ from which the other dancers ›sketch‹ thereby ›massaging or shaping the form‹. Likewise, in ›tasking‹, a problem or task is posed to the dancers, and McGregor observes how they try to solve it. The dancers may be asked to imagine something, like ›what it would be like to be attacked‹. As Kirsh explained, ›The point is to give someone a task, which, by solving it, then produces nonstandard movement‹.«[21]

Am Stellenwert der Recherche zu *Tanz und Kognition* und deren Methoden zeigt sich dann, dass es um das Züchten von Agenten geht. Ausgangspunkt dafür ist, dass Tanz für Kirsh zum Paradigma einer spezifischen Form verteilter Kognition wird, wenn er schreibt:

»His [Wayne McGregors, Anmerkung der Autorin] methods, although designed for dance, apply more generally to other creative endeavors, especially where brainstorming is involved, and where the creative process is distributed over many individuals. His approach is also a case study in multimodal direction, owing to the range of mechanisms he uses to communicate and direct.«[22]

McGregors Tanzästhetik, die sich als dauernder, schlingernder Fluss hochkomplexer Bewegungen und Figuren beschreiben lässt, die aus der Lösung von vielschichtigen

---

20 Siehe: http://idp.ucsd.edu/index.php?cat=faculty, (aufgerufen am 04.01.2013).
21 Sara Wintz: *Brainstorm Touches Down at the Kasser Theater*, 09.05.2011, http://www.peakperfs.org/insite/?p=2730, (aufgerufen am 04.01.2013).
22 David Kirsh u.a.: »Choreographic methods for creating novel«, a.a.O., S. 188.

Geschlechtsneutralität 165

Abb. 1: Wayne McGregor
(nach David Kirsh): *Making On*

Bewegungsaufgaben entstehen, entspricht also in Bewegung dem, was Kirsh unter kreativer Kognition versteht. Es geht um ein permanentes Modellieren und Abgleichen von Dingen, Bewegungen, Beziehungen, Aufgaben, Lösungen. Ähnlich wie bei Yvonne Rainer wird dabei in der Optimierung die Funktionalität von ›Dingen‹ und ›Menschen‹ neu bestimmt. Denn, so Kirsh, in einer Umwelt geteilter Kognition, in der »we externalize thought and intention to harness external sources of cognitive power«[23], haben auch Dinge Handlungsmacht, emanzipieren sich vom Status utilitaristischer Instrumente und integrieren Subjekte als Agenten in Operationsketten verteilter Kognition. Entscheidend ist nun im Hinblick auf die Züchtung von Agenten, dass Kirsh die genannten kreativen und kooperativen Kompetenzen nicht nur beobachten, sondern auch schulen will. Tanz steht damit im Dienst der Herstellung kognitionswissenschaftlich optimierter Umwelten. Dies zu erreichen, modelliert und operiert Kirsh in Experimentalanordnungen komplexer Agentensysteme am lebendigen Leib.[24] Mehr noch: Für Kirsh *ist* Modelling als Konstruktion ›Natur‹ der Kognition. So wird aus der noch bei Rainer problematischen Lage des menschlichen Akteurs

---

23 David Kirsh: Distributed Cognition, 2006, http://adrenaline.ucsd.edu/kirsh/articles/Journal_pragmatics/Dist_cog_pragmatics.pdf, S. 250, (aufgerufen am 22.06.2013).
24 Vgl. dazu ein Experiment von Kirsh in Starbucks Cafés: David Kirsh: *Multi-tasking and Cost Structure: Implications for Design*, 2005, http://adrenaline.ucsd.edu/kirsh/articles/Cogsci_2005/f893-kirsh_published.pdf, (aufgerufen am 04.01.2013).

in selbstorganisierten Welten die frohe Botschaft, dass technische und tänzerische Modellierung endlich Komplexität und Kreativität von Erkennen versprächen, weil sie der ›Natur‹ der Kognition, nämlich dem Modelling entsprächen. Tanz ist für Kirsh also deshalb von besonderem Interesse, weil er als Experiment funktioniert, als Spiel, das einer experimentellen Problemlösung in einer Kaskade von Modellierungen, Übersetzungen und Interaktionen verpflichtet ist. Die Modellierung übersteigt bisher gekannte und gedachte Wirklichkeit und Komplexität und erweitert Erkenntnis und Existenz um die Möglichkeiten des Experimentierens und Erfindens.

Mit Kirshs kognitionswissenschaftlichem Blick mutiert McGregors Bewegungsforschung so zur Optimierung von über Agenten verteilter Kognition. Es geht also um ›Agentenzüchtung‹. Tanzen wird dabei zum Paradigma einer Erzeugung von Agentensystemen als eine kognitivistisch optimierte Umwelt. Im Projekt *Dance and Cognition* tanzen dann nicht mehr geschlechtlich spezifizierte ›Tänzer‹ auf der Bühne, sondern Agenten des Möglichen, die mit anderen Agenten, auch technischen Artefakten, gleichrangig sind. Die choreographische Praxis entspricht mithin der Erfindung des Menschen als Agenten *und* deren Züchtung. McGregors Tanz und Kirshs Kognitionswissenschaft teilen zudem in der Ontologisierung von Modelling die frohe Botschaft einer performativen ›Natur‹ des Agententums, das kreativer, komplexer und emergenter ist als bisher Gedachtes und welches Existenz zu Dauer-Transformation erhebt.

## II. DIE OPFERUNG DES KÖRPERS, ODER: WENN MASCHINEN TANZ IMITIEREN

Mit der Produktion *Sacre du Printemps* von Klaus Obermaier (2006) wird ein weiterer Aspekt des Zusammenspiels von Technik, Tanz und Geschlecht sichtbar.[25] Es geht um animistische Komponenten der Theater- und Mediengeschichte, die nunmehr in einen Techno-Animismus überführt werden.

Animistische Komponenten werden aufgrund von Vaslav Nijinskys erster Erarbeitung des Balletts 1913 aufgerufen.[26] Dessen animistische Konstitution, die möglicherweise

---

25 Vgl. http://www.exile.at/ko/, (aufgerufen am 04.01.2013).
26 In der Forschung ist bisher noch kaum erwogen und untersucht worden, dass dieses Ballett Teil einer animistischen Mediengeschichte um 1900 sein könnte und der Tumult bei seiner Uraufführung diesem Umstand geschuldet. Vgl. zu *Sacre* als Maschinenstück: Monika Woitas und Annette Hartmann (Hg.): *Strawinskys ›Motor Drive‹*, München 2010.

in seinen Adaptionen tradiert wird, zeigt sich zunächst im Plot des Ballettstückes, das von der Opferung einer jungen Frau an den Frühlingsgott durch Tottanzen handelt. Der Status insbesondere von Frauen als Medium paraphysikalischer Welten ist ein Topos, der – wie u.a. Wolfgang Hagen präzise herausgearbeitet hat – neben anderen Faktoren Mediengeschichte im Okkulten begründet.[27] Die animistische Seite konstituiert sich dabei aus einer Parallelisierung von Effekten technischer Medien wie Telegraph, Telefon oder Photographie und Erkenntnissen in den Elektromagnetismus mit okkulten und spiritistischen Phänomen und Praxen. Das heißt, die technischen und physikalischen Events werden zu Nachweisen des Paraphysikalischen, oder anders: Das Gespenstische von Technik und einer Quantenmodellen zustrebenden Physik wird in Geistern gebannt bzw. in der Lust an einem gemeinsamen Schwingen in und mit höheren Ordnungen aufgehoben.[28] Die Teilhabe von Nijinskys *Sacre du Printemps* an dieser spiritistischen Mediengeschichte zeigt sich zudem an der Mitarbeit von Nikolai Roerich, verantwortlich für Libretto und Bühnenbild des Balletts, der gemeinsam mit seiner Frau Helena in Fortsetzung von Helena Blavatsky die theosophische Gesellschaft *Agni Yoga* gründete, mithin nachweislich okkulten Theorien und Praxen folgte.[29] Schließlich rufen die Komposition Strawinskys sowie die Tanzweise von Vaslav Nijinsky einen spiritistischen Kontext auf den Plan. Denn Nijinsky ging es mit seiner Energie zentrierenden Tanzform, die zwischen Dalcrozes *Eurythmik* und Steiners *Eurythmie* angesiedelt ist, darum, ein Ganzheitlichkeit versprechendes Mitschwingen aller am Spektakel Beteiligten auszulösen.[30]

Es steht nun in Frage, wie Klaus Obermaier mit diesem Erbe umgeht und es gegebenenfalls modifiziert. Während in Nijinskys Ballett das Opfer als Narrativ leitend ist

---

27 Wolfgang Hagen: »Der Okkultismus der Avantgarde um 1900«, in: Sigrid Schade u.a. (Hg.): *Konfigurationen. Zwischen Kunst und Medien*, München 1999, S. 338–357. Zu Frauen als mediumistische Medien: Marcus Hahn u.a. (Hg.): *Trancemedien und Neue Medien um 1900: Ein anderer Blick auf die Moderne*, Bielefeld 2009.
28 Vgl. zum Topos des Unsichtbaren und zu Schwingungen um 1900: Linda Dalrymple Henderson: »Die moderne Kunst und das Unsichtbare«, in: Veit Loerst (Hg.): *Okkultismus und Avantgarde. Von Munch bis Mondrian 1900 – 1915*, Ostfildern 1995, S. 13–31.
29 Vgl. zu den okkulten Seiten bei Roerich: Ernst von Waldenfels: *Nikolai Roerich – Kunst, Macht und Okkultismus*, Hamburg 2011.
30 Dalcroze kommt ins Spiel, da Nijinsky Maria Rambert, Meisterschülerin von Dalcroze, zu Hilfe holte. Dalcroze schreibt: »Es gilt mitzuschwingen, es gilt teilzunehmen mit eigenem Nerv und eigenem Sinn an dem Wellenschlag des Alls.« Zitiert nach: Angelika Jacobs: »Maria im Experiment: Rilkes Hellerau«, in: *Marburger Forum. Beiträge zur geistigen Situation der Gegenwart*, Jg. 8 (2007), Heft 5, S. 17–29, hier S. 22. Zur tänzerischen Arbeit von Nijinsky im *Sacre*: Milicent Hodson: »Searching for Nijinsky's *Sacre*«, in: Ann Dils u.a. (Hg.): *Moving History/Dancing Cultures: A Dance History Reader*, Wesleyan 2001, S. 17–29. Vgl. http://www.exile.at/sacre/, (aufgerufen am 04.01.2013).

und der drängende und komplexe Rhythmus Körper und Wahrnehmung vereinnahmt, kommt es bei Obermaier durch die Integration der Tänzerin in die Projektion digitaler Welten zur Opferung des Körpers wie des Tanzes an die gleichgültigen numerischen Operationen.[31] Datenkörper und errechnete Welt können nun nach Belieben gestaltet werden, wie Irene Judmayer beschreibt:

»Blutrote Farbschlieren beginnen einen rasenden Tanz. Umschlingen eine Frau, deren Gliedmaßen seltsam verzerrt wirken. Wie Spinnenarme greift es über unsere Häupter hinweg. Wie im Spiegelkabinett multiplizieren sich Beine und Arme. Bälle aus Körpern schießen durch den Raum. Lichtpunkte explodieren. Wie ein elastisches Drahtgeflecht wölbt sich ein Raster ins Publikum.«[32]

Entscheidend ist nun in dieser Performance, dass, im Vergleich zu anderen interaktiven Bühnensettings mit digitaler Technik, die Steuerung aus dem physikalischen Raum in den Datenraum verlegt wird. Denn die Tänzerin interagiert nicht mit den technischen Bildern, sondern sie orientiert sich tanzend vielmehr an *ihrem Bild* im Datenraum, so dass dieses ihre Bewegungen steuert. In Obermaiers *Sacre* werden auf diese Weise der tanzende Körper und der physikalische Raum zum Anhängsel der Technik, zu deren Datengebern. Daran ändert auch die leibliche Präsenz der Tänzerin auf einer kleinen Bühne nichts, da die Zuschauer nicht zwingend auf sie achten und die Projektionen als attraktiver auffassen könnten.[33] Die physikalischen Datengeber sind zudem wegen der 3D-Brillen, die getragen werden müssen, um Datenkörper und Datenraum in der Projektion überhaupt in der dreidimensionalen Illusion sehen zu können, kaum zu erkennen. Wenn Obermaier schließlich die spirituelle Dimension dieser Performance beschreibt, dann zeigt sich, dass sich Tanz und Gender in eine animistisch grundierte Animation, genauer in einen Techno-Animismus aufgelöst haben. Obermaier konstatiert:

---

31 Vgl. http://www.exile.at/sacre/, (aufgerufen am 04.01.2013).
32 Irene Judmayer: »Jubelstürme im Brucknerhaus«, *Oberösterreichische Nachrichten*, 12. September 2006, http://www.exile.at/sacre/reviews_de.html, (aufgerufen am 04.01.2013).
33 An dieser Stelle kann nur der subjektive Eindruck der Autorin wiedergegeben werden. Grundlegende Untersuchungen zum Verhältnis von Live-Performance und Videoprojektion in der Wahrnehmung von Zuschauerinnen und Zuschauern hätten an eine Geschichte der Medialität und Visualität von Theater anzuschließen, wie sie vorgelegt wurde von: Ulrike Hass: *Drama des Sehens. Auge, Blick und Bühnenform*, München 2005.

Geschlechtsneutralität 169

Abb. 2: Transformationen in der Datenwelt – Klaus Obermaier und Ars Electronica Futurelab: *Sacre du Printemps*, Tanz: Julia Mach

»Das Eintauchen der ›Auserwählten‹ in Virtualität, ihre Verschmelzung mit Musik und Raum, als zeitgemäßes ›Opfer‹ für das ungewisse Neue, als Metapher der Erlösung und Vorwegnahme des ewigen Glücks, das uns neue Technologien und alte Religionen versprechen. Oder zumindest als neue Dimension der Wahrnehmung.«[34]

Bezogen auf eine Genese seines *Sacre* im Animismus um 1900 vollführt Obermaier symbolisch ein Opfer der ehemals mediumistischen ›Frau‹ an eine Performance der Maschinen. Aus dem okkulten, klopfgeisternden Animismus zu Zeiten technischen Medien um 1900 ist nach 2000 ein Techno-Animismus geworden, in dem Maschinen Kunst vollführen und sich dazu explizit der Daten menschlicher Protagonisten bedienen, was von letzteren als Resonanz mit einer höheren Ordnung aufgefasst wird.

---

[34] Klaus Obermaier: *Le Sacre du Printemps. Igor Stravinsky*, Projekt, http://www.exile.at/sacre/project_de.html, (aufgerufen am 04.01.2013).

## III. FAZIT. POST-GENDER IN EINER MEDIENÖKOLOGISCHEN PERSPEKTIVE

Obermaiers Performance zeigt zweierlei bezogen auf das Zusammenspiel von Gender, digitalen Medien und Tanz. Sie kann erstens – jenseits ihrer technikaffirmativen Seite – als Rahmen für die Spiegelung oder die realpolitische Dekonstruktion der Agenturisierung menschlicher Existenz genutzt werden, die an Yvonne Rainer und Wayne McGregor/David Kirsh herausgearbeitet wurde. Den Hoffnungen auf eine geschlechtsneutrale, medienökologische Existenz hält Obermaiers *Sacre* nämlich da den Spiegel vor, wo das Netzwerk der gleichberechtigten Aktanten den menschlichen Bestandteilen bei Lichte betrachtet keinen Platz mehr einräumt. Der menschliche Akteur wird vielmehr ausdrücklich zum geschlechtslosen Datengeber. Statt zu neumodischen, ganzheitlichen und techno-affektiven Bezügen und Medienexistenzen kommt es zu einer Virtualisierung von Körper und Dasein sowie zu einer Industrialisierung von Kreativität und *Poiesis*. Daraus folgt für eine technikgeschichtliche und diskurskritische Auseinandersetzung mit Genderfragen und -problematisierungen, dass auf deren Vorgeschichte in kybernetischen Agenturisierungen von Mensch und Technik zu achten wäre. Denn noch bevor seit Ende der 1980er Jahre in *queeren*, binäre Ordnungen überschreitenden Gender-Thesen wie z. B. von Judith Butler oder der Denkfigur von Techno-Hybriden bei Donna Haraway jenseits von Geschlecht gedacht wird, wird in den Tänzen mit digitalen Techniken Geschlecht seit den 1960er Jahren zugunsten der Erfindung von Netzwerken und der Züchtung von Agenten im Sinne einer Existenz und Epistemologie des rein Möglichen überschritten.[35] Damit entstünden Gender Studies zugleich jenseits von in ihnen durchgeführten herrschaftskritischen Analysen. Statt eine Analyse von Geschlechtermacht vorzunehmen oder an deren Überwindung zu arbeiten, erzeugen die vorgestellten geschlechtsneutralen Performances nämlich vielmehr eine perfide Art von Kontrolle als Wechselspiel von Regelung und Illusionierung, mit der erstere verdeckt wird. Es entsteht eine Selbst-Kontrolle von *Subjekten der Fremdheit*, die sich selbst organisieren, regulieren und kontrollieren. Zweitens zeigt sich am Komplex Tanz-Gender-Medien, dass Animismus nicht das Andere von Kultur und Medien ist. Er ist vielmehr deren integraler Bestandteil und an der Einschreibung von Macht in der Nutzung von Medien sowie an der Bindung menschlicher Nutzer an sie zentral beteiligt. Diese Konstitution von Technik als Techno-Animismus bedeutet, dass eine Domestizierung des Gespenstischen der Technik und die

---

35 Judith Butler: *Das Unbehagen der Geschlechter*, Frankfurt a. M. 1991 und Donna Haraway: »A Manifesto for Cyborgs. Science, Technology and Socialist Feminism in the 1980s«, in: Linda Nicholson (Hg.): *Feminism, Postmodernism*, New York 1990, S. 190–233.

Faszination an diesem sowie irrationale Bindungen und Heilsversprechen der Mediengeschichte inhärent und zu beachten sind.

Die hier durchgeführte technik- und wissensgeschichtliche Analyse soll als Gegenmittel für die beschriebenen Faszinationen stark gemacht werden. Dessen Anwendung ist auch forthin nötig, da die Forcierung von Geschlechtsneutralität als Umgang mit der Gleichgültigkeit digitaler Technik für anthropologische Belange nicht abgeschlossen ist. Dieser Umstand wird weiterhin mit Modellen kompensiert, die ›Mensch‹ wieder mit Technik in Beziehung bringen. Entsprechende Bemühungen zeigen sich in der Fortsetzung der Konzeptualisierungen einer Agentur von Menschen und Dingen in einer medienökologischen Existenz und münden derzeit in einer Dekonstruktion von Speziesgrenzen sowie in biotechnischen Experimentalanordnungen.[36] Diese Modelle unumwunden als Befreiung von Macht oder als Option kultureller und geschlechtlicher Pluralisierung zu feiern, hieße, weiterhin deren Genese aus technischer Regelung sowie als eine Strategie der Kompensation rekursiver Technik zu übersehen. Mit der technikgeschichtlich grundierten, diskurskritischen Sicht und Analyse sollen allerdings keinesfalls überkommene Ideen zu einem universellen oder a-historischen Anthropologischen, essentialistische materialistische Konzepte oder Subjektvorstellungen eingespielt werden. Denn ›Mensch‹, ›Gender‹ und ›Subjekt‹ sind Produkte kultureller Formierungen und sowie von Technikgeschichte(n) des Menschen.[37] Es geht vielmehr darum, eine Grundlage für eine Beobachtung aktueller Technikgeschichte(n) zu schaffen. Diese haben insofern eine Berechtigung, als ›Mensch‹ nicht außerhalb seiner medialen Umwelten steht und gerade digitale Kulturen ob ihrer Grundlagen in einer Entfesselung technischer Dinge sowie ihrer diskursiven Gestaltung als Mitmach-Kultur eine Re-Orientierung traditioneller Vorstellungen von ›Mensch‹, ›Subjekt‹, ›Gender‹ und ›Medien‹ erfordern. Es geht aber darum zu prüfen, welche Auswirkungen die neuen Konzeptualisierungen und Praxen haben und welche realpolitischen Verhältnisse und sozio-politischen Kontrollen sie gegebenenfalls verdecken. Der Topos der Geschlechtsneutralität impliziert heute also ebenso eine Subversion von Macht wie eine sich selbst kontrollierende und ausbeutende Design-Existenz von menschlichen Datengebern.

---

36 Vgl. – exemplarisch zu einer kritischen Analyse aktueller Tendenzen in Gender Studies im Kontext von Lebenswissenschaft – Marie-Luise Angerer: »Einführende Überlegungen: Verschiebungen im Denken von Geschlecht, Sexualität und Subjekt«, in: dies. und Christiane König (Hg.): *Gender goes Life. Die Lebenswissenschaften als Herausforderung für die Gender Studies*, Bielefeld 2008, S. 7–15.

37 Zu Technikgeschichte(n) des Menschen: Martina Leeker: »Medientheater/Theatermedien«, in: dies. (Hg.): *Maschinen, Medien, Performances. Theater an der Schnittstelle zu digitalen Welten*, Berlin 2001, S. 374–403.

STEFAN HÖLSCHER

ZURÜCK ZUR BEWEGUNG
DIESMAL INTENSIV...


Wenn innerhalb der Kulturwissenschaften im Allgemeinen und in der Tanzwissenschaft im Besonderen von Bewegung die Rede ist, stehen wir nicht selten vor einem Dilemma. Einerseits ist Choreographie als *Form* immer schon in die Codes und Semantiken spezifischer Kontexte sowie Macht- und Wissensgefüge eingebettet, verweist also auf sprachliche Register und Wiedererkennungsmuster, obwohl Tanz als *Tätigkeit* seinerseits nicht sprachlich verfasst und stets in seiner Singularität zu denken ist, andererseits sind es oft gerade jene Aspekte am Tanz, die sich nur unter schweren qualitativen Verlusten in begriffliche Schemata fassen lassen, welche gerade seine ästhetische Erfahrung ausmachen. Es liegt nun schon ein paar Jahre zurück, dass unter dem fraglichen Label ›Konzepttanz‹ eine junge Generation von Choreographinnen und Choreographen die Hinterlassenschaften der sogenannten Moderne kritisch beleuchtete und essentialistischen Definitionen von Tanz als ›reiner‹ Bewegung die Arena nicht einfach überlassen wollte. Die 1990er Jahre waren, so lässt sich retrospektiv feststellen, nicht nur durch eine teilweise Suspension bewegter Körper auf den zeitgenössischen Bühnen gekennzeichnet, sondern ebenfalls eng mit einer um fast ein Jahrhundert verspäteten Rezeption des *linguistic turn* in diesem Feld verbunden, der sich später in einen *performative turn* verwandelte und auch verschiedene choreographische Praktiken nicht unberührt ließ.[1]

In letzter Zeit allerdings ist in vielen Fällen eine Rückwendung zum Problem der Bewegung konstatierbar, jedoch – das sei nun herausgestellt – unter anderen Vorzeichen. Künstlerinnen und Künstler wie Mette Ingvartsen, Jefta van Dinther, Ivana Müller oder Xavier Le Roy (um nur vier exemplarische Vertreter einer vielschichtigen Szene zu nennen) beschäftigen sich durchaus wieder mit bewegten Körpern, widmen sich aber, dies ist meine These, neu und anders zunächst primär der mikroperzeptuellen *Modifikation* von Körpern qua Affekt:

---

1 Vgl. hierzu exemplarisch Bojana Cvejić: »Theory, Police, Disagreement«, in: Ulrike Melzwig u.a. (Hg.): *Reverse Engineering Education in Dance, Choreography and the Performing Arts*, Berlin 2007.

»Denn was ein Körper alles vermag, hat bis jetzt noch niemand festgestellt; d.h., niemanden hat bis jetzt die Erfahrung gelehrt, was der Körper nach den Gesetzen seiner Natur allein, insofern sie nur als eine körperliche betrachtet wird, tun kann und was er nicht tun kann, wenn er nicht vom Geist dazu bestimmt wird«[2]

schreibt Baruch de Spinoza in seiner 1677 posthum veröffentlichten *Ethik*. Vor dem Hintergrund einer innerhalb der Kulturwissenschaften über einen langen Zeitraum hinweg vorherrschenden Dominanz poststrukturalistischer bzw. strukturalistischer Annahmen über das Verhältnis von Körpern zueinander und zu der bezeichnenden Matrix, in die sie eingebettet sind, und alternativ zu der Behauptung einer ihnen vom Signifikanten zugewiesenen Positionalität innerhalb eines sprachlich verfassten Netzes, verschiebt Brian Massumi, im Anschluss an Spinozas Philosophie und deren Adaption durch Gilles Deleuze und Félix Guattari, den Fokus weg von codierten *Positionierungen* hin auf die nahezu unmerklichen *Übergänge* dazwischen. Er eröffnet der Tanzwissenschaft somit ein Feld, das etwa Steven Shaviro mit seiner frühen Arbeit *The Cinematic Body* den Film- und Medienwissenschaften bereits 1993 erschlossen hatte.[3]

Massumi denkt entlang eines Konzepts der *intensiven* Bewegung, welche durch Henri Bergson begründet und später von Deleuze weiterentwickelt wurde. Damit meint er das Gegenteil von einer Idee *extensiver* Bewegung, welche im Tanz der Moderne, beispielsweise durchwegs in John Martins Texten,[4] das Potential von Körpern oft als Manifestation einer bestimmten Ausdruckspalette oder in der als Raum-Schrift verfassten Choreographie seit Thoinot Arbeau[5] als etwas versteht, das uns von A nach B bringt, indem sie etwa zwei Punkte im Raum oder zwei gehaltene Posen miteinander verbindet. Ihm zufolge findet Bewegung auch dann statt, wenn wir uns nur scheinbar *nicht* bewegen in diesem Sinne, und sie stellt ebenso die Position eines bestimmten Punktes A wie die eines bestimmten Punktes B infrage. Bewegung drückt für ihn nichts bereits Bestimmtes aus. Ebenso lässt sie sich durch keine bestimmte Technik und keinen bestimmten Stil definieren, weil fixe Techniken und Stile im Tanz immer schon festlegen, *wo* die Grenzen der Bewegung verlaufen, *wie* sie beschaffen sind, und *was* ein Körper vermag oder nicht vermag, wenn er sich einer bestimmten Choreographie *entsprechend* bewegt. Massumi versteht Bewegung also als etwas, das solcherlei

---

2 Benedictus de Spinoza: *Die Ethik*, Stuttgart 1977, S. 261.
3 Vgl. Steven Shaviro: *The Cinematic Body*, London, Minneapolis 1993.
4 Vgl. John Martin: *The Modern Dance*, New York 1933.
5 Vgl. Thoinot Arbeau: *Orchesography*, New York 1967.

Festlegungen entgeht, nie gänzlich von ihnen vereinnahmt werden kann und letztlich Formen hervorbringt, die weder technisch noch stilistisch kalkulierbar sind. Darin steht sie jeder Idee von Determination und Positionalität des Körpers diametral entgegen und verweist auf genau das Problem, welches bereits Spinoza beschäftigte, als er über das *affektive* Potential von Körpern nachdachte.

»The idea of positionality begins by subtracting movement from the picture. This catches the body in cultural freeze-frame. The point of explanatory departure is pinpointing, a zero-point of stasis. When positioning of any kind comes a determining first, movement comes a problematic second. After all is signified and sited, there is the nagging problem of how to add movement back into the picture. But adding movement to stasis is about as easy as multiplying a number by zero and getting a positive product. Of course, a body occupying one position on the grid might succeed in making a move to occupy another position. In fact, certain normative progressions, such as that from child to adult, are coded in. But this doesn´t change the fact that what defines the body is not the movement itself, only its beginning and endpoints. Movement is entirely subordinated to the positions it connects. These are predefined. Adding movement like this adds nothing at all. You just get two successive states: multiples of zero.«[6]

Werden Körper dagegen nicht primär anhand ihrer Positionalität begriffen, sondern in und *innerhalb* von Bewegung, dann gerät auch der Raum der Choreographie als Ganzes – mit all seinen Gesetzmäßigkeiten, Grenzen und bereits verfassten Elementen – ins Wanken und öffnet sich gegenüber seiner eigenen Transformierbarkeit. Mir wird es deshalb im Folgenden darum gehen zu fragen, inwiefern – bezüglich unterschiedlicher künstlerischer Praktiken im sogenannten zeitgenössischen Tanz ebenso wie für das Nachdenken über sie – ein Denken des *Affekts* und des affektiven Potentials von Körpern andere Perspektiven eröffnet als eine primäre Konzentration auf deren Einbettung und Positionierung innerhalb symbolischer Raster und ihre Bestimmung durch *Performativität*, sei es eine von Gender, Klasse oder Kultur. Solche Schemata verlässt Susan Leigh Foster auch in ihrem Buch *Choreographing Empathy* nicht, wenn sie feststellt:

---

6   Brian Massumi: *Parables for the Virtual – Movement, Affect, Sensation*, Durham u.a. 2002, S. 3.

»Proposing a dialectical tension between choreography and performance, I emphasized the ways that choreography presents a structuring of deep and enduring cultural values that replicates similar sets of values elaborated in other cultural practices whereas performance emphasizes the ideosyncratic interpretation of those values.«[7]

Obwohl ich meine Herangehensweise an Choreographie und Tanz zwar von einer derartigen Position abgrenzen will, möchte ich keineswegs sagen, dass identitätspolitische Fragestellungen und Spannungen zwischen Mächten und Widerständen prinzipiell obsolet wären. Im Gegenteil kommt ihnen im Verlauf des Globalisierungsprozesses in letzter Zeit immer mehr Relevanz zu, jedoch ohne dass sie meiner Ansicht nach auf diese Weise wirklich *transformierbar* würden. Leider werden sie durch ihre Besprechung als Performanzen »of those values« häufig eher verfestigt, weil jede Subversion Gefahr läuft, gleichzeitig die Identität dessen, was sie subvertieren oder sogar travestieren will, noch zu bestätigen: Geschlechter-, Klassen- und Kultur*klischees*. Deshalb will ich die Einschränkungen einer Fokussierung auf den körperlichen Vollzug bereits gegebener Größen (Gender, Klasse oder Kultur sind nur drei mögliche Kategorien in diesem Zusammenhang) für die Praxis der akademisch betriebenen Tanzwissenschaft ebenso wie für künstlerische Praktiken selbst aufzeigen, indem ich dem Körper der Performanz bereits konstituierter Strukturen einen *affektiven* Körper und sein *Potential* gegenüberstelle und Bewegung (im Sinne Massumis) *vor* Positionalität setze: »Der Körper ist eher in der ›Tendenz zu‹ etwas als der Ort, an dem er sich befindet.«[8]

Denn Performativität kann, wie Judith Butler ausgeführt hat, »nicht außerhalb eines Prozesses der Wiederholbarkeit verstanden werden«, nicht »außerhalb einer geregelten und restringierten Wiederholung von Normen« und würde deshalb nicht »*von* einem Subjekt performativ ausgeführt«, sondern wäre im Gegenteil zuallererst das, »was ein Subjekt ermöglicht und was die zeitliche Bedingtheit für das Subjekt konstituiert.«[9] Bezüglich der Gendertheorie von Butler handelt es sich bei der Instanz, die das Subjekt ebenso wie dessen Körper zuallererst ermöglicht, um eine »heterosexuelle Matrix«, in deren Rahmen, wie es in *Das Unbehagen der Geschlechter* heißt, »die Maskierung die Bezeichnung des Körpers nach dem Vorbild des zurückgewiesenen Anderen«[10] ist, es also keinen Körper ohne Maske und seine gleichzeitig ein- wie

---

7 Susan Leigh Foster: *Choreographing Empathy. Kinesthesia in Performance*, London u.a. 2011, S. 5.
8 Brian Massumi: *Ontomacht – Kunst, Affekt und das Ereignis des Politischen*, Berlin 2010, S. 196.
9 Judith Butler: *Körper von Gewicht*, Frankfurt a.M. 1997, S. 139.
10 Judith Butler: *Das Unbehagen der Geschlechter*, Frankfurt a.M. 1991, S. 83.

ausgeschlossene Materialität gibt. Wenn ich gegenüber einer solchen Hervorhebung des Bedingtseins körperlicher Praxis den Affekt stark machen will, dann behaupte ich damit nicht, wie es Marie-Luise Angerer in ihrem *Vom Begehren nach dem Affekt* manchen auch von Spinoza und Deleuze/Guattari missverständlich geprägten Debatten vorwirft, eine »unmittelbare Wahrheit«[11] des Affekts. Ich beziehe mich auf einen Affekt-Begriff, der nichts mit performativer Hervorbringung, Iterierbarkeit oder der zwangsläufigen Herbeizitierung einer normativen (Geschlechter-)Differenz oder der Anerkennung durch einen großen Anderen zu tun hat.[12] Ein affektiv gedachter Körper drückt vielmehr seine Begegnung mit anderen Körpern, die er ebenso affiziert wie er von ihnen affiziert wird, als eine Steigerung oder Minderung seines *Tätigkeits*vermögens aus. Darin besteht laut Massumi der Affekt: »Wenn der Affekt unmittelbar ist, dann ist er unmittelbar in dem Sinne, dass er sich unmittelbar im *Wandel* befindet – im Körper, wenn dieser den gegenwärtigen Moment und die Situation, in der er sich befindet, hin zum nächsten Moment verlässt.«[13]

Weil Affekte weniger etwas mit festen Größen als mit kontinuierlichen Variationen von Körpern *in* Bewegung zu tun haben und weil sie immer auch das Streben beinhalten, ihr Tätigkeitsvermögen zu vergrößern und aktiv zu werden, führen sie zum genauen Gegenteil dessen, was Angerer zu Recht als eine »spontane Reaktion des Körpers auf seine Umwelt«[14] ablehnt. Sie lassen sich nicht im Sinne des Post/Strukturalismus repräsentieren oder anhand der Lacan'schen Spaltung zwischen dem unerreichbaren Realen einerseits und einem unaufhörlichen Gleiten des Signifikanten auf der Ebene des Symbolischen andererseits begreifen. Spinozistisch betrachtet ist nämlich jede ›Re‹präsentation nichts weiter als eine *Extension* des Affekts. Sie steht ihm nicht einfach gegenüber, eher transformiert sie den Körper, der sie (die Repräsentation!) *empfindet*, als dass sie sich von ihm abspalten würde. So unterscheidet Guattari in seinen den gemeinsam mit Deleuze verfassten *Anti-Ödipus* vorbereitenden Manuskripten zwischen Abspaltungs- und Nahtbrüchen und schreibt, dass der Nahtbruch, den er herauszuarbeiten versucht,

---

11 Marie-Luise Angerer: *Vom Begehren nach dem Affekt*, Berlin u.a. 2007, S. 9.
12 Es sei hier jedoch auch angemerkt, dass Butler sich in letzter Zeit von einer maßgeblich durch die Achse Hegel-Kojève-Lacan-Derrida geprägten Anerkennungstheorie entfernt und dem sogenannten *New Materialism* zugewandt hat. Vgl. hierzu ihren Vortrag »On this Occasion« in: Roland Faber u.a. (Hg.): *Butler on Whitehead*, Lanham 2012.
13 Massumi: *Ontomacht*, a.a.O., S. 31.
14 Angerer: *Vom Begehren nach dem Affekt*, a.a.O., S. 123.

»doesn't imitate, metaphorize, index. Its dance, its mask, are a full sign, a total sign that is simultaneously representation and production, i.e. transduction. It doesn't watch representation impotently. It is itself, collectively, the scene, the spectacle, the spectator, the dog, etc. It is transformed through expression.«[15]

Bereits Spinoza betont, dass Sprache nicht dem Affekt entgegengesetzt, sondern selbst affektiv verfasst sei. Jede Form von Erkenntnis kann »insofern sie wahr ist, keinen Affekt einschränken, sondern nur, insofern sie als Affekt betrachtet wird.«[16] Im Anschluss an Giorgio Agambens berühmte Trennung transzendenter von immanenten Philosophien[17] ist es demzufolge angebracht, ein *transzendentes* Körperverständnis, wie es in Butlers – in erster Linie durch Lacans Psychoanalyse einerseits und Derridas Dekonstruktion andererseits geprägtem – Gendermodell und dessen Primat der Signifikantenketten vor einem Potential der Materie und der Körper selbst vorherrscht, mit der *immanenten* Realität der Produktion ihrer *Praxis* zu konfrontieren, um die Materialität des Körpers zuallererst als Verhältnis »aus Bewegung und Ruhe, Geschwindigkeit und Langsamkeit«[18] (Deleuze) sowie den Nuancenreichtum und die qualitativen Transformationen von zunächst unbestimmten, a-signifikanten Körpern (Deleuze/Guattari) in ihrer *intensiven Bewegung* in den Vordergrund zu rücken.

Intensive Bewegung ist nicht extensiv und Raum ergreifend. Sie kulminiert nicht in still gestellten Posen und hat rein gar nichts mit festgelegten Ideen dessen zu tun, was ein Körper vermag. Sie ist weder männlich noch weiblich. Intensive Bewegung spielt sich immer an der Grenze ab, der Körper ebenso wie der des Raumes, in dem wir uns befinden und dessen Koordinaten nicht stillgestellt sind. Intensive Bewegung hat sehr viel mit dem Artaud entnommenen Konzept des organlosen Körpers zu schaffen, das Deleuze und Guattari in *Tausend Plateaus* vollends entwickeln, wenn sie dort wünschen: »Die Organe verteilen sich auf dem oK [organlosen Körper, Anm. S.H.]. Aber sie verteilen sich dort eben unabhängig von der Form des Organismus, die Formen werden kontingent, die Organe sind nur noch produzierte Intensitäten, Ströme, Schwellen und Gradienten.«[19] Genau hier, an dieser Grenze und auf dieser Schwelle zwischen dem unbestimmten Körper und seiner choreographischen Form, zwischen Tanz und

---

15 Félix Guattari: *The Anti-Oedipus Papers*, Los Angeles 2006, S. 258.
16 Spinoza: *Die Ethik*, a.a.O., S. 469.
17 Vgl. Giorgio Agamben: *Bartleby oder die Kontingenz gefolgt von Die absolute Immanenz*, Berlin 1998, S. 126.
18 Gilles Deleuze: »Spinoza und die drei ›Ethiken‹«, in: ders.: *Unterhandlungen*, Frankfurt a.M. 2000, S. 191.
19 Gilles Deleuze und Félix Guattari: *Tausend Plateaus*, Berlin 1992, S. 225.

Nicht-Tanz, wie sich das Problem auch übersetzen ließe, kommt das Potential des Affekts ins Spiel. Gregory J. Seigworth und Melissa Gregg schreiben in ihrem Vorwort zu dem von ihnen herausgegebenen Sammelband *The Affect Theory Reader*:

»Affect is born in *in-between-ness* and resides as accumulative *beside-ness*. Affect can be understood then as a gradient of bodily capacity – a supple incrementalism of ever-modulating force-relations – that rises and falls not only along various rhythms and modalities of encounter but also through the troughs and sieves of sensation and sensibility, an incrementalism that coincides with belonging to comportments of matter of virtually any and every sort.«[20]

Bei dem Dazwischen, das der Affekt eröffnet, geht es also um vielfältige Vermitteltheiten anstelle einer einfachen Unmittelbarkeit. Obwohl das affektive Zwischen der Körper unmittelbar als qualitative Veränderung eines bestimmten körperlichen Zustands und als deren Empfindung spürbar ist, ist die Veränderung selbst nicht unmittelbar, sondern das unbestimmte Mittel und die nuancenreiche Mitte jeder Vermittlung selbst, eine »*virtuelle Ko-Präsenz des Potentials*«, die nie aktuell als einfache Möglichkeit gegeben ist, sondern uns, wie Massumi mit Deleuze betont, transformiert, indem wir immer zugleich affizieren wie affiziert werden. Unmittelbar ist allein die affektiv wirksame Mitte, welche unsere Körper miteinander verbindet, ohne sie unter einer technisch oder stilistisch geregelten Form zu vereinen, wenn sie tanzen.

»Wenn man etwas affiziert, dann öffnet man sich zur gleichen Zeit, um wiederum selbst affiziert zu werden. Und zwar auf eine leicht andere Weise, als im Moment zuvor. So klein der Unterschied auch sein mag, man hat sich verändert. Man hat eine Wandlung durchlaufen und ist über eine Schwelle getreten. Der Affekt *ist* das Überschreiten einer Schwelle, gesehen aus der Perspektive der Vermögensveränderung.«[21]

Was den Körper zwischen seinen nur scheinbar klar distinkten Zuständen kontinuierlich transformiert, ist sein ständig variiertes affektives Erfülltsein, sein Affiziertsein*können*, das uns im Sinne von Spinoza immer auch unterschiedliche Grade von *Tätigkeitsvermögen* durchlaufen lässt und dazu führt, dass wir entweder aktiv werden

---

[20] Gregory Seigworth u.a.: »An Inventory of Shimmers«, in: dies. (Hg.): *The Affect Theory Reader*, Durham u.a. 2010, S. 2.
[21] Massumi: *Ontomacht*, a.a.O., S. 27.

und handeln, oder die uns erfüllenden Affektionen passiv erleiden. Dazu schreibt Deleuze:

> »Jede Leidenschaft trennt uns von unserem Tätigkeitsvermögen; sofern unser Affiziertseinkönnen durch Leidenschaften erfüllt ist, sind wir getrennt von dem, was wir können. [...] Das heißt: unser Tätigkeitsvermögen ist noch nicht so weit vergrößert, daß wir aktiv wären. Wir sind noch unvermögend, noch von unserem Tätigkeitsvermögen getrennt. Unser Unvermögen aber ist allein die Beschränkung unseres Wesens und unseres Tätigkeitsvermögens selbst.«[22]

Wenn wir Tanzen ganz allgemein als *Tätigkeit* von Körpern und Choreographie als *Form*zusammenhang und Verfahrensweise begreifen, so mein Vorschlag, dann müssen wir innerhalb eines vom Genderdiskurs Butlers geprägten Nachdenkens über deren Verhältnis zu dem Schluss kommen, dass es zwar Körper von Gewicht gibt, jedoch keine Materialität, die nicht durch ein Spiel des Signifikanten vermittelt ist und kein Tätigkeitsvermögen des tanzenden Körpers, das sich außerhalb bereits konstituierter choreographischer Normen bewegen könnte, weil die Matrix der Sprache gerade die Bedingung ist, »unter der Materialität auftritt«.[23] Dies gilt sowohl metaphorisch als auch in wortwörtlicher Hinsicht: Die Tätigkeit tanzender Körper wäre demnach dazu verurteilt, sowohl immer wieder bestimmte Klischees (Rollenbilder, die u.a. mit Geschlechtern, Klassen oder kulturellen Mustern zu tun haben) aufzurufen, die auf gespenstische Weise die Bühne bevölkern würden, als auch dazu angeleitet, sich notwendigerweise auf bestimmte *Techniken* und *Stile* zu berufen, um vermittels wortwörtlicher Körperhaltungen, Schrittfolgen und Raumwege das zu produzieren, was uns dann als Metaphernsammlung gegenüberträte. Spinoza zufolge handelt es sich bei der Iteration solcher Figuren und Größen, die den Körper äußerlich verursachen, anstatt für ihn und andere Körper immanente Kompositionsprozesse zu fördern, um passive Leidenschaften und inadäquate Ideen dessen, was wir können, wenn wir handeln und selbst choreographieren, um Formen hervorzubringen, anstatt uns bestehenden zu unterwerfen.[24] Spinoza formuliert dies so:

---

22 Gilles Deleuze: *Spinoza und das Problem des Ausdrucks in der Philosophie*, München 1993, S. 211.
23 Butler: *Körper von Gewicht*, a.a.O., S. 57.
24 Hasana Sharp hat eine Analyse vorgelegt, in der sie Spinozas Gemeinbegriffe in Richtung generischer Zusammensetzungen von Körpern entfaltet: »The more we have in common, the more we come to know our own bodies and those things they share with others.«, in: dies.: *Spinoza and the Politics of Renaturalization*, Chicago u.a. 2011, S. 102.

»Unter *Affekte* verstehe ich die Affektionen des Körpers, durch die das Tätigkeitsvermögen des Körpers vergrößert oder verringert, gefördert oder gehemmt wird; zugleich auch die Ideen dieser Affektionen. Wenn wir also die adäquate Ursache einer dieser Affektionen sein können, verstehe ich unter Affekt eine *Handlung*, im anderen Fall ein *Leiden*.«[25]

Demzufolge können wir keine vorgefertigte Idee vom Körper bilden, die adäquat wäre. Der Körper kann immer sehr viel mehr, als wir uns im Vorhinein denken können. Es sind die Grenzen des Denkens und seiner Kategorien und damit genau das, was angeblich innerhalb der Choreographie möglich ist und was nicht, die korrigiert werden müssen, wenn wir zu mehr Tätigkeitsvermögen übergehen, aktiv werden und unsere Körper Ursache ihrer selbst sein lassen und zu handeln beginnen. Was könnte es heißen, Tanzen mehr als Tätigkeit und Handlung denn als Leiden zu begreifen? Inwiefern hätte ein *dancing affects* immer auch etwas mit einem *undoing* von fixen Grenzen, nicht nur denen von Geschlechtern, Klassen und Kulturen zu tun, indem sie uns in Bereiche hineinführten, die noch nicht auf einer choreographischen Karte verzeichnet sind, die wir aber auch nicht erobern wollten? Würden unsere intensiven Bewegungen so nicht in eine bereits bestimmte Idee des Raums hineingehen, sondern sich gegenüber einer unbestimmten Zone zwischen Räumen und Körpern, weder A noch B, öffnen?

Die Dramaturgin und Performancetheoretikerin Bojana Cvejić fragt nach dem Verhältnis von Affekt, Konzept und körperlicher Praxis im zeitgenössischen Tanz: »How does performance interweave affects and concepts, and how far performative concepts as adequate ideas in Spinoza's sense rely on passions as passive affects?«[26] Im Anschluss daran möchte ich abschließend vorschlagen, die Hinwendung zum Affekt in manchen choreographischen Praktiken der letzten Jahre als Symptom für den Wunsch nach einem anderen Verständnis des Verhältnisses zwischen den *Tätigkeiten* unserer Körper und dem *Form*zusammenhang zu deuten, in dem sie sich befinden. Das Potential des affektiven Körpers zeigt in Stücken wie beispielsweise Mette Ingvarstens und Jefta van Dinthers *It's in the air*, Ivana Müllers *While we were holding it together* oder Xavier Le Roys *Title in Process* auf einen Bereich, in dem Bewegung entsteht, ohne schon in festgelegten Formen aktualisiert zu sein. Intensive Bewegung eher im Moment ihres Aufkommens als Potential *für etwas* zu denken denn als bereits festgelegte Bewegung, hieße dann aber auch, mit den (kinästhetischen) Möglichkeiten

---

[25] Spinoza: *Die Ethik*, a.a.O., S. 255.
[26] Bojana Cvejić: »How do we form adequate ideas?«, (unveröffentlichtes Manuskript).

nicht zufrieden zu sein, die innerhalb etablierter Strukturen gegeben sind. Es ist dann nicht ausreichend, diese nur spielerisch zu perpetuieren oder zu travestieren. Mit André Lepecki kann man dem hinzufügen, die Lust am Affekt und an den mikroperzeptuellen *Übergängen* von Körpern im Tanz der letzten Jahre impliziere geradezu winzig kleine revolutionäre Momente.[27] Insofern zeigen derlei Stücke, dass, wie es Yvonne Hardt in *Politische Körper* in Bezug auf linke Tanzbewegungen innerhalb der Weimarer Republik formuliert hat, auch heute noch

»das Prozesshafte, das Dynamische und Potentielle von Bewegung ins Zentrum rückt, denn nach der Wende zum 20. Jahrhundert setzte genau jene Veränderung in der Wahrnehmung von Tanz ein, die die Bewegungstransformationen und nicht mehr die Schritte oder Positionen in den Vordergrund stellte.«[28]

Dann wäre manche Praxis von Körpern, die fälschlicherweise als Konzepttanz bezeichnet wird, sowohl ›modern‹ als auch etwas ganz anderes.

---

**27** Vgl. André Lepecki: »›Am ruhenden Punkt der kreisenden Welt‹ – Die vibrierende Mikroskopie der Ruhe«, in: Gabriele Brandstetter u.a. (Hg.): *ReMembering the Body*, Ostfildern-Ruit 2000.
**28** Yvonne Hardt: *Politische Körper. Ausdruckstanz, Choreographien des Protests und die Arbeiterkulturbewegung in der Weimarer Republik*, Münster 2004, S. 19.

# IV.

## DISPOSITIVE UND IHRE VERSCHIEBUNGEN
## GENDER ALS MEDIALE CHOREOGRAPHIE

## ANNA-CAROLIN WEBER

## WELCOME TO THE JUNGLE OF GENDER

### EINLEITUNG

Jalousien öffnen und schließen sich, Spiegel-Folien bewegen sich auf und ab, Konfetti aus silbernem Zellophan formiert sich im Luftstrom von Laubblasgeräten zu transitorischen Skulpturen im Bühnenraum… In den aktuellen Performances von Andros Zins-Browne und Mette Ingvartsen demonstrieren Materialien das ihnen spezifische Bewegungspotential. *Welcome to the Jungle* (2012) und *The Artificial Nature Project* (2012) lassen die Bewegungen menschlicher Performer in den Hintergrund treten und stellen die choreographierte Bewegung von Materialien explizit auf der Bühne aus. In den Choreographien von Zellophan-Konfetti und Sicherheitsdecken entstehen in *The Artificial Nature Project* transitorische, skulpturale Gefüge, die dem Betrachtenden ein Bedeutungsangebot eröffnen. Die Bewegungen der Performer hingegen werden nicht explizit ausgestellt, sondern sie dienen in jeder Form dazu, Kräfte und Energien zur Mobilisierung des Materials freizusetzen. Diese ›Arbeit‹ vollziehen die Performer im Halbschatten der Partikel- und Folien-Ströme. In *Welcome to the Jungle* werden in einem Setting verschiedener Medien wie Licht, Geräusche, Spiegelfolien etc. die Bewegungen und Sounds von Materialien choreographiert und die Trennung von Rezipienten und Performern im Parcours dieser intermedialen Installation aufgehoben. Auf den ersten Blick treten Körper und Geschlecht der Performer in den Hintergrund dieser Performance; für die Betrachtenden entsteht hier eine Leerstelle des *gendered (dancing) body*[1] die zur Reflexion herausfordert. Möglicherweise wirft sie dabei Fragen nach der medialen Konstitutions- und Funktionsweise von Geschlecht im Kontext des ›Dispositiv Performance‹ auf. Performances wie Zins-Brownes *Welcome to the Jungle* oder Ingvartsens *The Artificial Nature Project* thematisieren die Geschlechterkonstitution nicht explizit, sondern sie arbeiten vielmehr mit Methoden, die Gender-Fragen implizit (damit aber nicht weniger grundlegend) aufwerfen. Das diesen Performances zugrunde liegende Tanzverständnis spiegelt die Perspektivverschiebung von einer Repräsentations- zu einer Aktionsebene und bildet die Basis für die spezifische Medialität ihrer Choreographien. Gender-Konfigurationen werden z.B. in *Welcome to*

---

1 Der Begriff *gendered body* wird hier im Anschluss an Judith Butler verwendet. Vgl. Judith Butler: *Das Unbehagen der Geschlechter*, Frankfurt a.M. 1991, S. 199.

*the Jungle* in einem sich performativ konstituierenden, fluiden choreographischen Prozess von den teilnehmenden Personen erfahrbar gemacht. Damit reihen sich diese Performances in die Geschichte der Thematisierung und Konstruktion von Gender in Aufführungskontexten[2] ein und schreiben sie zugleich mit anderen Methoden fort.

Im Rahmen dieses Beitrags möchte ich an *Welcome to the Jungle* und *The Artificial Nature Project* exemplarisch aufzeigen, wie eine Dispositiv-Analyse Aufschlüsse über die einer Performance zugrunde liegenden Strukturen gibt und wie sich dabei die wechselseitigen Beziehungen im »Bewegungsgefüge«[3] von Choreographie, Medien und Gender analysieren lassen. Auf die beiden Performances werde ich mittels einer ausführlichen Beschreibung referieren, um darüber die Prozesse von Wahrnehmung und Aktion, die ich während des Besuchs erfahren habe, zugänglich zu machen.

Als Tanz- und Medienwissenschaftlerin interessieren mich Formate, die Tanz und Medien zu verbinden suchen. An Tanz-Medien-Formationen analysiere ich das je zugrunde liegende Tanzverständnis, das spezifische Medienverständnis und deren wechselseitige Beziehung zueinander. Methodologisch untersuche ich mittels einer kulturwissenschaftlichen Betrachtungsweise das Spannungsfeld, das in der Verschränkung verschiedener Dispositive wie Performance, Medienkunst und Tanz entsteht. Dabei verstehe ich unter einer kulturwissenschaftlichen Perspektive im Anschluss an die Positionen von Sybille Krämer[4] und Kati Röttger[5], dass Medien – und somit auch Tanz – eine kulturstiftende Funktion innewohnt, da »Medien im Akt der Übertragung dasjenige, was sie übertragen, zugleich mit bedingen und prägen und damit kulturelle Handlungen und Kommunikationen konstituieren«.[6] Bedingt durch die multi-, inter- oder transmediale Konzeption und Verfahrensweise arbeiten

---

2  Zu den unterschiedlichen Phasen, Methoden und Ästhetiken der Thematisierung von Gender in Tanzstücken vgl. den Beitrag von Gabriele Brandstetter in diesem Band sowie u.a. Janine Schulze: *Dancing Bodies Dancing Gender. Tanz im 20. Jahrhundert aus der Perspektive der Gender-Theorie*, Berlin 1999.
3  Zum Begriff Bewegungsgefüge vgl. auch die Einleitung in diesem Band. An dem relationalen Verhältnis des Bewegungsgefüges aus Choreographie, Medien und Gender interessiert mich, ob und wie Verschiebungen in einem dieser Bereiche (zwangsläufig) Auswirkungen auf die anderen Bereiche haben und welche Veränderungen es dort nach sich zieht.
4  Vgl. Sybille Krämer (Hg.): *Performativität und Medialität*, München 2004 sowie dies.: »Erfüllen Medien eine Konstitutionsleistung? Thesen über die Rolle medientheoretischer Erwägungen beim Philosophieren«, in: Stefan Münker u.a. (Hg.): *Medienphilosophie. Beiträge zur Klärung eines Begriffs*, Frankfurt a.M. 2003, S. 78–90.
5  Vgl. dazu vor allem Kati Röttger: »Intermedialität als Bedingung von Theater: methodische Überlegungen«, in: Henri Schoenmakers u.a. (Hg.): *Theater und Medien/Theatre and the Media. Grundlagen – Analysen – Perspektiven. Eine Bestandsaufnahme*, Bielefeld 2008, S. 117–124.
6  Kati Röttger: »Die Frage nach dem Medium der Choreographie«, publiziert in diesem Band.

Tanz-Medien-Formationen immer schon ästhetisch mit der Sichtbarmachung, Infragestellung, Störung, Unterwanderung und Verschiebung von Dispositiv-Konventionen. Spannend scheint hier, welche Konsequenzen dies für Gender-Konfigurationen und die damit verbundene stete Wiederholung als »Mechanismus der kulturellen Reproduktion von Identität«[7] mit sich bringt. Ermöglichen produktive Verschiebungen von Dispositiv-Konventionen die Eröffnung von Handlungsräumen, in denen sich, wie Judith Butler fragt, in einer »Form von subversiver Wiederholung das Regulierungsverfahren der Identität selbst in Frage stellen könnte«?[8]

Für eine kulturwissenschaftliche ausgerichtete Tanzwissenschaft bietet die Dispositivanalyse Möglichkeiten, kulturelle Artefakte – wie z.B. Tanzstücke, Performances, Installationen – jenseits der visuellen Repräsentationsebene zu betrachten und hinsichtlich ihrer medialen Funktions- und Konstitutionsweise zu befragen. In Bezug auf die Analyse von Gender-Konfigurationen wird mittels dieses methodologischen Zugangs der Fokus von der Körper-Repräsentation auf Performanz und Aktionsräume verschoben. Zudem lässt sich über eine Analyse der medialen Funktionsweise ein Artefakt über den Status des Produkts hinaus untersuchen.

## DAS DISPOSITIV ALS ANALYSE-PERSPEKTIVE

Unter dem Begriff Dispositiv[9] verstehe ich im Anschluss an Michel Foucault ein diskursgeschichtliches und machttheoretisches Ensemble technischer Voraussetzungen, sozialer Konventionen und gesellschaftlicher Praktiken, die das Kommunikations-, Wahrnehmungs- und Konstruktionsraster einer Epoche dominieren.[10] Andrea D. Bührmann und Werner Schneider folgend, gehe ich davon aus, dass sich die Medien-Dispositiven innewohnenden spezifischen Machtformationen über eine Analyse des

---

7 Butler: *Das Unbehagen der Geschlechter*, a.a.O., S. 59.
8 Ebd.
9 »Der Begriff des Dispositivs stammt aus dem Französischen (*dispositif*) und meint alltagssprachlich *Vorrichtung, Anordnung, Anlage, Apparat*«, so Knut Hickethier: *Einführung in die Medienwissenschaft*, Stuttgart 2003, S. 186. Der Begriff wird von französischen Philosophen und Filmtheoretikern wie Michel Foucault, Gilles Deleuze, Jean-Louis Baudry und Jean-Louis Comolli im Hinblick auf seine Theoretisierung bereits unterschiedlich verwendet. Zur »widersprüchlichen Theoriegeschichte« des Begriffs vgl. vor allem Joachim Paech: *Überlegungen zum Dispositiv als Theorie medialer Topik. Medienwissenschaft*, Nr. 4, (1997), S. 400–420.
10 Vgl. hierzu Michel Foucault: »Das Dispositiv der Sexualität«, in: ders. (Hg.): *Sexualität und Wahrheit. Erster Band. Der Wille zum Wissen*, Frankfurt a. M. 1979, S. 95–138 und ders.: *Dits et écrits: Schriften*, Bd. 3, 1976–1979, Frankfurt a.M. 2003, S. 392–395 sowie auch Giorgio Agamben: *Was ist ein Dispositiv?* Zürich u.a. 2008, S. 7ff.

Gefüges aus diskursiven Praktiken, nicht-diskursiven Praktiken und Sichtbarkeiten bzw. Manifestationen innerhalb des Dispositivs beschreiben lassen.[11] Unter diskursiven Praktiken können bei *Welcome to the Jungle* wie bei *The Artificial Nature Project* das der Inszenierung zugrunde gelegte Verständnis von Performance, Medien und Gender und deren sich gegenseitiges Bedingen verstanden werden. Als weitere diskursive Praktiken verstehe ich das in Trainings- und Probenprozessen etablierte Körperwissen (wie z.B. Präsenz, Bewegungstechnik, Umgang mit Materialien etc.). Die für den Besucher in der apparativen Anordnung der Performance- und Rezeptionssituation wahrnehmbare Choreographie ordne ich dem Bereich der Sichtbarkeit/Manifestation zu. Das Dispositiv – verstanden als historisch prozessierender Zusammenhang von Wissenselementen und Machtformationen – konstituiert mittels hervorgebrachter Objektivationen und Subjektivierungsprozesse ein Spannungsfeld, das unterschiedliche Verständnisse von z.B. Medien und Gender in Bezug auf Handlungsmacht und Performanz und deren wechselseitige Bezüge (an-)ordnet. Diese Anordnungen und die daraus resultierenden Strukturen werden von den im Kontext des Dispositivs handelnden Akteuren als spezifische, mit dem jeweiligen Dispositiv verbundene Konventionen/Normierungen begriffen. Die Akteure – z.B. Zuschauer, Performer, Choreographen, Produzenten, Journalisten etc. – konstituieren diese Konventionen ebenso mit, wie sie gleichzeitig von jenen beeinflusst werden.

Dispositivanalysen lenken den Blick auf die strukturellen Bedingungen, die Konventionen und Hierarchien, auf die institutionellen Praktiken und Akteure sowie auf die medialen Apparaturen, die dem Dispositiv zugrunde liegen,[12] und die in der Produktion und Rezeption von Performances immer auch mitkonstituiert werden. Wenn sich Besucher von *Welcome to the Jungle* Fragen stellen, wer z.B. Performer und wer Rezipient ist, oder welche Art von System sich hinter den Aktionen im Spiegel-Folien-Kabinett verbirgt, dann lassen sich Analogien zu den Fragen nach Urheberschaft, Versuchsleitung, Kontrolle, Manipulation und Beobachterposition in experimentellen Verfahren bzw. im ›Dispositiv Labor‹ entdecken.

---

**11** Vgl. Andrea D. Bührmann und Werner Schneider: *Vom Diskurs zum Dispositiv. Eine Einführung in die Dispositivanalyse*, Bielefeld 2008, S. 56–58.

**12** Vgl. Bührmann und Schneider: *Vom Diskurs zum Dispositiv*, a.a.O., S. 60.

## WELCOME TO THE JUNGLE

Andros Zins-Brownes interaktive Installation *Welcome to the Jungle* wirft durch ihre spezifische Machart beim Besucher Fragen auf, die konventionelle Zuschreibungen in der Relation von Choreographie, Medien und Gender ins Wanken bringen. In ihrer räumlichen und dramaturgischen Anlage weist *Welcome to the Jungle* Ähnlichkeiten mit einer experimentellen Versuchsanordnung im Labor auf, bei der Personen unmittelbar sinnlichen Erfahrungen (Gerüche, Geräusche, Berührungen, Nässe, etc.) ausgesetzt und dabei beobachtet werden. Die Installation spielt sehr offensichtlich mit den Konventionen und Erwartungen, die der Besucher mit dem ›Dispositiv Labor‹ in natur- und sozialwissenschaftliche Forschungskontexten verbindet und transformiert diese in einen künstlerischen Kontext: So beschreibt Karin Knorr Cetina das »naturwissenschaftliche Labor als Ort der ›Verdichtung‹ von Gesellschaft«, in dem »gesellschaftliche Praktiken für epistemische Zwecke instrumentalisiert werden und in Apparaturen der Erkenntnisfabrikation transformiert werden«.[13] Der Ort ›Labor‹ funktioniert sowohl in der natur- und sozialwissenschaftlichen Forschung als auch im Bereich der künstlerischen Forschung nach neuen Ästhetiken, Inhalten und Formen als Experimentierfeld, in dem »sowohl medienästhetisch wahrnehmbar als auch zivilisatorisch verstehbar gemacht wird, was ebendort allererst hervorgebracht wurde«.[14]

Die mit dem ›Dispositiv Theater‹ verbundenen, konventionalisierten Erwartungen werden bereits am Zugang zum Bühnentrakt im Choreographischen Zentrum NRW/ pact Zollverein gebrochen und das Verhältnis von Performer und Rezipient befragt: So öffnet sich die Tür zum Bühnentrakt einen Spalt, und ich werde als Besucherin der Performance angewiesen, einzeln in den dunklen Flur einzutreten. Im nächsten Moment berührt mich eine kleine, in einen gelben Regenmantel gehüllte Gestalt, die ich nur schemenhaft erkenne: Ein Kind von ca. neun Jahren ergreift meine Hand, führt mich geradeaus gehend durch die Dunkelheit. Währenddessen werde ich in eine kurze englische Konversation verwickelt, in der ich dem Kind Fragen zur Entwicklung des Wetters beantworte. In der Hand trägt es eine Taschenlampe und lässt in zwei kurzen Momenten einen Lichtstrahl aufblitzen, so dass ich erkennen kann, dass wir einen verdunkelten Gang entlang gehen. Nachdem ich durch zwei Türen geleitet worden bin

---

[13] Karin Knorr Cetina: »Das naturwissenschaftliche Labor als Ort der ›Verdichtung‹ von Gesellschaft«, in: *Zeitschrift für Soziologie*, Jg. 17, (1988), 2, S. 85–101, http://www.zfs-online.org/index.php/zfs/article/viewFile/2643/2180 (aufgerufen am 05.01.2013).

[14] Timo Skrandies, Vortrag »Ästhetik und Verhaltenstechnik«, *Temps d´image* Tagung im tanzhaus nrw, 11. Januar 2012.

Abb. 1: Andros Zins-Browne: *Welcome to the Jungle* (2012)
Abb. 2: Andros Zins-Browne: *Welcome to the Jungle* (2012)

und einen gelben großen Regenmantel anziehen musste, entlässt mich das Kind mit einem »Go, have fun!« durch einen Vorhang in einen weiteren Raum.

Ich befinde mich nun in einem Raum, in dem sich durch kurzfristig gleißendes Licht, eine instabile Geräuschebene und wechselnde Gerüche eine diffuse Atmosphäre ausbreitet. Zudem scheint es geregnet zu haben, die Luft fühlt sich feucht an. Ich erhalte keine Anweisungen mehr, und es gibt keinen vorgegebenen Weg durch den Parcours. Der Raum ist – einem Spiegelkabinett ähnlich – durch hängende, sich vertikal bewegende sowie durch am Boden installierte, sich drehende Spiegelfolien strukturiert.

Diese – spiegelnden und je nach Betrachterposition auch reflektierenden bzw. leicht durchsichtigen – Folien reagieren auf Lichteinfall, Wind und die Bewegungen der anderen Personen im Raum. Ich beginne mich durch den installativ angelegten Parcours zu bewegen und nehme weitere Menschen wahr. Im Raum befinden und

Abb. 3: Andros Zins-Browne: *Welcome to the Jungle* (2012)

bewegen sich ca. zehn Personen, ungefähr die Hälfte von ihnen trägt ebenfalls gelbe Regenmäntel. An drei verschiedenen Orten sind Wasser-Sprühvorrichtungen installiert, die in unregelmäßigen Abständen eine Art Tröpfchen-Nebel verbreiten.

An diesen Orten beginnen mit Regenmänteln bekleidete Kinder plötzlich den Boden zu putzen bzw. das sich ausbreitende Wasser aufzunehmen, hören dann unvermittelt auf und verschwinden wieder. Ich kann nicht unterscheiden, wer hier als Performer agiert und wer Besucher ist. Die Folien spiegeln nur im weitesten Sinne, eher vermitteln sie ein etwas verzerrtes und leicht verschwommenes Abbild, so dass im ersten Moment der Betrachtung unklar ist, ob man sich selbst oder eine andere Person sieht. Dieser Effekt wird durch die Unförmigkeit der gelben Regenmäntel sowie durch die Lichtdurchlässigkeit und die Luftempfindlichkeit der Folien begünstigt.

Die mit der Materialität der Folien verbundenen Effekte erschweren es den Betrachtenden, räumliche Distanzen und Größen in vertrauter Weise einzuschätzen und sich dementsprechend im Raum zu bewegen. Zugleich vermitteln sie Eindrücke, die an Naturphänomene erinnern: So lässt eine bizarre Beleuchtung die vor den Windmaschinen installierten, krachenden Folien als Bild eines unkalkulierbar brennenden

Feuers erscheinen. Der Raum wirkt als medialisierter Raum, der die Wahrnehmung der Besucher/Beobachter neu strukturiert und zugleich durch diese Wahrnehmung in seiner Medialität konstituiert wird.

Hierbei wird eine dispositiv-bedingte Konvention des Theaters mit der scheinbar klaren Trennung, Handlungsbeschränkung und Rollenzuschreibung, die Rezipienten mit eingeschränkt sichtbarer Aktivität gegenüber handelnden Darstellern arrangiert, nicht bedient: Eine klare Zuordnung von Performern und Besuchern scheint aufgehoben. Ich bemerke, wie ich fortwährend nach Codes und Referenzrahmen suche, die mir eine Einordnung der Personen in Performer und Besucher ermöglichen, um mein Verhalten im Parcours entsprechend dieser Zuschreibungen auszurichten. Auf meinem Weg durch den Parcours vernehme ich zwischen dem zeitweise ohrenbetäubenden Lärm, der durch das Flattern der Folien vor aufgestellten Windmaschinen, Knallgeräusche, Quietschen und Rascheln erzeugt wird, auch plötzliches Laufen, Schreien und Rufen. Ich interpretiere Wortfetzen als »snow«, »sun« und »fire« – diese werden jedoch nicht in einer sinnvermittelnden Weise gesprochen, sondern als Laute verwendet. Die umherwandelnden, sich umschauenden, beobachtenden Personen kommen in Bewegung, wenn plötzlich eine Gruppe kleiner, in gelbe Regenmäntel gekleideter, Gestalten kreuz und quer durch die Installation rennt, andere Personen anrempelt, berührt, umarmt oder sich an diese anlehnt. Im nächsten Moment werde ich von drei Kindern über eine kurze Strecke durch den Raum geschoben, von einem Kind innig körpernah umarmt und dann wieder allein gelassen. Wiederum suche ich nach Codes, die mir eine Bedeutung vermitteln könnten, versuche, meinen jetzigen Standort mit dem vorherigen in Relation zu setzen, suche nach einer Motivation für das Verhalten der Kinder. Dabei empfinde ich Unbehagen bzw. habe Zweifel, ob Kinder als Aktanten in unmittelbarer körperlicher Nähe mit Besuchern interagieren sollten. Die Gruppe der Kinder wird hinsichtlich ihres Alters als auch ihres Geschlechts nicht greifbar, nur die Körpergrößen und Körperproportionen lassen Vermutungen zu, dass es sich um Kinder unterschiedlichen Alters zwischen sieben und zwölf Jahren handelt. In der Mitte der Installation bedienen zeitweise zwei Kinder an einem Tisch ein Mischpult. Ich beobachte, dass sie mit Karteikarten operieren und deren Anweisungen am Mischpult umzusetzen versuchen. Allerdings ist das Mischpult nicht die ganze Zeit besetzt. Weiterhin suche ich nach einem möglichen System hinter den in der Installation stattfindenden Aktionen und den Handlungen der Kinder. Bei den Tätigkeiten, die die Kinder verrichten, wird die Frage aufgeworfen, ob es sich hier um ›Arbeit‹ oder um ›Spiel‹, um ein ›Tun als Ob‹ oder als notwendige Konsequenz aus einer Aktion im choreographischen Gefüge der Installation handelt. Sprich: Muss der Boden geputzt werden, wenn die Regen-Sprühvorrichtung eingesetzt wurde, damit sich nicht zu viel

Wasser auf dem Boden der Installation ausbreitet? Mit dem Putzen des Bodens und der Bedienung des Technikpults üben die Kinder Tätigkeiten aus, die kulturell konnotiert sind und in mir als Betrachterin wiederum Assoziationen nach der hierarchisierten Ordnung in Arbeitsprozessen sowie von Aktion und Reaktion wecken. So vollzieht sich über das Bedienen des Technikpults möglicherweise die Steuerung eines Environments und komplexen Systems, das allerlei Konsequenzen und Reaktionen produziert – wie z.B. die Beseitigung des Wassers vom Boden der Installation. Gleichzeitig repräsentieren Tätigkeiten wie das Steuern der Technik und das Putzen des Bodens auch geschlechtlich konnotierte Arbeitsfelder. Die Performance der Kinder lässt sich jedoch nicht mit Bildern alltagssprachlicher Bezeichnungen wie ›Steuermann‹ und ›Putzfrau‹ greifen, diese Einordnung wird durch abrupte Unterbrechungen unterlaufen – gleichzeitig werfen die Aktionen der Kinder Fragen danach auf, wer welche Tätigkeiten ausführen darf bzw. soll und wer nicht.

Über das Bewegen und Stillstellen von Personen verändern die Kinder die Dynamik im Raum: Durch schnelles Laufen, abrupte Richtungswechsel und plötzliche Stopps werden Luftströme erzeugt, die die Spiegelfolien hektisch flattern und knirschen lassen. Einerseits vermittelt das Laufen der Gruppe den Eindruck, dass es sich bei den Kindern um Performer-Performer[15] handelt, die Aktionen im Rahmen bestimmter Scores[16] in der Installation ausführen. Gleichzeitig aber entziehen sie sich auch dieser Zuschreibung, da sie andere Personen im Installations-Parcours in ihre Aktionen mit einbeziehen und deren Reaktionen wiederum für weitere Aktionen aufnehmen. Das schnelle Bewegungstempo führt dazu, dass alle Personen in der Installation reagieren, indem sie den rennenden Kindern ausweichen, sich verwundert umschauen, vereinzelt ein Stück mitlaufen oder noch bewusster beobachten, um die Motivation für die Aktionen zu entdecken. Andererseits vermitteln die Aktionen der Kinder an anderen Personen den Eindruck, dass sich niemand dem Innenleben dieser Installation entziehen kann und dass jede Form der Bewegung wie des Blicks systembeeinflussend wirkt und gleichzeitig damit auf die Personen als Performer und Betrachter zurückwirkt.

---

15 Unter Performer-Performer verstehe ich in diesem installativen Kontext, in dem alle sich dort aufhaltenden Personen zwangsläufig zu Performern werden, die Personen, die nicht als Besucher in die Installation gekommen sind, sondern die Personen, die im System der Installation – für den Besucher zwar visuell nicht zu erkennen – als Performer bzw. als Teil des Installations-Systems agieren.

16 Als Scores werden in choreographischen und improvisatorischen Kontexten vorab bestimmte Regeln, Verabredungen oder ›Wenn-Dann‹-Relationen bezeichnet, die sich strukturgebend und zufallsgenerierend zugleich auf die sich im Rahmen der Performance vollziehende Bewegungen und Stillstände, Raum- und Zeitbezüge, etc. auswirken und damit performativ choreographische Aktionsräume konstituieren.

Ein weiteres Regelsystem hinter den Aktionen der Performenden erschließt sich mir nicht. Ursache-Wirkung-Zusammenhänge werden durch die performativen Aktionen und die Verweigerung der Markierung von Performern und Besuchern unterlaufen. Eine für alle Personen unbeherrschbare Kraft scheint die Installation von innen heraus zu konstituieren.

## *THE ARTIFICIAL NATURE PROJECT*

Auch bei der Aufführung von Mette Ingvartsens Performance *The Artificial Nature Project* werden Dispositiv-Konventionen verschoben: Zwar entspricht die apparative Anordnung der Zuschauer im Theater des Choreographischen Zentrum NRW/pact Zollverein der räumlichen Trennung von Bühnenraum und Zuschauerraum, als Zuschauerin sitze ich dem offenen Bühnenraum in aufsteigenden Reihen gegenüber. Mit Beginn der Aufführung jedoch wird es im Bühnenraum nicht hell und im Zuschauerbereich dunkel, sondern es wird im gesamten Theaterraum so stockduster, dass die eigene Hand nicht mehr vor den Augen sichtbar ist. Die ca. fünf Minuten lang andauernde Dunkelheit fühlt sich wie eine halbe Ewigkeit an und führt zu einem Geräuschteppich aus nervösem Hüsteln, Rascheln und Räuspern der Zuschauer. Dann plötzlich nehme ich – erst schemenhaft, dann immer deutlicher – eine bühnengroße Projektion wahr, die aus einem beständige Rieseln von silbernen Partikeln besteht und mich an ein analoges TV-Störungsbild (Schneesturm) – hier jedoch in einer Kinosituation – erinnert. Je länger ich auf diesen zweidimensionalen Strom schaue, desto mehr Figurationen wie z.B. die eines Baums imaginiere ich in den abstrakten Formationen. Ich vernehme Geräusche von Wind und Regen, die von draußen in die bizarre Atmosphäre im Saal einzudringen vermögen. Nach einer Weile wird die Intensität des Lichts erhöht, und ich begreife, dass ich nicht auf eine Filmprojektion geschaut habe, sondern, dass es sich um einen geschickt ausgeleuchteten und choreographierten Konfetti-Regen aus silbernem Zellophan handelt, der in unterschiedlicher Dichte, in unterschiedlichem Tempo und unterschiedlich im Raum platziert, in den verdunkelten Bühnenraum rieselt. Jetzt wird mir auch deutlich, dass es sich nicht um ausschließlich zufällig entstehende Formationen handelt, sondern dieser Strom aus Material gesteuert ist und die fallende Bewegung komponiert ist. Mit dem plötzlichen Einschalten greller Neonröhren im Bühnenraum ist der Regen beendet, und es wird sichtbar, dass sich auf dem Bühnenboden mittlerweile eine flächendeckend ca. zwanzig Zentimeter hohe silbrig-glitzernde Schicht gebildet hat. Im rechten hinteren Teil des Raums erstreckt sich eine silbrige Hügellandschaft, die sich zu bewegen scheint.

Abb. 4: Mette Ingvartsen: *The Artificial Nature Project* (2012)

Ich entdecke mehrere, in grau gekleidete und mit Mützen, Schutzbrillen und Mundschutz ausgestattete Gestalten, die sich durch das Material wühlen, sich ein- und wieder ausgraben, Hügel anhäufen und wieder abtragen. Jede ihrer Bewegungen ist pragmatisch und zweckgerichtet auf das Material ausgelegt. Ich sehe körperlich anstrengende Arbeit, die darauf ausgerichtet ist, das silberne Konfetti – möglichst umfassend und in großen Mengen – in Bewegung zu halten.

Bereits in dieser zweiten Phase der Performance wird deutlich, dass Ingvartsen ein performatives Tanzverständnis vertritt, bei dem es nicht um die Ausstellung eines sich virtuos bewegenden Körpers geht, der mittels seiner Bewegungen und seines Ausdrucks eine Rolle transportiert oder repräsentativ auf etwas anderes verweisen will. Dieses performative Tanzverständnis äußert sich darin, dass die Aktionen der Performer nicht auf ein ›Tun als ob‹ ausgerichtet sind, sondern sich im Moment des Tuns konstituieren und ausschließlich auf sich selbst verweisen bzw. auf die Arbeit mit dem Material ausgerichtet sind. Zwar ist der menschliche Körper in Aktion auf der Bühne zu sehen und seine Bewegungen dienen als *Movens* für die choreographierte Bewegung des Materials. Jedoch ist es das Material, das zum bewegten Bild und zum Bedeutungsträger wird. Auch in der dritten Phase der Performance sind nicht die sieben, jetzt mit Laubbläsern arbeitenden Performer die Protagonisten des *The Artificial Nature Project*, sondern choreographierte Formationen aus Zellophan-Partikeln und goldfarbenen Sicherheitsdecken, die sich in Wolken, Fontänen, Strömen und

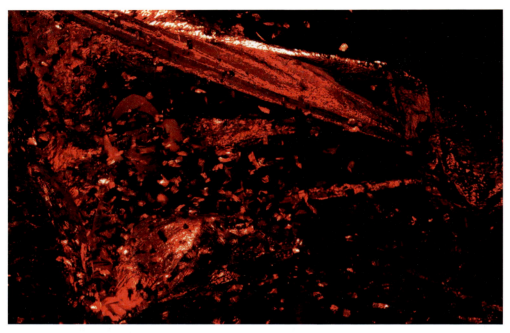

Abb. 5: Mette Ingvartsen: *The Artificial Nature Project* (2012)

transitorischen Skulpturen meterhoch im Bühnenraum bewegen. Unterstützt durch eine aufwendige Beleuchtung erinnern sie mich an unterschiedliche Phänomene von Naturgewalten. Die menschlichen Körper hingegen werden als notwendige Störung im Halbschatten der sich auftürmenden Partikelschwaden inszeniert.

Bedingt durch die Ganzkörper-Schutzkleidung (samt Sicht-, Atem- und Gehörschutz) und die *neutralisierte Bewegungsweise* (Schritte und auf die Handhabung der Materialien ausgerichtete Alltagsbewegungen wie tragen, ziehen, schaufeln, graben etc.) wird Gender auf Repräsentationsebene (un-)sichtbar gemacht. Als Betrachterin aus dem Publikumsraum heraus kann ich den Performern bis zum Ende der Performance kein Geschlecht zuschreiben, obwohl ich fortwährend Körper auf der Bühne sehe. Dies führt dazu, dass ich beständig nach Codes für Gender in der physischen Präsenz, in der Körperhaltung, im Umgang mit den Maschinen sowie in den Bewegungen der Performer suche. Zudem frage ich mich, welche weiteren Codes mir Aufschlüsse über ein ›Doing Gender‹ auf der Bühne geben könnten. Es ist paradox: Gender als visuelle Leerstelle bringt mich dazu, die mir bekannten, konventionellen Codes für die Repräsentation von Gender auf der Bühne aufzurufen und diese nun auf die Art und Weise ihrer medialen Funktions- und Konstitutionsweise zu befragen, um Anhaltspunkte für eine Codierung von Geschlecht zu finden.

## KÖRPER UND GENDER IN DER PERSPEKTIVE VON REPRÄSENTATION UND MEDIALER FUNKTIONSWEISE

Wie wird nun Gender in den choreographischen Konstellationen von *Welcome to the Jungle* und *The Artificial Nature Project*, die die Bewegung von Materialien vorrangig vor den Bewegungen menschlichen Performer thematisieren, implizit befragt?

Es lassen sich zwei Strategien/Verfahrensweisen beobachten:

1.) Andros Zins-Browne konfrontiert die Besucher des Installations-Parcours mit Fragen nach der eigenen körperlichen Identität angesichts fluider (Spiegel-)Bildpraktiken und der Auflösung der konventionell als Gegensatz betrachteten Kategorien von Beobachten und Beobachtet-Werden, um damit Möglichkeitsräume für die Befragung von Genderidentitäten und deren Konstruktionsprozesse zu eröffnen.

2.) Mette Ingvartsen versucht, über die Performance von Materialien und Menschen choreographisch einen »third type of body«[17], einen Hybrid-Körper zu erzeugen, um darüber die konventionalisierten Verfahren der Gender-Konstitution im Kontext der Performance zu reflektieren bzw. zu befragen. Dabei lässt sich folgende Relation beobachten: Einerseits wird das bewegte Material zum Repräsentanten, der Bedeutung transportiert und dessen Performances von mir als Betrachterin gelesen werden kann. Andererseits: Indem auf der Ebene der Repräsentation der menschliche Körper als Leerstelle inszeniert und das Material den Status des Repräsentanten einnimmt, kann die Leerstelle des Körpers auf Ebene der medialen Funktionsweise Wirkung entfalten. Auf mich als Betrachterin hat dies den Effekt, dass ich Anhaltspunkte für die Konstitutionsbedingungen und die Medialität von Gender jenseits der geschlechtlichen Markierung des menschlichen Körpers suchen muss.

Bei der Analyse von Gender auf Ebene der medialen Funktionsweise wird nicht nach den sichtbaren Gender-Repräsentationen in medialen Artefakten wie z.B. Performances gefragt, sondern mittels der Nutzung medientheoretischer Perspektiven die Konzeption von Gender unter medialen Aspekten befragt. Eine Analyse auf Ebene der Codierung operiert jenseits der Verfahren der frühen feministischen Filmtheorie

---

**17** Mette Ingvartsen in THE ARTIFICIAL NATURE PROJECT, pact Zollverein, Vimeo, http://vimeo.com/52407398 (aufgerufen am 22.01.2013).

(Laura Mulvey[18]) und deren Weiterentwicklung wie beispielsweise durch Teresa de Lauretis[19], die die Ebenen der Visualität von Genderrepräsentation und -konstruktion in kulturellen Artefakten untersucht hat. Vielmehr folgt der Ansatz der medialen Funktionsweise dem sich in den kulturwissenschaftlichen Gender Studies vollziehenden Paradigmenwechsel, der von Hedwig Wagner in einem Manifest der »GenderMedia-Studies«[20] als Forschungsperspektive formuliert wird:

»Die in der Feministischen Filmtheorie sehr elaborierte Forschungsrichtung der Integration der Psychoanalyse in die Analyse medialer Texte soll [...] ergänzt werden durch die Betrachtung kulturwissenschaftlicher und/oder medientheoretischer Standpunkte, die nach der Medialisierung von Körpern fragt und die Inkorporierung vom Medienwirken im Körper untersucht«.[21]

Die Relation von medialer Funktionsweise und Gender zu denken, setzt voraus, dass Gender als Performanz und Performativität als Medialität verstanden werden.[22] Diese Perspektive, die in kulturwissenschaftlichen Bereichen von Medienwissenschaft wie von Gender Studies integriert wird, bietet einen Ansatzpunkt, um tanzwissenschaftliche Fragestellungen anzubinden und somit das Wechselverhältnis von Choreographie, Medien und Gender mittels der Analyse medientheoretischer Axiome, die in Bezug auf Gender und Bewegung in intermedial operierenden Performances sichtbar werden, auszuloten.

*Welcome to the Jungle* wirft in Bezug auf Körper- und Genderaspekte Fragen auf, die in der beständigen Konfrontation mit dem eigenen, bizarr veränderten Spiegelbild und in Beobachtung und Anpassung des eigenen Verhaltens virulent werden. Wie bewege ich mich? Welche Positionierung nehme ich durch meine Bewegungen gerade ein bzw. welche Position konstituiere ich damit gerade auch? Auf welche (konventionalisierte) Position ziehe ich mich zurück? Bewege ich mich meiner Position angemessen? Werde ich beobachtet? Wo sind die anderen Personen im Raum? Wie bewegen sie sich? Wer

---

18 Laura Mulvey: »Visual Pleasure and Narrative Cinema«, in: *Screen*, 16.3, (1975), S. 6–18, http://afc-theliterature.blogspot.de/2007/07/visual-pleasure-and-narrative-cinema-by.html (aufgerufen am 22.01.2013).
19 Teresa de Lauretis: *Alice doesn't: Feminism, Semiotics, Cinema*, Basingstoke u.a. 1984.
20 Vgl. Hedwig Wagner: »GenderMedia Studies – Ein Manifest«, in: dies. (Hg.): *GenderMedia Studies. Zum Denken einer neuen Disziplin*, Weimar 2008, S. 23–34.
21 Ebd., S. 26.
22 Vgl. Kathrin Peters: »Media Studies«, in: Christina von Braun und Inge Stephan (Hg.): *Gender@Wissen. Ein Handbuch der Gender-Theorien*, Köln 2009, S. 350–369, hier S. 355 sowie Krämer (Hg.): *Performativität und Medialität*, a.a.O.

könnte Performer-Performer sein? Wie etablieren sich Verhaltenskonventionen und Handlungsräume? Wie etabliere ich in dieser Situation Handlungsmacht (*agency*)? Was sind die (hier) gültigen Codes für Agency? Das Aushandeln von Agency erscheint als konstitutiv für den Prozess von Gender-Konfigurationen. Denn: Zuschreibungen von aktiv/passiv von Aktion/Reaktion sind Dichotomien, die in der Konstruktion und performativen Herstellung von Gender in Bezug auf gesellschaftliche Normen und Normalisierungen reflektiert, unterlaufen und manifestiert werden. Kann ich in diesem Gefüge für einen Moment eine Position einnehmen, bleiben die Relationen fluide oder werden sie gar stabilisiert? Sehe ich gerade meinen Körper, oder nehme ich eine andere Person auf dem Abbild der Folie war? Da die Regenmäntel bestimmte Signifikanten wie Körperbau, Kleidung und Frisur, die eine stereotype dichotomen Kategorisierung in männliche und weibliche Personen ermöglichen, neutralisiert, befrage ich nun Körperhaltungen und Bewegungsansätze auf ihre Codierung. Judith Butler hat in ihrer Kritik der »verborgenen Zitatförmigkeit«[23] darauf hingewiesen, dass Geschlecht keine Rolle ist, die einfach angenommen oder abgelehnt werden kann: »Hinter den Äußerungen der Geschlechtsidentität (*gender*) liegt keine geschlechtlich bestimmte Identität (*gender identity*). Vielmehr wird diese Identität gerade performativ durch diese ›Äußerungen‹ konstituiert, die angeblich ihr Resultat sind.«[24]

Im Verständnis von Butler konstituiert sich Geschlecht als ein Effekt gendernormierender Handlungen[25] und Geschlechteridentität manifestiert sich als gesellschaftlich situiertes, wiederholtes Tun[26]. Im Anschluss an dieses Verständnis entsteht Gender performativ durch die Wiederholung der Wiederholung auch auf der Bühne, in Performance-Kontexten wie im medialen Raum und (re-)produziert damit Normen, die Handlungsmacht und Aktionsräumen schaffen und negieren.[27] Über die Art der subtilen Ausstellung und Beobachtbarkeit von Körpern wird die dichotome, auf Ebene der Repräsentation stattfindende Zuschreibung von Gender in Aufführungskontexten radikal unterlaufen. Die De-Konstruktion von repräsentativen (Spiegel-)Bildern von Geschlecht zwingt zur Reflektion über die (Re-)Konstruktion von Geschlecht, indem

---

[23] Judith Butler: *Körper von Gewicht. Die diskursiven Grenzen des Geschlechts*, Frankfurt a.M. 1995, S. 37.
[24] Butler: *Das Unbehagen der Geschlechter*, a.a.O., S. 39.
[25] Vgl. ebd., S. 200.
[26] Vgl. hierzu den Abschnitt »Identität, anatomisches Geschlecht und die Metaphysik der Substanz«, ebd., S. 37–49.
[27] Vgl. Butler: *Das Unbehagen der Geschlechter*, a.a.O. sowie Marie-Luise Angerer: *Body Options. Körper.Spuren.Medien.Bilder*, 2.Aufl., Wien 2000 und Marie-Luise Angerer (Hg.): *The Body of Gender. Körper. Geschlechter. Identitäten*, Wien 1995 und auch Schulze: *Dancing Bodies Dancing Gender*, a.a.O.

der Betrachter keine verlässlichen (Ab-)Bilder bzw. Repräsentationen vorgegeben bekommt. Hingegen scheint alles im Prozess zu sein: Performer und Performer-Performer wechseln ständig ihre Rollen, ihre Aktionen und Reaktionen beeinflussen die Installation. Das beständige Abwechseln von Beobachtung und Beobachtet-Werden lässt dichotome Zuschreibungen von aktiv/passiv nichtig werden. Jedoch muss an dieser Stelle auch mit Butler darauf hingewiesen werden, dass die sich performativ konstituierenden Aktionsräume zwar erweiterte Handlungsmöglichkeiten in Bezug auf Gender-Konfigurationen und Identitäten einräumen, die jedoch wiederum durch die »Matrix der Intelligibilität«[28] beschränkt bleiben.

Zum einen formiert sich die Medialität der Choreographie von *Welcome to the Jungle* in der *permanent* performativen Situation, die die Personen im installativen Parcours konstituieren und gleichzeitig rezipieren. Zum anderen entsteht die Choreographie dadurch, dass sich die Personen zu den installierten Objekten in Beziehung setzen und sich mit der Strukturierung des Raums und den Bewegungen der anderen Personen auseinandersetzen müssen. Zwar werden durch die installierten Folien und die Wind-, Wasser-, Parfum-, Geräusch- und Lichttechnik bestimmte Rahmenbedingungen für die Handlungsräume gesetzt, im performativen (Re-)Agieren aller Personen entsteht jedoch eine Choreographie, die sich jenseits von Repräsentation konstituiert.

Da in der installativen, choreographisch-fluiden Situation von *Welcome to the Jungle* repräsentative Bilder von Körper und Geschlecht fehlen, beginne ich als Besucherin nach Codes, die Referenzen für Gender-Zuschreibungen geben könnten, zu suchen. Die Leerstelle des Geschlechts regt zur Perspektivverschiebung an: Anstatt weiterhin Darbietungen von Performern zu erwarten, um diese betrachten zu können, beginne ich, meine Bewegungen auf Normierung und Konventionen von Gender-Konstruktion hin selbst zu beobachten.

## FAZIT

Die Analyse der choreographischen Strukturen von *Welcome to the Jungle* wie von *The Artificial Nature Project* unter der Perspektive der medialen Funktionsweise zeigt folgendes auf: Die Leerstelle des Geschlechts, die auf Ebene der Repräsentation des verhüllten Körpers entsteht, entfaltet auf Ebene der medialen Funktionsweise ihre Wirkung. Denn die visuelle Leerstelle löst bei mir als Betrachterin das beständige Suchen nach Referenzen aus und provoziert damit die Frage, ob die Betrachtung

---

**28** Butler: *Das Unbehagen der Geschlechter*, a.a.O., S. 35.

von Aktionen im ›Dispositiv der Aufführung‹ nicht immer auch mit Erwartungen verbunden ist, Gender zu entdecken bzw. zu konstruieren und damit konstituieren zu können. Marie-Luise Angerer hat z.B. darauf hingewiesen, dass der menschliche Körper vor seiner geschlechtlichen Markierung keine eigenständige Existenz verfügt und dass dieser erst durch und in seiner ›Sexuierung‹ kulturell intelligibel wird.[29] Die Leerstelle auf der Repräsentationsebene ermöglicht es dem Betrachter, Verfahren der medialen Funktionsweise zu beobachten. Wenn die Zuschreibungen von Gender auf der Repräsentationsebene unterlaufen und negiert werden, dann kann das zur Folge haben, dass sich die Betrachterin fragt, welches die Codes für Gender sind bzw. wie denn Gender in Bewegungen und Choreographien konstituiert wird. Sprich: Was sind die spezifischen Verfahren im ›Performance Dispositiv‹, die Gender produzieren und sichtbar werden lassen?

Performances wie *Welcome to the Jungle* oder *The Artificial Nature Project* erwecken den Eindruck, menschlichen Körpern erst einmal explizit die Handlungsmacht zu entziehen und sie hinter die choreographierte Bewegung und Versammlung von Materialien treten zu lassen, um sie allerdings dann in einem zweiten Schritt mittels der Thematisierung von Subjekt/Objekt-Relationen (z.B. im dichotomen Verhältnis von Natürlichkeit und Künstlichkeit von Bewegung bei *The Artificial Nature Project*) umso eindrücklicher wieder in den Vordergrund treten zu lassen. Die Choreographie von Materialien steht zwar augenscheinlich im Vordergrund, jedoch wird bei *Welcome to the Jungle* schlussendlich die Dominanz der Materialien dadurch unterwandert, dass die umhergehenden Personen ihre Perspektive verändern müssen und sich selbst zu beobachten beginnen.

Augenscheinlich geht es auch bei *Welcome to the Jungle* oder *The Artificial Nature Project* nicht um Genderidentitäten, da keine offensichtlichen Geschlechter-Konfigurationen auf der Bühne vollzogen und somit Repräsentationsmodelle unterlaufen werden. Jedoch sind auch Räume, Settings und Situationen, die augenscheinlich geschlechtsneutral codiert sind, in ihren Handlungsräumen hierarchisiert und von konventionalisierten Verfahren und Erwartungen der Hervorbringung von Geschlecht durchdrungen. *Welcome to the Jungle* wie auch *The Artificial Nature Project* ermöglichen Besuchern und Performern das Hinterfragen dieser Konventionen und Hierarchien durch das (Un-)Sichtbarmachen der signifikanten Codes im Konstruktionsprozess des *Doing*, *Moving* und *Dancing* Gender auf der Ebene der visuellen Repräsentation. Gleichzeitig stellen sie damit Fragen an die mediale Funktions- und Konstitutionsweise von Gender im Kontext des Dispositivs der Performance.

---

**29** Angerer: *Body Options*, a.a.O., S. 67.

PAMELA GELDMACHER

GELEBTER OU-TOPOS
LEIBLICHKEIT, MACHT UND UTOPIE IN DER PERFORMANCE

Wenn im 21. Jahrhundert von Utopien die Rede ist, verweisen entsprechende Überlegungen häufig auf den Cyberspace – auf virtuelle Welten, in der Technik und Mensch eine neue Symbiose eingehen. Diese Nicht-Orte – im ursprünglichen Sinne der Utopie – setzen der gelebten Realität eine Alternative entgegen. Im Cyberspace können nicht nur andere Räume erfahrbar und Idealzustände erdacht, sondern auch Rollen eingenommen werden, die sich realgesellschaftlicher Strukturen entziehen und deshalb erlauben, sich selbst nicht nur in andere Rollenverhältnisse zu setzen, sondern diese auch allein oder im Miteinander auszuleben. Von anarchischen Zuständen kann dennoch keine Rede sein, denn die Ordnung im Cyberspace ist abhängig von Faktoren wie beispielsweise der Langlebigkeit der Avatare im Videogame-Bereich oder ganz grundsätzlich softwaretheoretischen Maßgaben. Diese Ordnung verweist gleichwohl auf ein Dilemma, das bereits in Thomas Morus' *Utopia* offenbar wird: Der von Menschenhand ge- oder erdachte Nicht-Ort ist nicht von realen Modellen der Ordnung zu lösen. Zwar geht es im utopischen Diskurs um Entgrenzung und den Entwurf eines Gegenmodells, der Ursprung dessen ist aber im gegenwärtig geschulten menschlichen Denken und damit einhergehenden Machtstrukturen verankert. Diese Machtstrukturen lassen sich, wie im Folgenden am Beispiel des Performer-Trios SIGNA zu sehen sein wird, besonders hinsichtlich genderspezifischer Verhaltenskodizes feststellen.

Darüber hinaus, so stellt Peter R. Werder fest, fehle es dem Cyberspace an einer Stofflichkeit. Dies bedeute, dass er zwar »immer Ort utopischer Vorstellungen« sein könne, jedoch »nicht per se Utopie«.[1] Die neuen Medien liefern uns demnach vielfältige Optionen, um andere Räume zu denken und mit Inhalten zu füllen. In einem kongruenten Verhältnis stehen neue mediale Räume wie der Cyberspace und die Utopie dennoch nicht.[2]

Wenn die These einer virtuellen Welt als Utopie kritisch zu betrachten ist, wie verhält es sich dann beispielsweise mit den performativen Kunstformen, die virtuelle

---

1 Peter R. Werder: *Utopien der Gegenwart. Zwischen Tradition, Fokussierung und Virtualität*, Zürich 2009, S. 195.
2 Das wiederum hält die virtuelle Realität oder auch die Kreation 3-D-basierter Verfahren indes keineswegs davon ab, die Leiblichkeit zu potenzieren. Was entsteht sind beispielsweise räumliche Verschiebungen, gedankliche Übertragungen oder kinetische Erweiterungen.

Elemente zwar durchaus nutzen, wenn ZuschauerInnen und PerformerInnen über computergenerierte Verfahren in virtuelle Realitäten eintauchen können, diese Elemente aber fast immer an die leibliche Präsenz des Körpers koppeln? Um im Folgenden Settings näherzukommen, die reale und utopische Räume ineinanderlaufen lassen und somit ein Konzept von Utopie möglicherweise erlebbar machen, scheint es mir sinnvoll vorauszusetzen, dass das Stoffliche, oder hier: die physische Präsenz, elementare Grundlage für ein utopisches Erleben ist. Es geht mir deshalb in diesem Aufsatz darum, Performances zu analysieren, die eine Gegenwart in einem Rahmen choreographieren, der den Zustand einer Utopie oder Dystopie aufwirft und somit einen eigenen Aktionsraum und damit auch »Möglichkeitsraum«[3] für alternatives Verhalten formiert. Welche Machtstrukturen aber durchziehen diesen Aktionsraum? Wie geht er insbesondere mit gender-spezifischem Verhalten um? Und was geschieht mit PerformerInnen und ZuschauerInnen innerhalb eines Performance-Dispositivs, das die Ebenen zwischen fiktionalem und realem Geschehen so weit überlagert, dass das Konzept des Utopischen auch Tage nach Verlassen des choreographierten Rahmens gegenwärtig bleibt? Am Beispiel der Performance *Die Hades-Fraktur* (2009) des Kollektivs SIGNA soll diesen Fragen nachgegangen werden.

## ZUM UTOPISCHEN[4]

Als Thomas Morus 1516 mit *Utopia* ein Werk schuf, das sich mit einer fernen Gesellschaft auseinandersetzte, die neben ihrer demokratischen Verfasstheit den Gemeinschaftsbesitz etablierte und somit die Gleichheit in den Vordergrund der eigenen Staats- und Lebensform stellte, entstand neben einer Kritik Morus' an den damaligen gesellschaftlichen Umständen auch eine Sozialutopie. Für diese schuf der Autor das Konzept einer idealen Gesellschaft, deren Mitglieder kein Privateigentum besaßen, sondern stattdessen kostenlos die gemeinschaftlich hergestellten Produkte erhielten, die sie benötigten.[5] Die Tatsache, dass die neue Gesellschaftsform Morus' einer

---

3 Hier sei bereits auf den von Verena Kuni und Martin Rothenberger aufgeworfenen Begriff verwiesen, der im Folgenden genauer betrachtet wird. Verena Kuni und Martin Rothenberger: »Editorial«, in: Verena Kuni und Martin Rothenberger (Hg.): *URTUX. Kein Ort, überall – Kunst als Utopie*, Nürnberg 2002, S. 4f.
4 Einen Überblick über den Stand der Utopieforschung verschafft Andreas Heyer in seinem gleichnamigen Band, vgl. ders.: *Der Stand der aktuellen deutschen Utopieforschung*, Band 1: *Die Forschungssituation in den einzelnen akademischen Disziplinen*, Hamburg 2008.
5 Vgl. Thomas Morus: *Utopia*, Frankfurt a.M. u.a. 1992, S. 93–208.

patriarchalen und rationalen Verfassung unterliegen sollte, weist darauf hin, dass Morus' Idee unter heutigen Gesichtspunkten keineswegs einer nur positiv verstandenen utopischen Anschauung unterlag, deren Ziel es war, zu einer Verbesserung der gesellschaftlichen Lebensform beizutragen, indem ein kommunistisches Miteinander propagiert wurde.[6] Morus wird in literarischer Hinsicht gemeinhin als Begründer des Utopie-Begriffs genannt, jedoch ging bereits Platon der Entwicklung eines Staatsgedankens nach, der ›ideal‹ sein und sich im Zuge der Polis realisieren sollte.[7] Fest aber steht auch für die Ansätze Morus' und Platons, dass die Utopie ohne ein Maß an Totalität, wie es 1945 Karl Popper in seiner Schrift *Die offene Gesellschaft und ihre Feinde. Der Zauber Platons* verdeutlichte, kaum realisierbar zu sein scheint.[8] Das machtstrukturelle Arrangement hat somit gewissermaßen konstituierenden Charakter für die Utopie, obschon sie vielfach mit Herrschaftsfreiheit in Verbindung gebracht wird bzw. als herrschaftsfreie erhofft wird. Schließlich, so lässt sich in Anlehnung an Werder festhalten, strebe die Utopie universelle Verbesserungen auf politischer, gesellschaftlicher aber auch individueller Ebene an. Der Autor verdeutlicht, dass aufgrund der Globalisierung die der Utopie inhärente kritische Position gegenüber Bestehendem jedoch abgeschwächt wurde. Da die globale Vernetzung zu einer Vielfalt von Bereichen führt, die beispielsweise durch das Internet sichtbar werden, kann Kritik oder Protest an vielen Stellen unmittelbar als Reaktion auftreten und erscheint somit möglich und artikulierbar. Im Gegensatz zu einer vormals »einheitliche[n] Alternative«[9] sei eine Tendenz zur Fokussierung von gesellschaftlichen Teilbereichen zu erkennen, für die nach utopischen Gegenkonzepten gesucht werde.

Die Tatsache, dass es keines allumfassenden Utopieentwurfs bedarf, sondern auch utopische Überlegungen auf der Mikroebene zur Debatte stehen, ist für die künstlerische Auseinandersetzung mit dem Utopischen eine wichtige Erkenntnis. Gleichwohl zeigen die oben genannten problematischen Aspekte der Utopie, dass eine

---

6  Dennoch, das sollte festgehalten werden, formulierte Morus mit seinen Thesen zur Säkularisierung und Toleranz gegenüber Religionen und Minderheiten utopische Ideen, deren Realisation in den demokratischen Gesellschaftsformen des 21. Jahrhunderts weiterhin aktiv angestrebt wird.
7  Platons Ausführungen, so macht Werder deutlich, konnten jedoch erst im Nachhinein der Utopie zugeordnet werden, da der Begriff erst später entwickelt wurde. Vgl. Werder: *Utopien der Gegenwart*, a.a.O., S. 21.
8  Popper wirft in seiner Schrift *Die offene Gesellschaft und ihre Feinde. Der Zauber Platons* (1945) Platon vor, mit seiner Staatsphilosophie einer pluralen Gesellschaft zuwiderzulaufen und Gesellschaft stattdessen totalitär und nicht demokratisch anzuordnen. Vgl. Karl R. Popper: *Die offene Gesellschaft und ihre Feinde. Der Zauber Platons*, Bd. I, Tübingen 1992, hier besonders S. 106.
9  Werder: *Utopien der Gegenwart*, a.a.O., S. 16ff.

Abgrenzung zum totalitären Allmachtsanspruch kaum möglich scheint. Am Beispiel des Performance-Kollektivs SIGNA sollen diese beiden Punkte der Utopie, eine mögliche Totalität und der mikroskopische Ansatz, in den Blick genommen und mit der zu Beginn diskutierten Relevanz von physischer Ko-Präsenz verwoben werden. Im Zuge ihrer Performance-Installationen geben SIGNA und Arthur Köstler sowie Thomas Bo Nilsson Anlass dazu, gegenwärtige Utopien auf ästhetischer Ebene zu verhandeln.

Bereits 2001/2002 haben die Kunst- und Medienwissenschaftlerin Verena Kuni und Manfred Rothenberger, Direktor des Instituts für Moderne Kunst Nürnberg, in ihrem Jahrbuch *URTUX* theoretische Grundlagen für etwaige Überlegungen geschaffen. »Utopien imaginieren mögliche Wirklichkeiten und behaupten damit die potentielle Realität der Fiktion« heißt es dort.[10] Und auch wenn Kunst und Utopie nicht gleichzusetzen seien, gehe beiderlei eng miteinander einher. Auch SIGNA versuchen das Verhältnis von realem Setting und fiktionaler Vorlage zu durchmengen. Indem sie ihre Performances stets an Gebäude anbinden, die ortsspezifisch sind, zudem eine eigene, meist funktionelle Geschichte haben (ein ehemaliges Straßenverkehrsamt oder Gefängnis) und im Stadtbild verankert sind, überlagern sich für die BesucherInnen immer auch der architektonische und oftmals bekannte städtische mit dem darauf aufbauenden künstlerischen Raum. Fiktive und reale Umgebung sind dadurch nicht mehr voneinander zu trennen. Gleiches gilt für den Bewegungsradius der Zuschauer in diesen Räumen.[11]

In Hinblick auf das Verhältnis von Kunst und Utopie, so lassen uns Rothenberger und Kuni wissen, lebten beide Bereiche davon, die von der Realität gesetzten Grenzen zu übergehen, sich aber dennoch gesellschaftlich verankern zu wollen.[12] Die Utopie

---

10 Kuni und Rothenberger (Hg.): *URTUX*, a.a.O. Daneben zeigt sich für Annett Zinsmeister im Rahmen utopischer Räume ebenfalls »ein stetes Wechselspiel von Vision und Wirklichkeit«. Dies.: »Constructing Utopia. Eine kurze Geschichte idealer Konstruktionen«, in: dies. (Hg.): *Constructing Utopia. Konstruktionen künstlicher Welten*, Zürich u.a. 2005, S. 7–43, hier S. 7.

11 Erinnert sei hier an Marc Augés Ausführungen über die »Nicht-Orte« in seinem gleichnamigen Band. Darin formuliert der Ethnologe: »So wie ein Ort durch Identität, Relation und Geschichte gekennzeichnet ist, so definiert ein Raum, der keine Identität besitzt und sich weder als relational noch als historisch bezeichnen läßt, einen Nicht-Ort.« Marc Augé: *Nicht-Orte*, München 2010, S. 83. Durch das eigene Passieren dieser Nicht-Orte entledige man sich in gewisser Weise der eigenen Identität und folge der für diesen Ort vorgegebenen Identität: »Der Raum des Nicht-Ortes befreit den, der ihn betritt von seinen gewohnten Bestimmungen«. Ebd., S. 103.

12 Nochmal im Sinne Augés gedacht ließe sich dieser Gedanke von Kuni und Rothenberger an Augés folgenden Satz anschließen: »Ort und Nicht-Ort sind fliehende Pole; der Ort verschwindet niemals vollständig, und der Nicht-Ort stellt sich niemals vollständig her – es sind Palimpseste, auf denen das verworrene Spiel von Identität und Relation ständig aufs Neue seine Spiegelungen findet.« Ebd., S. 83f. Ähnlich verhält es sich auch mit dem utopischen Nicht-Ort und jenem der

könne deshalb keine »ortlose Kunst sein«, da »sie sich ihren Ort nicht nur entwerfen, sondern ihn auch besetzen« müsse. Die Autoren bezeichnen die Utopie als »Möglichkeitsraum [...] zwischen dem Sein und dem Nichts«. Alles in allem handele es sich bei der Utopie um eine »Methode [...], die zum ureigentlichen Handwerk der Kunst gehört«. Diese »reflektiert, bricht, transformiert«[13] unsere Wirklichkeit und setzt sie neu zusammen.[14] Bespielen SIGNA einen der oben genannten Orte, schaffen sie ebensolche *Möglichkeitsräume*, weil sie die ZuschauerInnen zu TeilnehmerInnen machen, sie also aus einer beobachtenden in eine aktive Position überführen. In diesem Zusammenhang wird dem Zwischenzustand von ›Sein oder Nichts‹ nachzuspüren sein und der Frage danach, inwiefern ein solcher aufrecht erhalten werden könnte. Festzuhalten ist, dass dieser Möglichkeitsraum keineswegs an eine virtuelle, also non-physische und umfassend medial vermittelte Welt gebunden sein muss, sondern bei SIGNA in der Realität vorzufinden ist und ganz bewusst auf das leibliche Erfahren setzt. Eben hier ist anzusetzen.

Denn: Gekoppelt wird dieser Möglichkeitsraum an eine heute mit dem Utopie-Verständnis einhergehende Verlagerung hin zu einem »process, dynamism, and movement towards the not-yet-set«. Der Kulturgeograph David Pinder verdeutlicht, dass »practices that work with sites through interaction, participation and dialogic encounter« zahlreiche zeitgenössische Künstler beeinflussten und diese Prozesse im Zuge einer Auseinandersetzung mit dem Utopischen »in the modes of social engagement, negotiation, alliance, community formation and democraticisation« verlagerten.[15] Die Inklusion der Teilnehmer bei SIGNA führt also in benanntem Möglichkeitsraum zu einem konkreten Miteinander. Die *möglichen Wirklichkeiten* der Utopie werden dadurch verhandel- und erlebbar.

Wie kann diese utopische Verhandlung, diese dialogische Teilhabe nun zu einem Moment des Kritischen werden? Und wie lassen sich dadurch systemische Gegebenheiten, wie beispielsweise eine genderspezifische Konfiguration in Frage stellen?

---

Realität. Aber: Zwischen Augés ›Nicht-Ort‹ und dem Begriff des Nicht-Ortes im Sinne der Utopie sollte unbedingt differenziert werden, er sei hier nur zumindest erwähnt.
13 Kuni und Rothenberger: »Editorial«, in: dies. (Hg.): *URTUX*, a.a.O., S. 4f.
14 Vgl. ebd.
15 David Pinder: »Stepping into the Cracks. Challenging the Existing Real through Art and Activism«, in: Christian Gether u.a. (Hg.): *Utopia & Contemporary Art*, Ostfildern 2012, S. 129–136, hier S. 131.

## MACHT, GENDER, UTOPIE

»Man habe zu warten«, so lassen sich die englischen Silben und die Handbewegung des Kartenabreißers deuten, während die anderen BesucherInnen schon einmal in das Hotel Timp hineindürfen, eine früher legendäre, mittlerweile jedoch geschlossene Travestiebar in der Kölner Altstadt, um die sich stets boulevardeske Geschichten rankten. Wenn auch nicht nackt, so stehen die Akteure der Performance *Die Hades-Fraktur* von SIGNA[16] im Mai 2009 doch in ›Abramović/Ulay-Manier‹[17] im Türrahmen voreinander, darauf wartend, dass sich der nächste Schwung BesucherInnen an ihnen vorbeizwängt. Erst dann erhält man Einlass in den schummrig ausgeleuchteten Nachtclub, dessen Inhaber sich als Hades (Arthur Köstler) und Persephone (Signa Köstler) bekannt machen, und der mit der Atmosphäre einer verruchten Unterwelt aufwartet, in der sich die als ›tot‹ vorgestellten Bardamen knapp bekleidet und ohne ein Lächeln an Stangen oder auch am sitzenden Publikum entlangräkeln. Persephone erklärt die Regeln innerhalb dieser Räumlichkeiten in herrischer Drastik. Es gibt Pflaumenschnaps für alle, und nach und nach werden die Weltlichen von einem der mit mythischen Namen versehenen Gruppenleitern ausgewählt und einer von sieben Gruppen à sechs bis acht Personen zugeteilt. Fortan gilt es, durch das Haus zu ziehen und in der Gruppe Punkte zu sammeln. Als Siegerin neben der Gruppe mit den meisten Punkten steht am Ende auch eine der mädchenhaften Bardamen fest. Die von der Gewinnergruppe Auserwählte darf eine Nacht in der Realität vor den Toren des Timps verbringen und somit kurzzeitig der trostlosen Unterwelt, für die der Hades steht, den Rücken kehren.

Das Punktesammeln selbst besteht aus rigoroser Demütigung der sieben Frauen, die für ihren Wunsch, die bedrückenden Räume zu verlassen, zu allem bereit zu sein scheinen: »Zutreten«, brüllt Gruppenleiter Paris eine etwas ältere Besucherin an, »feste«. Die so Angebrüllte stockt, erhebt den Fuß, holt aus, und bremst doch kurz vor dem eigentlichen Tritt ab. Vor ihr kniet eines der Barmädchen, Ivana, und streckt ihr das Gesäß entgegen. Sie wirkt abwesend, als stünde sie unter Drogen. Ihr Blick ist leer. Derweil wird die Besucherin immer heftiger von Paris angegangen; die anderen GruppenmitgliederInnen beginnen sich zu räuspern. Paris hält sie weiter lautstark an, an

---

16 SIGNA sind ein dänisch-österreichisches Performance-Kollektiv, bestehend aus dem Ehepaar Signa und Arthur Köstler sowie Thomas Bo Nilsson.
17 Erinnert sei an die Performance *Imponderabilia* von 1977 anlässlich einer Ausstellungseröffnung in der Galleria d'Arte Moderna in Bologna. Marina Abramović und ihr damaliger Partner Ulay standen dabei an zwei eng aneinander stehenden Betonstelen am Haupteingang. Um einzutreten mussten die BesucherInnen sich durch den schmalen Spalt zwischen den beiden hindurchschlängeln und spontan die Entscheidung treffen, wem sie dabei auf Augenhöhe begegnen wollten.

die Gruppe zu denken und ihrer Verantwortung nachzukommen. Dann tritt sie zu. Mehrfach. Von Mal zu Mal fester.

Im nächsten Raum wird ein Gruppenteilnehmer aufgefordert, sich von Natalie, einem weiteren Mädchen, ausziehen zu lassen. Nach längerem Zögern, aber unter den auch hier lautstarken Drohsalven von Gruppenleiter Aias, gibt er nach. Natalie umwirbt den Mann, sie biedert sich an, versucht ihn von sich zu überzeugen, legt seine Hände auf ihre Brüste, reibt sich an ihm. Schnell wird innerhalb der fünfstündigen Performance klar, dass dieser Ort, diese Welt mitsamt der Spiel-›Figuren‹ *in* seiner vermeintlichen Fiktion nicht zu greifen ist. Er ist kaum zu beschreiben, wird er doch so dicht und erfahrbar, dass das offenbar Konstruierte einem stetig und fortwährend vor Augen tritt, jedoch keineswegs dazu beiträgt, Klarheit in die changierende Relation von Realität und Fiktion zu bringen.

Obschon die Zigarettenstummel auf der Treppe beim Aufstieg in die erste Etage noch von Inszenierung zeugen, ebenso wie der Raum des Dionysos, der mit schwarzem Satin-Bett, rotem Licht und Weinkelchen nur so strotzt vor Trivialität, wird spätestens das beklemmende Gefühl beim Betreten der Zimmer der Mädchen, die binnen Sekunden den Eindruck von Verwahrlosung, Gefangenschaft oder gar Missbrauch suggerieren, zur Fragestellung. Wie funktioniert diese offenbar choreographierte Parallel-Welt, die gerade mittels der kindlich anmutenden Accessoires, der mit Pferden versehenen Decke, dem dreckigen Boden im Raum eine Intensität schafft, die einen als Zuschauer einerseits gefangen nimmt und andererseits nicht daran zweifeln lässt, dass es sich hier eben nicht um die Realität sondern Fiktion handelt? Eine Antwort lässt sich im Begriff der künstlerischen *Mikro*-Utopie vermuten. Was im Grunde genommen unmittelbar nach Eintritt im Timp entsteht, ist eine schlagartige Verdichtung der Atmosphäre, die einem auf Schritt und Tritt folgt, und der man sich nicht entziehen kann. Atmosphäre, so formuliert es Gernot Böhme[18], ist in Verbindung zu bringen mit dem Aura-Begriff von Walter Benjamin. Diese Aura sei zu »spüren«, was wiederum bedeute, »sie in die eigene leibliche Befindlichkeit aufzunehmen.«[19] Unwohlsein ob der Ungewissheit, was einen erwartet und gleichwohl Aufgeregtheit vereinnahmen die Sinne, lassen das unangenehme Gefühl körperlich spürbar werden. Dass diese Atmosphäre durch die Gruppeneinteilung und den damit forcierten Gruppendruck, aber vor allem auch das militante Regelwerk strukturiert, besser, initiiert wird, scheint der notwendige Gegenpol zu sein, um das fiktional-reale Geflecht wirksam und durchführbar

---

[18] Vgl. Gernot Böhme: *Atmosphäre. Essays zur neuen Ästhetik*, Frankfurt a.M. 1995, hier bes. S. 21–48 sowie auch Erika Fischer-Lichte: *Ästhetik des Performativen*, Frankfurt a.M. 2004, S. 200–208.
[19] Böhme: *Atmosphäre*, a.a.O., S. 27.

werden zu lassen. Atmosphären zu schaffen bedeutet laut Böhme nämlich, sie mit Macht in Verbindung zu bringen: »Diese Macht bedient sich weder physischer Gewalt noch befehlender Rede. Sie greift bei der Befindlichkeit des Menschen an, sie wirkt aufs Gemüt, sie manipuliert die Stimmung, sie evoziert Emotionen.«[20] SIGNA machen in ihrer Performance eben davon Gebrauch. Als Teil der Performance ist sich dieser schwer zu entziehen, gleichwohl hat man ›Eintritt‹ bezahlt, befindet sich in einer vom Schauspiel Köln ausgeschriebenen Performance und fühlt sich ob der institutionellen Sicherheit im Rücken gewissermaßen auch (rechtlich) abgesichert.

Dieser Raum nun, der im Zuge der Performance auch durch die ZuschauerInnen selbst geschaffen und aufrechterhalten wird, weist auf einen Ort hin, der zwar Regeln vorgibt, diese jedoch durch eine immer stärker sexualisierte und alkoholisierte Stimmung und dem Spiel mit dem Regelbruch gleichzeitig in Frage stellt. So beginnen einige ZuschauerInnen, den Vorgaben der Performer zu widersprechen oder Handlungsanweisungen ins Extreme zu treiben, indem sich der eigenen Kleidung entledigt wird, hemmungslose Küsse ausgetauscht werden oder es zu Handgreiflichkeiten kommt. Durch das Verlassen der in unserer Realität existenten Ordnung und dem Eintritt in einen von alternativen Strukturen durchzogenen Raum, wird dieser blitzhaft zum Ou-Topos. Er ist nicht manifestierbar, lässt sich nicht erklären und bietet zuallererst die Option, sich selbst darin zu verlieren, sich auszuprobieren, eine Rolle zu spielen, die man ›draußen‹ niemals wahrnehmen würde. Gleichwohl führt die Rigidität der Vorgaben dazu, an jener auf den ersten Blick utopischen Ordnung zu rütteln, um sie auf ihre Echtheit zu prüfen. Die Atmosphäre besticht dabei durch einen permanenten Grad der Verruchtheit, des Abnormen. Dieser Grad aber ist es, der die ZuschauerInnen die Unwägbarkeit der Performance hinterfragen lässt: Wie weit kann ich gehen und wie weit gehen die anderen?

Das Dilemma von real erfahrbarer Macht und Abhängigkeit in einer fiktionalen Rahmung führt zu einer Grenzenlosigkeit, die die Atmosphäre mit Spannung und Fragezeichen auflädt. Das eigene Handeln und die damit einhergehenden Sicherheiten werden prekär und doch potenziert die Ebene des ›Nicht-Wissens‹ die Auseinandersetzung mit eben diesen.

Diese Ambivalenz wird vor allem von den weiblichen Performern produziert und aufrechterhalten. Sie werden als wert- und nutzlos, als zutiefst verachtungswürdig vorgestellt. Die Diskriminierung durch die anderen Performer der *Hades-Fraktur* ist allgegenwärtig. Sie sind Objekte, dienen als Spieleinsatz, sind dazu verdammt, sich den BesucherInnen so sehr anzudienen, dass diese ihnen am Ende eine Nacht in der

---

**20** Ebd., S. 39.

Freiheit ermöglichen. Dafür tun sie fast alles. Sie lassen sich von den ZuschauerInnen in den Schritt fassen, ausziehen, schlagen oder küssen. Intimitäten, Anfeindungen – es scheint nichts zu geben, was sie nicht erdulden müssen. Wie bereits beschrieben, minimiert sich im Zuge der Gruppendynamik die Hemmschwelle *für die Gruppe*, aber auch *für das Mädchen*, handgreiflich zu werden. Es sind gleichwohl immer auch die Mädchen selbst, die einfordern und an bis dato existenten klaren Vorstellungen von körperlicher Unversehrtheit und Achtung dem Anderen gegenüber rütteln.

Das wichtigste Prinzip dieser Arbeit von SIGNA ist das der Macht, der Angst, der Abhängigkeit und Demütigung, um die ZuschauerInnen gefügig zu machen und sie innerhalb dieser Gefügigkeit herauszufordern. Indem ihnen Alkohol angeboten wird, ihre Bewegungsabläufe und Handlungen einer dogmatischen Vorgabe unterworfen werden und sie gleichwohl Optionen für das Ausleben eigener Bedürfnisse (Küssen, körperliche Nähe, Aggressionsabbau im Nahkampf mit den Performern) erhalten, stellen SIGNA jenen Möglichkeitsraum her, der nach dem Abend eine Reflexion des eigenen oder gesellschaftlichen Handelns bestenfalls in Gang bringt. Grundlegend dafür ist die Etablierung des Settings und der Rollen, die die PerformerInnen annehmen, die sie aber subjektiv weiterentwickeln. SIGNA geben in ihren Arbeitsprozessen zwar stets das Konzept vor und ordnen Charaktere Personen zu, überlassen letzteren dann aber die gesamte Weiterentwicklung ihres neuen Alter-Egos, das die PerformerInnen wiederum über Wochen leben. Es entstehen Eigendynamiken, die PerformerInnen und ZuschauerInnen gleichermaßen an- und umtreiben – all dies nun auf einer realen Ebene. Diese wird durch den Aspekt der Macht gleichwohl als utopische Konstruktion fragwürdig. Produzieren SIGNA nicht vielmehr ein dystopes Szenario im Stil von George Orwells *1984* als eine Utopie? Jein. Wahrlich kann von einer Idealstruktur innerhalb der Mikro-Gesellschaft, die SIGNA entwirft, kaum gesprochen werden. Die mitunter grausamen Strafen für etwaige Vergehen zeugen keineswegs von einer Alternative zur eigenen Gesellschaftsstruktur, wie es Morus im Sinn hatte. Es geht, und hier kommt man dem Dystopie-Gedanken nahe, viel eher um das Ausmalen einer überbetonten autokratischen Führung. Was jedoch die Silbe *Dys-* zu einer ambivalenten macht, ist die Tatsache der Wollust, mit der die meisten BesucherInnen der Welt von SIGNA begegnen. So liegen die einen stundenlang mit Dionysos auf seinem weichen Bett, lassen sich hemmungslos von Paris küssen oder versuchen, sich an einem oberkörperfreien Ringkampf mit Achill. Andere berichten im Gespräch mit den Mädchen in ihren Zimmern unter Tränen vom Verlust der Mutter oder den Schwierigkeiten mit der Familie, wieder andere torkeln pflaumenschnapsgetränkt die Treppen rauf und runter. Die eigene Identität spielt an diesem Ort keine Rolle mehr, man ist, wer man sonst nicht ist, und tut, was man sonst nicht tun würde. Der *Möglichkeitsraum zwischen dem Sein und dem Nichts*, den SIGNA schafft, wird ge- und belebt. Utopie und Gender stehen somit in einem ambivalenten Verhältnis. Einerseits zeigt sich, dass sich alltägliche Gender-Strukturen auch in utopischen Szenarien nicht umgehen lassen (auch bei Morus' *Utopia* ließe sich ähnliches aufzeigen), andererseits kann durch Überformung und Ausschweifung jener Strukturen eine mögliche Reflexion, eine Unsicherheit, Schockiertheit oder auch Beschämung über die eigene Akzeptanz dieser gängigen Strukturen herausgefordert werden.

Dieser Nicht-Ort Hades impliziert somit Lust und Leid zugleich. Er formiert nicht als reine Kritik an bestehenden Systemen, nein, er spielt mit dem Regelbruch, mit dem Potential des eigenen Austreten-Wollens aus der Gesellschaft und der Konformität des Lebens per se. Es habe zahlreiche BesucherInnen gegeben, berichtet ein Performer[21], die an der Hades-Welt festhalten wollten, die immer wiedergekehrt seien, die Kontakt zu den PerformerInnen aufgenommen hätten, um ihnen weiterhin nah zu sein, um aber auch das oder so zu sein, wie sie sonst nicht sein konnten. Ex negativo liegt andererseits in dieser Sehnsucht eine erschreckend reale Bedürfnisbefriedigung, die als Motor für eine Vielzahl von TeilnehmerInnen der Performance dazu führte, über die eigenen ethischen Vorstellungen hinwegzusehen und sich unterdrückten, vor allem stark sexualisierten Wünschen hinzugeben.

## UTOPISCHE GRENZERFAHRUNG ›AM EIGENEN LEIB‹

SIGNA nutzen und potenzieren das Phänomen immer noch bestehender Geschlechts- und Verhaltensstereotypen, um diese konzentriert vor Augen zu führen. Die Diskriminierung der Frauen in der Performance widert an, besonders in den Momenten, in denen die blauen Flecken der Frauen sichtbar werden und verdeutlichen, dass alle Schläge, die ihnen wiederfahren, kein Fake, kein Spiel, kein Theater sind. Die Zwickmühle, die durch den performativen Raum vorgegeben wird, nämlich dass die weiblichen Performer davon profitieren, wenn man ihnen ihre masochistischen Wünsche erfüllt, macht die undurchschaubare Machtstruktur, die dieser Rollenverteilung unterliegt, deutlich. Die Mädchen sind Opfer und Täterinnen zugleich. Sie produzieren Mitleid, um auserwählt zu werden, und forcieren Gewalt, um dem Hades zu entkommen. Ihr Verhalten folgt dem rigiden Machtapparat von Persephone und Hades, die Verstetigung des Bösen macht dennoch auch vor ihnen nicht halt. Sie sind Teil des

---

[21] Auf Wunsch des Performers bleibt dieser anonym. Das Gespräch fand im Mai 2009 in Köln statt.

Apparats und propagieren die eigene Erniedrigung, um anderweitig ihren Konkurrentinnen überlegen zu sein.

Was bleibt sind irritierende Einsichten über noch immer existente Paradigmen des 21. Jahrhunderts. Die Zurschaustellung der Frau als unterwürfiges und schwaches Geschlecht ist, obschon bewusst plakativ, Bestandteil der gesamten Performance. Das Erschreckende aber ist die Aneignung dieser Vorbedingung durch die BesucherInnen unter der Prämisse, dadurch der Freiheit der gefangenen Frauen näher zu kommen. Ist eine Unterwerfung dem System gegenüber demnach notwendig um einen Ausweg zu finden? Es scheint mir diese bis zum Ende ungelöste Frage, die dystopisches und utopisches Potential in der Performance zusammenlaufen lässt und produktiv macht. Keine Utopie ist ohne Macht, oder nach Popper, ohne Totalitarität zu haben, doch muss eine totalitäre Utopie nicht zwangsläufig Dystopie sein. Idealtypische Konstellationen implizieren immer schon die Foucault'schen »Dispositive der Macht«, mit denen derjenige, der die Utopien denkt, verwoben ist.[22] Somit findet sich bei SIGNA weder ein Idealzustand noch ein lediglich gedankliches Konstrukt. Die dystopische Momente implizierende Utopie lässt Raum, um Grenzen zu überschreiten, sich vor sich selbst zu erschrecken und auf leibliche Weise die Konfrontation mit sich und den eigenen Bedürfnissen zu leben. Dies ist insoweit positiv, als dem Verlassen des Nicht-Ortes keine juristischen Konsequenzen folgen. Was bestenfalls bleibt, ist eine nachhaltige Auseinandersetzung mit Vorurteilen, Stereotypen, einer Ethik und Moral, die an diesem Abend mehrfach auf die Probe gestellt wird und einen auch nach dem Austritt in die Kölner Nachtluft nicht loslässt. Die unmittelbare leibliche Grenzerfahrung in Form von Angst, Ekel, Lust oder Schmerz im utopischen Raum ist unwiderruflich. Eine Mediatisierung, erinnern wir uns an den Cyberspace zu Beginn, der immer wieder als Utopie schlechthin ausgemacht wird, stünde der einverleibten Nachhaltigkeit nun möglicherweise entgegen. Denn um Machtstrukturen oder Diskriminierungen zu erkennen, ist die physische ko-präsente Erfahrung im Möglichkeitsraum SIGNAs essentiell. Eine Separation von Fiktion und Realität, weltlichem und utopischem Raum kann dadurch *nicht* aufrechterhalten werden; zwangsläufig geht alles ineinander über.

Das Nicht-Erkennen birgt gleichwohl eine Gefahr: Schaffen SIGNA nicht lediglich einen Simulationsraum, der zur Reproduktion des Bestehenden beiträgt und sich dann auch noch im Sinne Poppers totalitär gibt, statt an den Grundfesten des großen Ganzen zu rütteln? SIGNA formulieren dahingehend, dass es ihnen um einen Entwurf gehe, der Existentes vor Augen führen soll, jedoch von den BesucherInnen selbst mit Bedeutung gefüllt werden müsse. Im Rahmen der Performance macht das Sinn; im

---

**22** Gerade hier sei noch einmal an die patriarchalen Voraussetzungen für Morus' *Utopia* erinnert.

Zuge einer systemischen Kritik bleibt zu fragen, ob ein Unbehagen nur bei jenen entsteht, die sich der immer noch bestehenden Unzulänglichkeiten des Genderdiskurses in der Gesellschaft von vornherein bewusst sind.

KATARINA KLEINSCHMIDT

BLICKSTRATEGIEN IM ZEITGENÖSSISCHEN TANZ
EINE PLURALE »LOGIK DER PRAXIS«


»STAY FOCUSED!«
»BROADEN YOUR ATTENTION. OPEN YOUR FOCUS.«

Diese Anweisungen aus Tanztrainings und Probenarbeit geben Einblicke in die Verwendung von Blickstrategien im zeitgenössischen Tanz und lassen sich nach Analogien zu medialen Praktiken wie beispielsweise dem Fokussieren untersuchen. Im Folgenden möchte ich sie unter der Perspektive einer Verschränkung von Choreographie, Medien und Gender betrachten.[1] Welche Differenzierungen von choreographischen bzw. tanztechnischen Blickpraktiken entstehen durch Analogien zu medialen Praktiken wie dem *Focusing*, *Zapping* und *Zooming*? Inwiefern bewirken diese Differenzierungen eine Komplexität von Blickpraktiken, die dichotome Wertungen von aktiv/passiv oder Wissen/Nicht-Wissen unterlaufen? Und wie lassen sich Blicke hier im Sinne von Handlungsfeldern verstehen?

Blicke im Spannungsfeld von Medien und Gender zu betrachten, hat seit Laura Mulveys einschlägiger Theorie zum »male gaze«[2] eine lange Tradition. Bereits 1975 hat die Filmtheoretikerin die Blickkonstellationen im klassischen Hollywoodkino der späten 1920er bis 1950er Jahre kritisch unter dem Aspekt der psychoanalytisch definierten sexuellen Differenz untersucht. Sie differenziert die Lust am Schauen in Rückgriff auf *Skopophilie* und Narzissmus und verbindet die so entstehenden psychischen Positionen mit der traditionellen Rollenverteilung von weiblich/passiv und männlich/aktiv, wie sie auch der Film repräsentiert.[3] Mulveys Theorie ist der Versuch einer Differenzierung ›des‹ Betrachters, indem sie zeigt, wie die Blickkonventionen die Frau als Objekt des Blicks und damit gleichzeitig den Mann als ›den‹ Betrachter positionieren. Diese Position ist jedoch weitläufig kritisiert worden (so u.a. von Teresa de Lauretis),[4]

---

1 Für eine angeregte Diskussion zu meinem Beitrag für diesen Band danke ich dem Kölner Colloquium (Yvonne Hardt, Taiya Mikisch, Ulrike Nestler und Anna-Carolin Weber).
2 Laura Mulvey: »Visual Pleasure and Narrative Cinema«, in: *Screen* 16.3 (1975), S. 6–18, http://afc-theliterature.blogspot.de/2007/07/visual-pleasure-and-narrative-cinema-by.html (aufgerufen am 06.01.2013).
3 Ebd.
4 Teresa de Lauretis: *Alice doesn't: Feminism, Semiotics, Cinema*, Basingstoke u.a. 1984.

nicht zuletzt für die ihm zugrunde liegenden psychoanalytischen Theorien zur Subjektformation, die ein binäres Geschlechterverhältnis voraussetzen.[5] Aktuellere Film- bzw. Medientheorien unterscheiden sich von Mulveys Ansatz durch die Anerkennung pluraler Subjektpositionen und sozialer Kontexte von Betrachtern, also durch eine weitere Differenzierung von Blicken.[6] Zudem werden diese Konzepte der Adressierung eines bzw. mehrerer idealer Betrachter durch jene ergänzt, die – wie bereits Michel de Certeau mit seinem »textual poaching«[7] – die Handlungsspielräume des Konsumenten hervorheben. Wenn de Certeau danach fragt, was der Fernsehzuschauer mit den Bildern macht,[8] vertritt er ein performatives Verständnis von Machtgefügen zwischen kulturellen Konsumenten und Produzenten. Das Einbeziehen performativer Aspekte führt auch die Tanzwissenschaftlerin Sally Banes dazu, die Anwendbarkeit des »male gaze« auf den Tanz zu hinterfragen. Zwar hat gerade das romantische Ballett die Vorstellung eines skopophilen Blicks bedient und die Plots der Libretti sind auch nicht ohne misogyne Untertöne. Doch Banes stellt dem die Analyse der Handlungsspielräume und Bewegungen von Tänzerinnen auf der Bühne gegenüber, die keinesfalls als passiv, schwach und an die klassischen Tätigkeitsbereiche der Frauen gebunden sind.[9]

Wie lässt sich nun heute – vor allem aus dem Kontext einer zeitgenössischen Tanzpraxis heraus – eine Verschränkung von Choreographie, Medien und Gender anhand von Blicken als Handlungsfelder formulieren? Um diesen Zusammenhang zu untersuchen, gehe ich im Sinne von Pierre Bourdieu von einer »Logik der Praxis«[10] des zeitgenössischen Tanzes bzw. spezifischer Tanzpraktiken aus, in der ›der Blick‹ – so meine These – längst ein pluraler geworden ist und nicht entlang einer männlich/weiblichen

---

5   Vgl. hier u.a. die Lesweise von Marie-Luise Angerer, die wiederum die Kritiken von Mulvey einer Re-Lektüre unterzieht, Marie-Luise Angerer: *Body Options. Körper.Spuren.Medien.Bilder*, Wien 2000.
6   Vgl. Marita Sturken und Lisa Cartwright: *Practices of Looking. An Introduction to Visual Culture*, Oxford u.a. 2001, S. 93.
7   Michel de Certeau: *Die Kunst des Handelns*, Berlin 1988, S. 66.
8   Vgl. ebd., S. 80.
9   Vgl. Sally Banes: *Dancing Women. Female Bodies on Stage*, London 1998, S. 1–11. Für einen Überblick über Übertragungen des »male gaze« auf Modernen (amerikanischen) Tanz siehe Susan Manning: »The Female Dancer and the Male Gaze: Feminist Critiques of Early Modern Dance«, in: Jane Desmond (Hg.): *Meaning in Motion – New Cultural Studies of Dance*, Durham 2006, S. 153–166. Ann Daly stellt die Übertragbarkeit des »male gaze« in Frage, da Tanz nicht v.a. kinästhetisch wahrgenommen werde, vgl. Ann Daly: »Dance History and Feminist Theory. Reconsidering Isadora Duncan and the Male Gaze«, in: dies. (Hg.): *Critical Gestures. Writings on Dance and Culture*, Middletown 2002, S. 302–319.
10  Pierre Bourdieu: *Sozialer Sinn. Kritik der theoretischen Vernunft*, Frankfurt a.M. 1993, S. 147.

Dichotomie gedacht wird. Choreographie verstehe ich im Sinne eines detaillierten Arbeitens an und mit komplexen Blickstrategien. Anhand von Beispielen aus Tanztrainings sowie choreographischen Arbeiten von Meg Stuart und Sebastian Matthias möchte ich zeigen, wie gerade Praktiken mit neuen Medien wie Zapping, Focusing und Zooming eine Differenzierung und Komplexität von Blickpraktiken bewirken können. Gender dient mir dabei als Perspektive, um kritisch nach Weiter- bzw. Umschreibungen von Dichotomien und Stabilisierungen von Hierarchien im Umgang mit Blicken zu fragen und Handlungsräume hervorzuheben. Blicke lassen sich hier nicht unbedingt entlang der traditionellen Machtposition einer geschlechtlich konnotierten Dichotomie von aktiv Schauendem versus passiv Angeblicktem fassen. Eine Wiederholung dieser Dichotomie durch das Fortschreiben des »male gaze« scheint nicht zuletzt seit Judith Butlers Überlegungen zur Performativität von geschlechtlichen Normen fraglich.[11] Vielmehr möchte ich die Komplexität von Blickstrategien *durch* mediale Praktiken auf Seiten der Tänzer (die damit nicht nur angeblickt *werden*) betonen, die ein solch dichotomes Verständnis destabilisieren. An dieser Stelle ist eine Verbindung zu oben beschriebenen Theorien der alltäglichen Aneignung wie jener de Certeaus naheliegend, da dieser ebenfalls (Alltags-)Praktiken (im Plural) zum Ausgangspunkt nimmt. Ein solcher Ansatz soll zudem jener Praxis-Theorie-Dichotomie entgegenwirken, die im Schreiben über Tanz immer noch zu großen Teilen wirksam ist.

Allerdings soll nicht der Eindruck entstehen, dass mit der Differenzierung der Praktiken ein macht- und hierarchiefreier Raum gebildet wird. Daher soll abschließend am Beispiel von Zooming als choreographischer Praxis die Verbindung von Denken und Handeln in regelgeleiteten Praktiken kritisch auf implizite Machtstrukturen hin befragt werden, die den Konzepten dieser habitualisierten Alltagspraktiken zugrunde liegen.

---

**11** Judith Butler: »Performative Acts and Gender Constitution: An Essay in Phenomenology and Feminist Theory«, in: *Theatre Journal* 40, (1988), Nr. 4, S. 519–531, http://people.su.se/~snce/texter/butlerPerformance.pdf (aufgerufen am 10.12.2012). Vgl. auch dies.: *Das Unbehagen der Geschlechter*, Frankfurt a.M. 1991 sowie dies.: *Körper von Gewicht. Die diskursiven Grenzen des Geschlechts*, Frankfurt a.M. 1997.

## DIE »LOGIK DER PRAXIS«

In seinen Überlegungen zu einem »praktische[n] Sinn«[12] versteht Bourdieu Denken als dem Handeln inhärent. Er wendet sich explizit gegen eine »dualistische Sicht«[13] von Objektivismus und Subjektivismus: Praktiken ließen sich demnach weder als das bloße Befolgen von Regeln noch als voneinander unabhängige, individuelle Entscheidungen verstehen. Vielmehr sind sie durch Habitusformen bestimmt, die Bourdieu

> »als Systeme dauerhafter und übertragbarer Dispositionen, als strukturierte Strukturen [...], d.h. als Erzeugungs- und Ordnungsgrundlagen für Praktiken und Vorstellungen, die objektiv an ihr Ziel angepasst sein können, ohne jedoch bewusstes Anstreben von Zwecken und ausdrückliche Beherrschung der zu deren Erreichung erforderlichen Operationen vorauszusetzen«

versteht.[14]

Handeln schließt also durch den Habitus, durch Ordnungsgrundlagen oder Normen immer schon Denken ein. Die »Logik der Praxis« ergibt sich aus der Verbindung, die zwischen den Praktiken bzw. den verschiedenen Praxisfeldern besteht, und die sich nicht auf Modelle oder wissenschaftliche Schemata reduzieren lässt.[15]

Im Tanz geschieht die Inkorporierung von Normen bereits im jahrelangen täglichen Training, in dem Tänzer Denken – im Sinne Bourdieus – entlang dieser Normen praktizieren. Diese Inkorporierung hat Susan Foster exemplarisch in ihrem Artikel »Dancing Bodies«[16] anhand zahlreicher Tanzpraktiken gezeigt, wobei sie auch auf jene Praktiken eingeht, die sich vermeintlich solchen Normen enthoben fühlen wie zum Beispiel Contact Improvisation. Im Anschluss daran möchte ich nun zum einen verdeutlichen, wie Normen auch über Blickpraktiken inkorporiert werden, wie also Blicke, Norm und Denken im Tanzen in den inkorporierten Strukturen zusammentreffen. Zum anderen möchte ich den Begriff »Logik der Praxis« für die tänzerischen Blickpraktiken einführen, um Verbindungen zwischen verschiedenen Praktiken bzw. Praxisbereichen zu

---

12 Bourdieu: *Sozialer Sinn*, a.a.O., S. 31.
13 Ebd., S. 105.
14 Ebd., S. 98f.
15 Ebd., S. 26.
16 Susan Foster: »Dancing Bodies«, in: *Meaning in Motion*, a.a.O., S. 235–257. Vgl. auch Yvonne Hardt: »Pushing Boarders of Thinking and Moving – Reflections on theoretical framing«, in: dies. und Katarina Kleinschmidt (Hg.): *Crossover 55/2 – Internationally Mixed: Reflections, Tasks, (F)Acts*, Köln 2012, S. 26–35.

analysieren. Diese Verbindungen sind – im Gegensatz zu den Praktiken bei Bourdieu – nicht seit Jahrhunderten überliefert,[17] sondern werden von Tanzenden immer wieder aktiv hergestellt, je nachdem, welche Techniken diese trainieren. Und in diesem relationalen Herstellen von Logiken liegt, so möchte ich herausstellen, das Potenzial für Handlungsräume.

Foster zeigt den Prozess der Inkorporierung verschiedener Normen durch das stete Wiederholen von Bewegungen bzw. Bewegungsprinzipien im Training. Tanztechniken, als »systematic programs of instruction«[18], schaffen ihrer Ansicht nach einen »body-of-ideas«.[19] D.h. Körper, die immer schon durch diejenigen kulturellen Techniken konstituiert sind, die diese Körper in-formieren und durch die sie wahrnehmbar sind.[20] So werden wahrgenommene und ideale Körper ständig miteinander abgeglichen und entlang von verbalen Anweisungen konstruiert. Zum Beispiel schaue ich im Balletttraining nicht nur dem Lehrer zu, wie er eine Beinbewegung vormacht. Oft zeigt er zudem gleichzeitig durch Gesten seiner Hände an, welche Linien, Richtungen oder Spiralen ich in dieser Bewegung idealerweise erkennen soll (und erklärt dies auch verbal). Und wenn ich sie dann selbst probiere, werde ich angehalten, in den Spiegel zu schauen und die Bewegung solange zu wiederholen, bis auch in meiner Bewegung diese Linien oder Richtungen zu sehen sind. Der Blick im Ballett hat somit neben der Orientierung vor allem die Funktion eines Korrektivs, d.h. den Körper durch den Abgleich mit zumeist visuell generierten Idealen zu formen.

## EINE HIERARCHISIERUNG DER SINNE?

»The dancer's perceived body derives primarily from sensory information that is visual, aural, haptic, olfactory, and perhaps most important, kinaesthetic. [...] Any of this information about the perceived body may be incorporated into the dancer's ideal body, where it combines with fantasized visual or kinesthetic images of a body, images of other dancers' bodies, and cinematic or video images of dancing bodies.«[21]

---

17 Bourdieu: *Sozialer Sinn*, a.a.O., S. 30.
18 Foster: »Dancing Bodies«, in: *Meaning in Motion*, a.a.O., S. 238.
19 Ebd., S. 236.
20 Ebd., S. 235.
21 Ebd., S. 237.

An Fosters Zitat möchte ich verdeutlichen, wie der Blick in den Spiegel, auf den Lehrer oder die Mit-Tänzer innerhalb von zeitgenössischen Tanztechniken und im zeitgenössischen Ballett durch einen ›Blick nach Innen‹ ergänzt worden ist (eine Visualisierung von Körpern und -systemen, wie dem der inneren Organe oder des Blutkreislaufs).[22] Denn durch die Entwicklung von somatischen Praktiken (wie Feldenkrais, Alexander-Technik oder Body-Mind-Centering) und ihre Integrierung in zeitgenössische Formen des Trainings lässt sich eine Einbeziehung der anderen Sinne konstatieren,[23] wodurch z.B. der kinästhetische oder der Tastsinn angesprochen werden. Somit verschiebt sich die Hegemonie des Sehens auf die anderen Sinne, um im Tanztraining Wissen zu generieren. Diese anderen Sinne werden zunehmend als gleichberechtigte Quellen für ein Körperwissen verstanden.[24] Dabei mag zunächst eine Dichotomie des Visuellen versus Haptischen samt ihrer ›gegenderten‹ Dimension von männlich konnotiertem Wissen und weiblichem Spüren anklingen. Doch die Vernetzung der Sinne, von Hören, von ›Hands on‹ (als körperlichem Manipulieren durch den Lehrer oder durch Kollegen), vom Spüren des Bewegungsmomentum, von Hören, Sehen und Visualisieren ist durchaus komplexer. Doch auch über dieses zunehmend gleichberechtigte Zusammenspiel der Sinne werden Normen inkorporiert, entlang derer das Denken im Training verläuft.

Allerdings bestimmt die zunehmende Gleichberechtigung der Sinne nicht nur die Information über ›den‹ Körper. Vielmehr lässt sich hier verdeutlichen, was Sally Banes und André Lepecki als »*a performative power of the senses*«[25] konzeptualisieren. Die Entscheidung, welche Sinne in Aufführung, Training oder Probenarbeit Gewicht bekommen, trainiert, aktiviert, aktualisiert, vermittelt oder ausgeschlossen werden, kreiert – nachträglich – Entitäten. Die jeweilige Konzeption der Sinne ist konstitutiv für die Beschaffenheit der Körper, die im Training performativ hergestellt wird. Sie ist entscheidend dafür, was von Performer und Zuschauer wahrgenommen, verstanden und gewertet wird – sprich: woraus also das dominierende Wahrnehmungssystem besteht.

---

22 Vgl. Corinne Jola und Fred W. Mast: »Dance Images. Mental Imagery Processes in Dance«, in: Johannes Birringer und Josephine Fenger (Hg.): *Tanz im Kopf*, Münster u.a. 2005, S. 211–232.
23 Dies gilt z.B. für das zeitgenössische Ballett William Forsythes, vgl. Frederike Lampert: *Tanzimprovisation. Geschichte – Theorie – Verfahren – Vermittlung*, Bielefeld 2007, S. 110.
24 Hardt reflektiert die Dominanz des Sehens im Tanztraining, wenn sie Übungen mit geschlossenen Augen im Stehen, Liegen und im Raum ausführen lässt sowie wenn gerade die führende Person in Partnerübungen die Augen geschlossen hält.
25 Sally Banes und André Lepecki: »Introduction: the performance of the senses«, in: dies. (Hg.): *The Senses in Performance*, New York u.a. 2007, S. 1–7, hier S. 3.

Das Trainieren des visuellen oder taktilen Sinnes kann dabei nicht als *per se* subversiv oder alternativ verstanden werden. Vielmehr – darauf macht Yvonne Hardt in ihrem Artikel »A Relational Perspective on Dance and Theory«[26] aufmerksam – ergibt sich der subversive Status von Praktiken immer im Verhältnis zum jeweiligen Kontext, in dem die einen oder anderen Sinne geschätzt, ausgebildet und als Basis für das Generieren von Wissen anerkannt werden. Somit lässt sich im Kontext von zeitgenössischem Tanz nicht mehr vom ›Blick nach Innen‹ als einer subversiven und Hierarchien befragenden Praxis sprechen. Vielmehr sind plurale Blickstrategien bereits etabliert und zum dominierenden System geworden. Ich möchte daher fragen, inwieweit in dieser Pluralität von Praktiken und Normen Dichotomien und Hierarchien weiter- oder umgeschrieben werden.

## ZAPPING

Wie lässt sich nun aber zunächst eine Vielfalt in der Logik von Blicken durch Analogien zu medialen Praktiken erklären? Eine Differenzierung von Blickfunktionen ergibt sich, wenn der Blick darin gestört wird, der Organisation des Gesamtkörpers zu dienen. In Balletttrainings sowie in vielen zeitgenössischen Trainingsformen wird er zunächst für die Koordination des Kopfes mit dem ›Rest‹ des Körpers benutzt – wenn etwa das Verschwinden meiner Fingerkuppen aus meinem Sehfeld ein Heben des Blicks und Kopfes initiiert, oder wenn der Fokus zusammen mit der Drehung des Kopfes zu einem sukzessiven Nachfolgen des ›Restkörpers‹ führt. Die Augen sind dabei meist zentral ausgerichtet, bewegen sich nicht bis in die Extreme der Augenwinkel. In dieser (von Tänzern meist als ›organisch‹ oder ›natürlich‹ empfundenen, weil lange trainierten) Koordination werden die Zentralität von Blick und Kopf sowie die hierarchische Organisation des Körpers deutlich. Zudem verschränken sich hier mehrere dichotome Konzepte. Denn insofern Blicke ausschließlich für Kontrolle, Macht und zentrale Steuerung eines sonst halt- und orientierungslosen Körpers benutzt werden, wird eine Körper/Geist-Dichotomie stabilisiert, die den Körper als abhängig konzipiert. Zudem wird dieser orientierungslose Körper meist als ›natürlicher‹ verstanden, der einer tanztechnischen, kulturellen ›Formung‹ unterworfen ist.

---

[26] Yvonne Hardt: »A Relational Perspective on Dance and Theory – Implications for the Teaching of Dance Studies«, in: Gabriele Brandstetter und Gabriele Klein (Hg.): *Dance [and] Theory*, Bielefeld 2013, S. 265–270, hier S. 269.

Diese Art der Blickfunktion ist durch zahlreiche zeitgenössische choreographische Arbeitsweisen erweitert und unterlaufen worden. So arbeitet beispielsweise Meg Stuart mit Zuständen von Verstörung und Desorientierung, die sie u.a. durch ein stetes »Umschalten«[27] der Tänzer erzeugt. Sobald die Tänzer sich (fast) mit einer Bewegungsaufgabe vertraut fühlen bzw. einen Zustand erreicht haben, ruft sie »change«. Damit überfordert sie die Tänzer, die sich nun sofort auf einen neuen Zustand einstellen müssen, der ebenfalls nicht erreicht werden wird. Was Stuart mit »jump cut«[28] beschreibt, ähnelt einem Zapping, dem schnellen und abrupten Wechseln von Programmen. In den resultierenden Des-Organisationen der Körper – wenn sich einzelne Körperteile zu isolieren scheinen und soweit gegeneinander verschieben, dass sich auch die Augen extrem verdrehen, die Körper fremdgesteuert wirken – werden Kopf und Blick gerade nicht (bzw. nicht in gewohnter Weise) mit den Bewegungen des restlichen Körpers koordiniert. Betrachtet man in diesem Zusammenhang ›gegenderte‹ aktiv/passiv-Dichotomien von zentraler Organisation und Kontrolle des Körpers versus Desorganisation, Kontrollverlust und Machtlosigkeit, ist eine positive Umwertung von Kontrollverlust zu beobachten. Da der Kontrollverlust aber durch gezielte Techniken und professionell trainierte Körper erzeugt wird, lassen sich Kontrolle, Macht und Wissen über den Körper und Kontrollverlust nicht mehr als einfaches Gegensatzpaar verstehen.[29] Hier beginnen Dichotomien durch veränderte Blickpraktiken zu verschwimmen. Es ließe sich weiter fragen, ob und wie ein derartiges Unterlaufen von Dichotomien Auswirkungen auf die Inszenierung von Handlungsräumen im choreographischen Feld hat. Wie wird dort mit ›gegenderten‹ Zuschreibungen von Wissen und Macht umgegangen, und wie wirkt sich dieser Umgang auf Handlungsräume aus, die Tänzerinnen und Choreographinnen zur Verfügung stehen?

---

27 Meg Stuart und Scott deLahunta: »Flimmern und Umschalten«, in: Sabine Gehm u.a. (Hg.): *Wissen in Bewegung. Perspektiven der künstlerischen und wissenschaftlichen Forschung im Tanz*, Bielefeld 2007, S. 135–141, hier S. 136., vgl. auch dies.: »Change«, in: Jeroen Peeters und dies. (Hg.): *Are we here yet*, Dijon 2010, S. 157–158.
28 Stuart: »Change«, in: *Are we here yet*, a.a.O., S. 157.
29 Gabriele Brandstetter nennt es ein Paradox, dass im zeitgenössischen Tanz »Prozesse einer Auflösung der körperlichen Identität zumeist und selbstverständlich durch speziell trainierte und damit eben ›verlässliche‹ (Tänzer)Körper inszeniert werden«. Dies.: »Figur und Placement. Körperdramaturgie im zeitgenössischen Tanztheater – am Beispiel von Merce Cunningham und Meg Stuart«, in: Herrmann Danuser (Hg.): *Musiktheater heute. Internationales Symposium der Paul Sacher Stiftung Basel 2001*, Mainz u.a. 2003, S. 309–326, hier S. 311.

## FOCUSING

Das eingangs erwähnte »stay focused!« ist im Ballett sowie vielen zeitgenössischen Trainingsformen eine häufige Ermahnung an die Konzentration der Tanzenden, Gedanken und Augen nicht abschweifen zu lassen, und über die Kon-Zentrierung des Blicks körperliche Präsenz zu erzeugen. Gleichzeitig aber kann Konzentration durch einen peripheren Blick hergestellt werden: »Broaden your concentration«. Über die Technik-Analogie zur Fokussierung (der Einstellung der Entfernung einer Kamera zum anvisierten Objekt) ist dabei die Möglichkeit des Auges angesprochen, etwas ›scharf‹ zu stellen oder ›den Fokus zu öffnen‹, sodass die Wahrnehmung dann eher flächig geschieht und bis an die Ränder des Sehfeldes reicht. Dieses Öffnen des Fokus ermöglicht eine Art ›Hereinfallen-Lassen‹ von visueller Information, um z.B. in Improvisationen möglichst den gesamten Raum zu überblicken. Konzentration eines Tanzenden kann so nicht nur innerhalb einer Hierarchisierung des Sehfeldes auf ein Zentrum verstanden werden, sondern ist auch de-zentralisiert möglich. Was zunächst widersprüchlich klingt, schließt sich in der Praxis keinesfalls aus und wird über die Anweisungen über Jahre hinweg einverleibt. Vielmehr bieten die zunächst widersprüchlichen Anweisungen einen Zugang zur pluralen »Logik der Praxis« komplexer Blickstrategien. Noch deutlicher wird dies, wenn Choreographen neben der Koordination von Blick und ›Restkörper‹ auch an einer Fein-Justierung der ›Schärfe‹ des Fokussierens arbeiten.[30] Denn bei einer Sowohl-als-auch-Logik des Fokussierens bestünde die Gefahr der Stabilisierung von aktiv/passiv-Dichotomien, indem *auch* der periphere Blick Konzentration und Präsenz erzeugt, *obwohl* er nicht auf ein Zentrum gerichtet ist.

Wie entstehen nun durch die – anhand von Medien ermöglichte – Pluralität der Blickpraktiken Handlungsräume für TänzerInnen? Yvonne Hardt folgend verstehe ich diese Pluralität nicht als per se subversiv. Zudem sind das Trainieren in einer Vielzahl von Techniken bzw. die Integration von Prinzipien verschiedener Techniken untereinander bereits – wie etwa von Foster selbst – kritisiert worden.[31] Doch Bourdieus Begriff

---

30 Auf komplexe Weise arbeitet zum Beispiel Forsythe mit »disfocus«, vgl. Dana Casperson: »Der Körper denkt: Form, Sehen, Disziplin und Tanzen«, in: Gerald Siegmund (Hg.): *William Forsythe: Denken in Bewegung*, Berlin 2004, S. 107–116. Eine vielschichtige Kategorisierung ist während der Produktion *Tremor* von Sebastian Matthias 2010 auf Kampnagel in Hamburg entstanden, an der ich als Dramaturgin zusammen mit den Tänzern Lisanne Goodhue, Isaac Spencer und Anna Wehsarg gearbeitet habe.
31 Fosters Argumentation (vom Ende der 1990er Jahre) zielt darauf ab, über die Verschiedenheit von Tänzerkörpern gerade das Potenzial des Tanzes herauszustellen, die Konstruiertheit von Körpern für den Zuschauer sichtbar zu machen.

der »Logik der Praxis« bietet sich an, um gerade die Querverbindungen zwischen den trainierten Techniken zu betonen, wie ich es für Zapping und Focusing zu zeigen versucht habe. Diese Querverbindungen werden durch die Pluralität von trainierten Techniken ermöglicht und bergen das Potential, Dichotomien zu unterlaufen. Sie müssen jedoch immer wieder performativ hergestellt werden, je nachdem welche Techniken ein Tänzer/eine Tänzerin trainiert und wie er/sie sie zueinander in Beziehung setzt. Hardt schlussfolgert, dass – statt eine bestimmte Relation zwischen Wissen und den Sinnen festlegen zu wollen – jene Momente interessant werden (und in Ausbildungskontexten provoziert werden sollten), in denen Wahrnehmungsschemata hinterfragt und verändert werden. Ich möchte hier vorschlagen, dass die Pluralität von trainierten Blicktechniken insofern Handlungsräume eröffnet, als dichotome oder plurale Logiken hergestellt, wahrgenommen, gedacht und verkörpert werden können. Hier ließe sich anschließend fragen, welche Auswirkungen ein solches Denken auf ›gegenderte‹ Konzepte von Wissen und Macht in den Feldern des zeitgenössischen Tanzes hat und wie es die Denk- und Handlungsräume von Tänzerinnen beeinflusst. Damit möchte ich auch gegen eine Hierarchie anschreiben, nach der Denken eher dem konzeptionellen choreographischen, statt dem tänzerischen Arbeiten zugeordnet wird.

## ZOOMING

Anhand von Zooming möchte ich abschließend auf ein Beispiel choreographischer Blickpraxis eingehen, in dem – jenseits von tanztechnischen Normen – Denken und Handeln über inkorporierte Konzepte des Kartenlesens verbunden sind. In der Probenarbeit mit dem Choreographen Sebastian Matthias, an der ich als Dramaturgin beteiligt war, bestimmte Zooming unsere Raumwahrnehmung und zugleich unser Choreographieren. Zooming verstehe ich hier als Sehen von und Umgang mit Raum, der durch Googlemaps ermöglicht wird, und durch den wir uns in allen Städten orientieren, in denen wir arbeiten. Für das Tanzstück *wallen* (2012) stehen Möglichkeiten des choreographischen Setzens von Bewegungen im Vordergrund, die zwar improvisiert, aber akribisch strukturiert sind. Dafür arbeiten wir mit der Idee einer Landkarte. Bestimmten Bewegung generierenden Aufgaben sind im Bühnenraum Orte zugewiesen, die wie auf einer genordeten Karte verteilt sind.[32] Die Tanzenden ›durchwandern‹ die Karte und können Entfernungen durch Zooming verringern oder vergrößern. Dazu fängt ein/e

---

[32] D.h. die Karte ist also *nicht* relational, wie es zum Beispiel bei einem *real-time-positioning* der Fall ist, das im Gebrauch von Smartphones wirksam ist und das dem Kartenlesenden immer schon

Tanzende/r an, eine Bewegungsaufgabe auszuführen. Der/die Hinzukommende, etabliert – je nachdem, in welchem Abstand und wie er oder sie beginnt – die Dimension der Karte. Die anderen sehen daran, ob gerade hinein- oder ob hinausgezoomt wird, und wie sie sich dementsprechend positionieren können. Um die Übertragung von Zooming-In auf die choreographische Map zu denken, muss der/die Tanzende einen Blick von oben, der in die Map hineinzoomt, zum eigenen Umraum in Beziehung setzen, in dem durch das Zooming-In die Abstände zwischen den ›Orten‹ größer werden.

Im Probenprozess *entsteht* die Möglichkeit des Zoomens *plötzlich* und ist für alle unmittelbar Beteiligten (TänzerInnen, Choreograph und Dramaturgin) klar. Daran möchte ich hier zwei Überlegungen zur Verbindung von Handeln und Denken verdeutlichen. Erstens setzen Alltagspraktiken wie Kartenlesen inkorporierte Verhaltensweisen voraus, die ›selbstverständlich‹ erscheinen. So wird oft erst durch einen Vergleich bewusst, dass Googlemaps zuhause auf dem Computer und GPS-geleitete Karten auf dem Smartphone unterschiedliche Praktiken des Raum-Sehens erfordern. Der Betrachter einer genordeten Karte muss den Raum immer wieder aktiv in Bezug zur Nordung sehen und sich positionieren. Auch dieser Praxis des Kartenlesens sind Normen und Konzepte inhärent, nämlich ein historisch spezifisches Raumkonzept, das im choreographischen Umgang weiterwirken und kritisch auf Hierarchien und Machtansprüche befragt werden kann (das Prinzip der Nordung in der kartographischen Praxis beispielsweise entstand parallel zum Kolonialismus und löste ein relationales Konzept ab).[33]

Zweitens lässt sich anhand des Beispiels theoretisch fassen, wie Veränderungen oder ›Innovationen‹ innerhalb künstlerischer Praktiken entstehen, ohne als ›geniale‹ Idee und nachträgliche, bloße Ausführung gedacht zu werden. Bourdieus *Praxeologie* lässt sich dazu um Andreas Reckwitz' Ansatz ergänzen, der die Rolle der Medien in diesem Prozess betont. Nach Reckwitz können Medien dann für die Veränderung von Praktiken verantwortlich sein, wenn habitualisierte Verhaltensweisen nicht zum Umgang mit ihnen genügen. Zwar werden zunächst die altbekannten Praktiken auf die veränderte Mediensituation angewandt. Doch da Reckwitz die »Struktur des Subjekts als ein [...] lose gekoppelte[s] Bündel [...] von Wissensformen«[34] versteht, können

---

das anzeigt, was vor ihm liegt. Vgl. Susan Foster: *Choreographing Empathy. Kinesthesia in Performance*, London u.a. 2011, S. 124.

33 Vgl. Yvonne Hardt und Martin Stern: »Choreographie und Institution. Eine Einleitung«, in: dies. (Hg.): *Choreographie und Institution. Zeitgenössischer Tanz zwischen Ästhetik, Produktion und Vermittlung*, Bielefeld 2011, S. 7–34, hier S. 15f.

34 Andreas Reckwitz: »Grundelemente einer Theorie sozialer Praktiken. Eine sozialtheoretische Perspektive«, in: *Zeitschrift für Soziologie*, Jg. 32, (2003), Nr. 4, S. 282–301, hier S. 295f.

sowohl verschiedene Praktiken innerhalb eines Subjekts ›wetteifern‹ (sodass mehrere Praktiken in derselben Situation möglich sind), als auch gleiche Verhaltensweisen in verschiedenen Lebensbereichen wirken: Im Sehen der choreographischen Karte treffen Googlemaps-Alltagspraktiken mit den Praktiken eines Choreo-graphen- (und TänzerInnen-)Alltags zusammen. Habitualisierte choreographische Praktiken, Raum wahrzunehmen und durch Bewegungen in spezifischer Weise erst zu erzeugen,[35] werden mit Alltagspraktiken verknüpft. Hier wird deutlich, wie Medien jeweils bestimmte Blickweisen und so auch künstlerische Praktiken konstituieren.[36] Innovation ist damit durch die Struktur des Subjekts möglich, »ohne dass dazu, klassisch subjekttheoretisch, Autonomie, Reflexivität oder Eigeninteressiertheit ›des Subjekts‹ jenseits oder vor der Praxis präjudiziert würden«.[37] Auf diese Weise lassen sich die Vorteile von Bourdieus Praxistheorie für die Konzeption eines denkenden Handelns beibehalten, um ›innovative‹ Praktiken gerade durch den alltäglichen Umgang mit neuen Medien erklären zu können.

Choreographische bzw. tanztechnische und Medienpraktiken lassen sich so nicht als eindeutig getrennt oder gar gegensätzlich verstehen, sie treffen in choreographischen Prozessen bereits in den Subjekten zusammen und ermöglichen tänzerische Blickpraktiken wie Zooming, Zapping und Focusing erst. Eine Perspektive auf Gender vermag nun, weiterführende Fragen nach den Wertungen verschiedener Praktiken und Denkweisen innerhalb der choreographischen Prozesse zu generieren. Inwiefern erfahren sie unterschiedliche Wertungen? Werden darüber Hierarchien bzw. Gegensätze zwischen eher tanztechnischen bzw. durch Alltagsmedien bestimmten Blickpraktiken wieder eingeführt? Wenn die Möglichkeit des Zoomens zwar für alle unmittelbar klar ist, sich aber Unterschiede im Umgang mit dieser Blickpraxis beobachten lassen (diese Sichtweise auf Raum also nicht allen gleich vertraut ist) – entstehen dadurch Hierarchien innerhalb der Gruppe und sind diese genderspezifisch?

Anhand von pluralen Blickpraktiken im zeitgenössischen Tanz, die durch den Umgang mit bzw. Analogien zu Medien wie beim Zapping, Fokussieren und Zoomen differenziert sind, habe ich eine Verschränkung von Choreographie, Medien und Gen-

---

35 Vgl. Gabriele Brandstetter: »Choreographie«, in: Erika Fischer-Lichte u.a. (Hg.): *Metzler Lexikon Theatertheorie*, Stuttgart 2005, S. 52–55.
36 Kerstin Evert stellt wichtige choreographische Umbrüche an den Jahrhundertwenden in den Kontext von Medieninnovationen, vgl. dies.: »Zur Auseinandersetzung von Tanz und Technologie an den Jahrhundertwenden«, in: Söke Dinkla und Martina Leeker (Hg.): *Tanz und Technologie. Auf dem Weg zu medialen Inszenierungen*, Berlin 2002, S. 30–65.
37 Reckwitz: »Grundelemente einer Theorie sozialer Praktiken«, in: *Zeitschrift für Soziologie*, a.a.O., S. 296.

der zu zeigen versucht, bei der ich die Vielzahl von tänzerischen und choreographischen Blickpraktiken betont habe. Gerade die Verbindungen dieser Praktiken, die immer wieder durch die Tänzer hergestellt werden müssen, generieren dabei Logiken, die nicht über Dichotomien von aktiv/passiv, Wissen/Nicht-Wissen und Körper/Geist fassbar sind. So entstehen für die Tänzer (Denk-) und Handlungsräume, indem sie diese Logiken immer wieder performativ herstellen. Dabei habe ich diese Blickpraktiken in die Nähe von Theorien gerückt, die solche Gegensatzpaare unterwandert haben, um zu zeigen, wie plurale Denkansätze sich auch auf tänzerische Praktiken ausgewirkt haben. Die Perspektive auf Gender hat sich als durchaus fruchtbar erwiesen, um die Verbindung von Denken und Handeln kritisch auf implizite Machtverhältnisse und Hierarchien hin zu befragen. Denn wenn Handeln immer schon Denken impliziert, sollten auch die Konzepte und Normen analysiert werden, die diesem denkenden Handeln zugrunde liegen, und dies auch in Praktiken, die ihre Normiertheit zunächst verschleiern. Durch Reckwitz' Überlegungen zu ›Innovationen‹ durch neue Medien und sein Verständnis von Subjekten als Bündel von Praktiken lassen sich auch Ansätze zu einer Theoretisierung der Wandelbarkeit des Habitus finden, sodass Bourdieus Kritik an der Dichotomie von Denken/Handeln auch für ›innovative‹ Praktiken nutzbar ist. Damit erscheint die plurale »Logik der Praxis« jenen eingangs erwähnten Theorien nahe, die Weiterschreibungen und Stabilisierungen von Dichotomien vermeiden.

# VERZEICHNIS DER AUTORINNEN UND AUTOREN

## HERAUSGEBERINNEN

*Marie-Luise Angerer*
ist seit 2000 Professorin für Medien- und Kulturwissenschaften (Gender) an der Kunsthochschule für Medien Köln. Von 2000-2004 war sie dort Prorektorin für Lehre und Forschung, von 2007-2009 Rektorin der Hochschule. Davor lehrte sie im Rahmen von Gastprofessuren in Bochum, Berlin, Zürich, Budapest und Ljubljana. Sie veröffentlichte zu den Themen Körper, Neuen Medien und Gender, Politik, Theorie und Geschichte feministischer Kunst- und Medienpraxen und setzt sich aktuell mit Fragen des Lebens, der humanen und posthumanen Zukunftsphantasmen auseinander. Ihre Forschungsschwerpunkte sind: Materialität/Medientechnologien und Affekt, Wissenskonfigurationen und mediale-künstlerische Praxen. Publikationen u.a.: *Vom Begehren nach dem Affekt*, Zürich und Berlin 2007; »Die ›biomediale Schwelle‹. Medientechnologien und Affekt«, in: Astrid Deuber-Mankowsky und Christoph Holzhey (Hg.): *Situiertes Wissen und regionale Epistemologie. Zur Aktualität Georges Canguilhems und Donna J. Haraways*, Wien und Berlin 2013, S. 203-222; »Affektiv: Zur produktiven Differenz des Intervalls«, in: Nina Lindemeyer und Pirkko Rathgeber (Hg.): *BildBewegungen*, München 2013 (in Vorbereitung).

*Yvonne Hardt*
ist seit 2009 Professorin für angewandte Tanzwissenschaft und Choreographie an der Hochschule für Musik und Tanz Köln. Nach ihrer Promotion im Rahmen des DFG-Graduiertenkollegs »Körper-Inszenierungen« war sie Wissenschaftliche Mitarbeiterin am Institut für Theaterwissenschaft der Freien Universität Berlin und im Anschluss Assistant Professor am Department for Theater, Dance and Performance Studies der University of California Berkeley. Ihr Interesse gilt der methodologischen Weiterentwicklung der Tanzwissenschaft als interdisziplinärer Wissenschaft, sowie insbesondere historiographischen Methoden an der Schnittstelle von Theorie und Praxis. Weitere Schwerpunkte ihrer Forschung und Lehre sind Körper- und Gendertheorien, Tanz und Medien sowie postkoloniale Theorien. Publikationen u.a.: *Politische Körper. Ausdruckstanz, Choreographien des Protests und die Arbeiterkulturbewegung in der Weimarer Republik*, Münster 2004; mit Kirsten Maar (Hg.): *Tanz – Metropole – Provinz*, Münster 2007; »Tanz, Körperlichkeit und computergestützte Echtzeitmanipulation«, in: Joachim Paech und Jens Schröter (Hg.): *Intermedialität analog/digital. Theorien –*

*Methoden – Analysen*, München 2008; mit Martin Stern (Hg.): *Choreographie und Institution. Zeitgenössischer Tanz zwischen Ästhetik, Produktion und Vermittlung*, Bielefeld 2011.

*Anna-Carolin Weber*
forscht und lehrt als Wissenschaftliche Mitarbeiterin zu dem Spannungsfeld Performativer Künste, Tanz und Medien sowie zur Körper-, Gender- und Medientheorie am Zentrum für Zeitgenössischen Tanz an der Hochschule für Musik und Tanz in Köln. 2007 erhielt sie ihren Magister in Theater-, Film- und Fernsehwissenschaft an der Universität zu Köln und hospitierte anschließend am Tanztheater Pina Bausch in Wuppertal. Als Choreographin erarbeitet sie spartenübergreifende Bühnenproduktionen und Tanzinstallationen – wie u.a. die modular angelegte Theaterperformance FATZER USW. (2010/2011). Publikationen u.a.: »KörperBau. Bodies under construction. A photographic Essay«, in: Yvonne Hardt und Katarina Kleinschmidt (Hg.): *Crossover 55/2 – Internationally Mixed: Reflections, Tasks, (F)Acts*, Köln 2012, S. 38–39; »Tanz und Medialität. Anmerkungen zum Vermittlungsverständnis einer intermedialen Tanzpraxis«, in: Claudia Behrens u.a. (Hg.): *Tanzerfahrung und Welterkenntnis. Jahrbuch Tanzforschung*, Bd. 22, Leipzig 2012, S. 108–117.

## AUTORINNEN UND AUTOREN

*Maaike Bleeker*
ist Professorin der Theaterwissenschaft und Leiterin der School of Media and Culture Studies der Utrecht University. Davor lehrte sie an der School for New Dance Development (Amsterdam), am Piet Zwart Post-Graduierten-Programm der bildenden Künste (Rotterdam) und der Universität Amsterdam. Sie studierte Kunstgeschichte, Theaterwissenschaft und Philosophie und promovierte an der Amsterdam School for Cultural Analysis (ASCA). Seit 1991 arbeitet sie zudem als Tanz- und Theaterdramaturgin. Sie hat zahlreiche Veröffentlichungen in internationalen Zeitschriften und ist Herausgeberin von Bänden und mehreren Büchern u.a.: *Anatomy Live: Performance and the Operating Theatre*, Amsterdam 2008. Ihre Forschung über die Vermittlungskraft von Theater und Performance als Instrumentarien des Sehens publizierte sie in *Visuality in the Theatre*, Basingstoke u.a. 2008, die erste englischsprachige Studie über Blickweisen im Theater, die als Buch publiziert wurde. Maaike Bleeker ist Vorsitzende von Performance Studies international (PSi, psi-web.org).

## Gabriele Brandstetter

ist Professorin für Theater- und Tanzwissenschaft an der FU Berlin. Ihre Forschungsschwerpunkte sind Geschichte und Ästhetik von Tanz, Theater und Literatur vom 18. Jh. bis zur Gegenwart, Virtuosität in Kunst und Kultur und die Trias Körper – Bild – Bewegung. Seit 2007 leitet sie das Projekt »Berühren und Rühren. ›Movere‹ im Tanz« im Rahmen des Exzellenz-Clusters »Languages of Emotion« und ist Mitdirektorin des Internationalen Kollegs »Verflechtungen von Theaterkulturen«.

Veröffentlichungen u.a.: *Tanz-Lektüren. Körperbilder und Raumfiguren der Avantgarde*, Frankfurt a.M. 1995; *Bild-Sprung. TanzTheaterBewegung im Wechsel der Medien*, Berlin 2005; mit Gabriele Klein (Hg.): *Methoden der Tanzwissenschaft. Modellanalysen zu Pina Bauschs ›Sacre du Printemps‹*, Berlin 2007; mit Bettina Brandl-Risi u.a. (Hg.): *Schwarm(E)Motion. Bewegung zwischen Affekt und Masse*, Freiburg i.Br. 2007; mit Sibylle Peters und Kai van Eikels (Hg.): *Prognosen über Bewegungen*, Berlin 2009; mit Hans-Friedrich Bormann (Hg.): *Improvisieren. Paradoxien des Unvorhersehbaren. Kunst – Medien – Praxis*, Bielefeld 2010; mit Gabriele Klein (Hg.) von: *Dance (and) Theory*, Bielefeld 2013.

## Susanne Foellmer

ist seit 2011 Junior-Professorin für Theater- und Tanzwissenschaft am Institut für Theaterwissenschaft der Freien Universität Berlin. Sie studierte Angewandte Theaterwissenschaft an der Justus-Liebig-Universität Gießen. Forschungsschwerpunkte sind zeitgenössische darstellende Kunst mit Fokus auf ästhetischer Theorie, Körper-Konzepten, Medialität und Geschlechterdifferenz in Tanz, Performance und visuellen Medien sowie Tanz der 1920er Jahre. Außerdem arbeitet sie als Dramaturgin u.a. mit der Tanzcompagnie Rubato, Isabelle Schad, Jeremy Wade. Von ihr erschienen sind u.a.: *Valeska Gert. Fragmente einer Avantgardistin in Tanz und Schauspiel der 1920er Jahre*, Bielefeld 2006; *Am Rand der Körper. Inventuren des Unabgeschlossenen im zeitgenössischen Tanz*, Bielefeld 2009.

## Susan Leigh Foster

ist Choreographin und Wissenschaftlerin. Sie lehrt als Professorin am Department of World Arts and Cultures/Dance der University of California, Los Angeles. Ihr Forschungsbereich umfasst Tanzgeschichte und Theorie, choreographische Analysen und Theoretisierung von Körperlichkeit. Publikationen u.a.: *Reading Dancing: Bodies and Subjects in Contemporary American Dance*, Berkeley 1986; *Choreography and Narrative: Ballet's Staging of Story and Desire*, Bloomington 1996; *Dances that Describe Themselves: The Improvised Choreography of Richard Bull*, Middletown 2002; *Choreographing*

Verzeichnis der Autorinnen und Autoren

*Empathy: Kinesthesia in Performance*, London u.a. 2011. Zudem ist sie Herausgeberin von *Choreographing History*, Bloomington 1995; *Corporealities*, London u.a. 1996; und *Worlding Dance*, Basingstoke u.a. 2009.

*Pamela Geldmacher*
lehrt als Wissenschaftliche Mitarbeiterin am Institut für Kunstgeschichte an der Heinrich-Heine-Universität Düsseldorf, bis 2011 war sie am Institut für Medien- und Kulturwissenschaft. Sie schloss 2007 ihr Studium der Medien- und Kulturwissenschaften (M.A.) ebendort ab. Ihre Forschungsschwerpunkte bewegen sich im Bereich der performativen Kunstformen, Medienästhetik, historischen Avantgarde, sowie gendertheoretischen und sozialphilosophischen Grundfragen. Publikationen u.a.: »Reflexive Manipulation – Strategien der Affektion bei SIGNA«, in: *Tagungsband produktion AFFEKTION rezeption. Interdisziplinäres Symposium für Nachwuchswissenschaftler*, München 2012, Onlinepublikation (erscheint 2013); »Performativität im Korsett der Arrangiertheit: Vanessa Beecrofts Performances«, in: Monique Jucquois-Delpierre (Hg.): *Frauenfiguren in Kunst und Medien. Figures de femmes dans l'art et les médias. Female figures in art and media*, Frankfurt a. M. u.a. 2010, S. 239–250.

*Stefan Hölscher*
ist seit Januar 2009 Wissenschaftlicher Mitarbeiter im Rahmen des Master-Studiengangs »Choreographie und Performance« am Institut für Angewandte Theaterwissenschaft der Justus-Liebig-Universität in Gießen. Er studierte von 2001 bis 2008 dort und entwickelte zahlreiche Projekte in Kooperation mit anderen Studenten aus Gießen und von der Hochschule für Musik und Darstellende Kunst in Frankfurt – Aufführungen u.a. im PACT Zollverein, im Mousonturm und auf den Ruhrfestspielen in Recklinghausen. In seiner Promotion zum Thema »Vermögende Körper: Zeitgenössischer Tanz zwischen Ästhetik und Biopolitik«, versucht er rezeptions- und produktionsästhetische Ansätze zusammenzudenken. Seine Forschungsinteressen umfassen u.a. das frühe und spätere Werk des Philosophen Jacques Rancière, Körperkonzepte, politische Theorie zwischen Frankfurt und Paris, Institutionskritik. Er hat bisher mehrere Artikel u.a. in Konferenzproceedings von CORD und SDHS, »Tanz&Archiv Nr. 4« über Noverre, dem GTF-Jahrbuch zu Tanzerfahrung und Welterkenntnis und in: Gabriele Brandstetter und Gabriele Klein (Hg.): *Dance [and] Theory*, Bielefeld 2012, veröffentlicht.

*Gabriele Klein*
Soziologin und Tanzwissenschaftlerin, ist Professorin an der Universität Hamburg, Direktorin des Zentrums für Performance Studies an der Universität Hamburg, Spre-

cherin des FB Bewegungswissenschaft, Mitglied des International Board von SDHS (Society for Dance History Scholars) und des Konzils des Deutschen Gesellschaft für Soziologie (DGS). Gastprofessuren und Fellowships an der Universität Bern/Schweiz, Smith-College/USA, UCLA/USA, Mozarteum/Salzburg, Universität Stellenbosch/Südafrika und Universität Osaka/Japan.

Ihre Arbeits- und Forschungsfelder sind Kultur- und Sozialtheorie von Körpern, Bewegung und Tanz, Tanz- und Performance-Theorie, städtische Bewegungskulturen und populäre Tanzkulturen, Jugend- und Poptheorie sowie Gender Studies. Aktuelle Buchpublikationen: *Stadt. Szenen. Künstlerische Produktionen und theoretische Positionen*, Wien 2005; mit Wolfgang Sting (Hg.): *Performance*, Bielefeld 2005; *Tango in Translation*, Bielefeld 2009; mit Gabriele Brandstetter (Hg.): *Methoden der Tanzwissenschaft*, Bielefeld 2007; mit Sandra Noeth (Hg.): *Emerging Bodies. The Performance of Worldmaking in Dance and Choreography*, Bielefeld 2011; mit Malte Friedrich (Hg.): *Is this real? Die Kultur des HipHop*, Frankfurt a.M. 2003; mit Bojana Kunst: »Performance and Labour«, in: *Performance Research* 18:1, (2013); mit Gabriele Brandstetter (Hg.): *Dance [and] Theory*, Bielefeld 2013.

*Katarina Kleinschmidt*
forscht und lehrt als Wissenschaftliche Mitarbeiterin am Zentrum für Zeitgenössischen Tanz an der Hochschule für Musik und Tanz Köln zu künstlerischer choreographischer Forschung, Dramaturgie und Tanzanalyse in Theorie und Praxis. Im Anschluss an ihr Studium des Zeitgenössischen und Klassischen Tanzes an der Hochschule für Musik und Darstellende Kunst Frankfurt a.M. studierte sie Tanzwissenschaft an der Freien Universität Berlin und schloss 2010 mit dem Master ab. Sie arbeitete u.a. mit Choreographen und Kompanien wie José Biondi, ms-tanzwerk, Ensemble9.November, dem Theater der Klänge sowie Martin Nachbar und Sebastian Matthias. Letzte Publikationen: Zusammen mit Yvonne Hardt (Hg.): *Crossover 55/2 – Internationally Mixed: Reflections, Tasks, (F)Acts*, Köln 2012 und »Über herausgehobene Momente im Tanz«, in: *Forum Modernes Theater* 25, (1/2010), S. 65–76.

*Martina Leeker*
forscht an der Leuphana Universität Lüneburg: *Center for Digital Cultures* und assoziiert am Institut für Kultur und Ästhetik digitaler Medien (ICAM).

Sie studierte Theaterwissenschaft, Philosophie und Germanistik in Berlin und Paris, und erhielt eine Theaterausbildung in Paris bei Etienne Decroux und Jacques Lecoq. Von 2002–2010 war sie Juniorprofessorin für Theater und Medien an der Universität Bayreuth. Im Rahmen von Vertretungs- und Gastprofessuren lehrte sie an der

Bauhaus Universität Weimar (Künstliche Welten), der Universität der Künste, Berlin (Theaterpädagogik) und als Research-Fellow beim Internationalen Kolleg Morphomata der Universität Köln. Publikationen u.a.: *Mime, Mimesis und Technologie*, München 1995; (Hg.): *Maschinen, Medien, Performances. Theater an der Schnittstelle zu digitalen Welten*, Berlin 2001; mit Söke Dinkla und Martina Leeker (Hg.): *Tanz und Technologie. Auf dem Wege zu digitalen Inszenierungen*, Berlin 2002; mit Derrick de Kerckhove und Kerstin Schmidt (Hg.): *McLuhan neu lesen. Kritische Analysen zu Medien und Kultur im 21. Jahrhundert*, Bielefeld 2008. Ihre jüngst publizierten Aufsätze betreffen Performance/Medien, Mimesis, Kritische Medientheorie.

*Claudia Rosiny*
ist verantwortlich für die Tanz- und Theaterförderung im Bundesamt für Kultur der Schweiz und unterrichtet an verschiedenen Hochschulen. Sie studierte Theater-, Film- und Fernsehwissenschaft in Köln und Amsterdam. 1991 bis 2007 war sie Co-Direktorin der Berner Tanztage. 1997 promovierte sie am Institut für Theaterwissenschaft der Uni Bern mit einer Dissertation zum Videotanz, erschienen 1999 im Zürcher Chronos-Verlag. Von 1998 bis 2007 war sie für Aufbau und Leitung eines Forums für Medien und Gestaltung in Bern verantwortlich. Nach einem sechsmonatige Auslandsstipendium des Kantons Bern in New York City, übernahm sie von 2009 bis 2012 Projektleitung und Fachberatung im Schweizer Tanzarchiv in Zürich und Lausanne. Seit 2002 ist sie Mitglied der Programmleitung und Dozentin DAS/MAS TanzKultur an der Universität Bern. Publikationen u.a.: *Tanz Film. Intermediale Beziehungen zwischen Medienge-schichte und moderner Tanzästhetik*, Bielefeld 2013; mit Margrit Bischof (Hg.): *Konzepte der TanzKultur. Wissen und Wege der Tanzforschung*, Bielefeld 2010; mit Reto Clavadetscher (Hg.): *Zeitgenössischer Tanz. Körper-Konzepte-Kulturen. Eine Bestandsaufnahme*, Bielefeld 2007.

*Kati Röttger*
ist seit 2007 Leiterin und Professorin des Instituts für Theaterwissenschaft an der Universität von Amsterdam. Ihre Promotion über *Kollektives Theater als Spiegel lateinamerikanischer Identität. La Candelaria und das neue kolumbianische Theater* hat sie 1992 nach einem zweijährigen Forschungsaufenthalt in Kolumbien abgeschlossen. Zuvor studierte sie Theaterwissenschaft, Germanistik und Philosophie an der Freien Universität Berlin. Zwischen 1995 und 1998 war sie als Postdoktorandin im Graduiertenkolleg *Geschlechterdifferenz und Literatur* an der Ludwig-Maximilians-Universität München tätig. Es folgte eine Anstellung als Wissenschaftliche Mitarbeiterin im Institut für Theaterwissenschaft an der Johannes Gutenberg-Universität Mainz, wo sie

2003 mit einer Habilitationsschrift mit dem Titel *Fremdheit und Spektakel. Theater als Medium des Sehens* ihre Venia Legendi erlangte. Ihre gegenwärtigen Forschungsarbeiten sind angeschlossen an die Amsterdam School of Cultural Analysis, das Institute of Culture and History at the University of Amsterdam und an das Amsterdam Center of Globalisation Studies. Bis Juni 2013 arbeitet sie im Rahmen eines Fellowships am Netherlands Institute of Advanced Studies in the Humanities and Social Sciences (NIAS) an einem Buch über *Stages of Globalization*. Jüngste Buch-Veröffentlichungen: mit Alexander Jackob (Hg.): *Theater und Bild. Inszenierungen des Sehens*, Bielefeld 2009; *Welt-Bild-Theater. Politik des Wissens und der Bilder*, Band 1, Tübingen 2010; und *Welt-Bild-Theater. Bildästhetik im Bühnenraum*, Band 2, Tübingen 2012.

## ABBILDUNGSVERZEICHNIS

**BEITRAG GABRIELE BRANDSTETTER:**
Abb. 1: Schenker, Katja: *sharp/scharf*, 1999, Videoperformance, 5'40 Min, Farbe/Ton (Videostill: Sabina Baumann).
Abb. 2: Schenker, Katja: *sharp/scharf*, 1999, Videoperformance, 5'40 Min, Farbe/Ton, (Videostill: Sabina Baumann).

**BEITRAG KATI RÖTTGER**
Abb. 1: Les Commediens Tropicales (São Paulo); *Ver()ter* (2012) (Photographie: IG Aronovich/Lost Art)
Abb. 2: Les Commediens Tropicales (São Paulo); *Ver()ter* (2012) (Photographie: IG Aronovich/Lost Art)
Abb. 3: Les Commediens Tropicales (São Paulo); *Ver()ter* (2012) (Photographie: IG Aronovich/Lost Art)
Abb. 4: *I Apologize* (2004), Konzeption: Gisèle Vienne mit Anja Röttgerkamp (Photographie: Mathilde Darel) l)
Abb. 5: *Kindertotenlieder* (2007), Konzeption: Gisèle Vienne mit Margrét Sara Gudjónsdóttir, Stephen O'Malley, Anja Röttgerkamp (Photographie: Mathilde Dare

**BEITRAG CLAUDIA ROSINY**
Abb. 1: ANIMATED PICTURE STUDIO, American Mutoscope and Biograph Company, 1'51", s/w, USA 1903, (Filmstill)
Abb. 2: THEMES ET VARIATIONS, Regie: Germaine Dulac, 9', s/w, F 1928, (Filmstill)
Abb. 3: WEIGHTLESS (2007), Regie: Erika Janunger, 6'41", S 2007, (Filmstill)

**BEITRAG MAAIKE BLEEKER**
Abb. 1: Het Nationale Ballet in *Live* (1979) by Hans van Manen With Coleen Davis, Henk van Dijk (camera) (Photography: Jorge Fatauros)
Abb. 2: Het Nationale Ballet in *Live* (1979) by Hans van Manen With Coleen Davis (Photography: Jorge Fatauros)
Abb. 3: *I Live* (2009) by Daniel AlmgrenRecén With Bojana Mladenovic and Daniel AlmgrenRecén (Photography: Nellie de Boer)

## BEITRAG SUSANNE FOELLMER

Abb. 1: Saskia Hölbling: *other feature* (2002)
  (Photographie: Nikolas Hölbling)
Abb. 2: Xavier Le Roy: *Self unfinished* (1998)
  (Photographie: Armin Linke)
Abb. 3: Saskia Hölbling: *other feature* (2002)
  (Photographie: Nikolas Hölbling)
Abb. 4: Eszter Salamon: *What a Body You Have, Honey* (2001)
  (Photographie: Katrin Schoof)
Abb. 5: Eszter Salamon: *Reproduction* (2004)
  (Photographie: Katrin Schoof)
Abb 6: Eszter Salamon: *Reproduction* (2004)
  (Photographie: Katrin Schoof)

## BEITRAG MARTINA LEEKER

Abb. 1: Wayne McGregor (nach David Kirsh); *Making On*
Abb. 2: Klaus Obermaier und Ars Electronica Futurelab; *Le Sacre du Printemps*, Igor Stravinsky, Tanz: Julia Mach; http://www.exile.at/sacre/sacre_photos/Sacre_arms.jpg (aufgerufen am 04.01.2013).

## BEITRAG ANNA-CAROLIN WEBER

Abb. 1: Andros Zins-Browne; *Welcome to the Jungle* (2012)
  (Photographie: Maarten Vandenabeele)
Abb. 2: Andros Zins-Browne; *Welcome to the Jungle* (2012)
  (Photographie: Maarten Vandenabeele)
Abb. 3: Andros Zins-Browne; *Welcome to the Jungle* (2012)
  (Photographie: Maarten Vandenabeele)
Abb. 4: Mette Ingvartsen; *The Artificial Nature Project* (2012)
  (Photographie: Milka Timosaari)
Abb. 5: Mette Ingvartsen; *The Artificial Nature Project* (2012)
  (Photographie: Jan Lietaert)